普通高等学校城市轨道交通专业规划教材
组织委员会

主　任	罗　斌	王丰胜
副主任	储继红	胡勇健　刘明亮　李　锐
委　员	郑　斌	廉　星　刘蓉蓉　朱海燕　李建洋　娄　智
	杨光明	左美生

普通高等学校城市轨道交通专业规划教材
编写委员会

主　编	李　锐	刘蓉蓉				
副主编	郑　斌	段明华				
编　委	张国侯	李宇辉	穆中华	左美生	娄　智	李志成
	兰清群	钟晓旭	李队员	王晓飞	李泽军	李艳艳
	颜　争	彭　骏	黄建中	周云娣	陈　谦	陆中石
	杨婷婷	黄远春	田　亮	文　杰	任志杰	李国伟
	薛　亮	牛云霞	张　荣	苏　颖	孔　华	高剑锋
	储　粲	孙醒鸣	罗　涛	胡永军	洪　飞	韦允城
	吴文苗	钟　高	张诗航	张敬文	武止戈	吴　柳
	赵　猛	沙　磊	吴　仃	赵瑞雪	聂化东	彭元龙
	胡　啸	干　慧	项红叶	马晓丹	孙　欣	邹正军
	余泳逸					

普通高等学校"十三五"省级规划教材
普通高等学校城市轨道交通专业规划教材

城市轨道交通
信号基础设备

第2版　　魏化永　李　锐　编
　　　　　李泽军　夏长凤

中国科学技术大学出版社

内容简介

本书以信号工岗位能力需求为依据提取典型工作任务，按照认知规律和教学特点将相关内容分析归类为 10 个教学项目：信号系统概述、信号继电器原理及应用、信号机原理及维护、轨道电路原理及维护、道岔转辙设备原理及维护、车站信号设备布置、计轴设备、应答器设备、跨座式单轨交通信号系统、信号设备防雷。本书强调职业性和实践性，以促进学生养成严谨的职业作风，培养学生完成真实工作过程所需要的职业能力。

本书可作为高等院校城市轨道交通专业教学用书，也可作为城市轨道交通专业工程技术人员的培训用书和参考资料。

图书在版编目(CIP)数据

城市轨道交通信号基础设备/魏化永等编. —2 版. —合肥：中国科学技术大学出版社，2020.3
（2023.8重印）
ISBN 978-7-312-04839-5

Ⅰ. 城… Ⅱ. 魏… Ⅲ. 城市铁路—铁路信号—信号设备—高等学校—教材 Ⅳ. U239.5

中国版本图书馆 CIP 数据核字(2019)第 277491 号

出版	中国科学技术大学出版社 安徽省合肥市金寨路 96 号,230026 http://press.ustc.edu.cn http://zgkxjsdxcbs.tmall.com
印刷	合肥华苑印刷包装有限公司
发行	中国科学技术大学出版社
经销	全国新华书店
开本	787 mm×1092 mm 1/16
印张	15.75
字数	383 千
版次	2014 年 8 月第 1 版 2020 年 3 月第 2 版
印次	2023 年 8 月第 3 次印刷
定价	39.00 元

总　序

　　本套教材根据城市轨道交通运营管理、城市轨道交通通信信号技术、城市轨道车辆应用技术、城市轨道交通机电技术、城市轨道交通供配电技术专业的人才培养需要，结合行业企业对职业岗位能力的要求，由安徽交通职业技术学院、南京铁道职业技术学院、郑州铁路职业技术学院、上海工程技术大学、辽宁省交通高等专科学校、新疆交通职业技术学院、江苏城乡建设职业学院、合肥职业技术学院、安徽城市管理职业学院、合肥铁路工程学校、合肥市轨道交通集团有限公司、深圳地铁集团公司运营分公司、杭州城市轨道交通运营公司、宁波城市轨道交通运营公司、郑州地铁集团有限公司运营分公司、中国铁路郑州局集团有限公司、中国铁路上海局集团有限公司等单位共同编写。

　　本套教材以立德树人为导向，融入课程思政元素，知识传授与技术技能培养、工程伦理教育、工匠精神塑造、爱国情怀激发并重，以校企深度合作订单培养为基点，对接城市轨道交通运营岗位技能标准，融合城市轨道交通职业技能大赛，融通城市轨道交通"1＋X"职业资格证书，融入思政教育，实现了"岗、课、赛、证、思"的融合。教材编写整合了国内主要城市轨道交通运营企业现场作业的内容，以实际工作过程为导向，采用"项目引领、任务驱动、问题引导、案例分析"的编写模式，以知识学习为基础，以技能训练为重点，以技术创新为引领，激发学生学习动机，提高学生学习积极性。

　　本套教材涵盖城市轨道交通运营管理、城市轨道交通通信信号技术、城市轨道车辆应用技术、城市轨道交通机电技术、城市轨道交通供配电技术专业相关专业课程，可作为高校所涉专业教材，也可供城市轨道交通从业人员参考。

普通高等学校城市轨道交通专业规划教材
编写委员会

前　言

《城市轨道交通信号基础设备》第1版于2014年出版，经过5年多的使用，各高校老师提出了许多宝贵意见。随着城市轨道交通的快速发展，结合第1版的知识点、技能点等，在征求相关专家意见的基础上，我们对第1版内容作了大量的修订，形成了第2版内容。

本书共由10个教学项目组成，包括38个任务。教学项目分别为：信号系统概述、信号继电器原理及应用、信号机原理及维护、轨道电路原理及维护、道岔转辙设备原理及维护、车站信号设备布置、计轴设备、应答器设备、跨座式单轨交通信号系统、信号设备防雷。其中，信号系统概述、计轴设备、应答器设备、跨座式单轨交通信号系统等4个项目为新增，同时对原有项目、任务进行了重构，内容基本涵盖了城市轨道交通地铁和轻轨系统的信号设备。

本书由安徽交通职业技术学院李锐负责拟定编写大纲及统稿，并编写项目四。项目一、项目二、项目九由安徽交通职业技术学院李泽军编写；项目三、项目七由江苏航运职业技术学院夏长凤编写；项目五、项目六、项目八、项目十由安徽交通职业技术学院魏化永编写。本书在修订的过程中，参考了大量的资料，原上海铁道学院信号系主任、上海申通地铁信号系统专家顾问徐金祥教授提出了许多宝贵的意见。在征得徐金祥、冲蕾同意的情况下，引用了他们主编的相关图书的部分内容，在此一并深表诚挚的谢意。

由于编者水平有限，书中难免有不妥之处，恳请各位读者批评、指正。

编　者

目 录

总序 ……………………………………………………………………………………（ⅰ）
前言 ……………………………………………………………………………………（ⅲ）
项目一　信号系统概述 ………………………………………………………………（1）
　任务一　信号系统组成 …………………………………………………………（1）
　任务二　信号系统特点 …………………………………………………………（2）
　任务三　"故障-安全"导向原则 ………………………………………………（3）
项目二　信号继电器原理及应用 ……………………………………………………（7）
　任务一　继电器基本原理认知 …………………………………………………（7）
　任务二　继电器应用 ……………………………………………………………（21）
　任务三　继电器电路实验 ………………………………………………………（28）
　任务四　时间及轨道继电器认知 ………………………………………………（32）
项目三　信号机原理及维护 …………………………………………………………（41）
　任务一　铁路信号认知 …………………………………………………………（41）
　任务二　色灯信号机结构原理 …………………………………………………（45）
　任务三　信号机灯光配列及显示意义 …………………………………………（55）
　任务四　进站信号机点灯电路 …………………………………………………（58）
　任务五　信号机检修维护 ………………………………………………………（62）
　任务六　信号表示器 ……………………………………………………………（65）
项目四　轨道电路原理及维护 ………………………………………………………（66）
　任务一　轨道电路认知 …………………………………………………………（66）
　任务二　常见轨道电路制式 ……………………………………………………（74）
　任务三　轨道电路的极性交叉 …………………………………………………（101）
　任务四　轨道电路检修维护 ……………………………………………………（103）

项目五　道岔转辙设备原理及维护 (108)
任务一　常见转辙机 (108)
任务二　道岔锁闭转换装置 (137)
任务三　道岔控制电路 (142)
任务四　道岔转辙设备检修维护 (159)

项目六　车站信号设备布置 (169)
任务一　站场图识别 (169)
任务二　信号机布置及命名 (172)
任务三　轨道电路划分及命名 (175)
任务四　道岔的类型及命名 (178)

项目七　计轴设备 (181)
任务一　计轴设备认知 (181)
任务二　计轴点设置 (187)

项目八　应答器设备 (191)
任务一　应答器设备认知 (191)
任务二　应答器应用 (196)

项目九　跨座式单轨交通信号系统 (200)
任务一　单轨信号系统概述 (200)
任务二　跨座式单轨交通信号与线路 (206)
任务三　跨座式单轨交通信号与道岔 (214)
任务四　单轨计轴设备 (215)
任务五　轨道环线设备 (220)
任务六　基于感应环线的跨座式单轨交通ATC系统 (221)

项目十　信号设备防雷 (226)
任务一　雷电及其侵入设备途径 (226)
任务二　防雷元器件 (228)
任务三　铁路信号现代防雷技术 (232)

附录 (238)

参考文献 (240)

项目一　信号系统概述

任务一　信号系统组成

信号系统是传统的"信号、联锁、闭塞"的总称,是由各类信号显示、轨道电路、道岔转辙机等设备及其他附属设施构成的完整体系。信号系统担负着路网上各种行车设备、运行列车的实时控制和状态监督任务。形象地说,它犹如人的耳目和中枢神经,在轨道交通运输中发挥着协调列车、地面设备的重要作用。

随着列车运行速度的提高和追踪间隔的加密,完全靠人工瞭望、人工驾驶已不能保证行车安全。因此,必须装备列车运行控制系统(简称列控系统),以实现对列车间隔和速度的自动控制,提高运输效率,保证行车安全。列控系统涉及很多关键技术,包括车-地间大容量、实时、可靠的信息传输,列车定位,以及列车的精确、安全控制等。

为了实现高速度、高密度、安全可靠的交通运输,列控系统必须采用先进的信号技术。现代通信技术和信号技术的互相渗透和结合,以及电子和计算机技术在信号系统中的应用,使得信号系统的作用更为突出。城市轨道交通系统作为大容量、高密度的公共交通工具,需要一套安全可靠的列车自动控制(Automatic Train Control,ATC)系统。

城市轨道交通 ATC 系统是保证行车安全、提高区间和车站通过能力、实现行车指挥和列车运行控制自动化、提高运输效率关键设备的总称。ATC 系统通常包含如下 4 个子系统:

(1) 列车自动监控(Automatic Train Supervision,ATS)系统;

(2) 列车自动防护(Automatic Train Protection,ATP)系统,包括地面 ATP 子系统和车载 ATP 子系统;

(3) 列车自动运行(Automatic Train Operation,ATO)系统,包括地面 ATO 子系统和车载 ATO 子系统;

(4) 计算机联锁(Computer Interlocking,CI)系统。

上述 4 个子系统通过信息交换网络构成闭环系统,实现地面控制与车上控制结合、现地控制和中央控制结合,构成一个以安全设备为基础,集行车指挥、运行调整以及列车驾驶自动化等功能为一体的列车自动控制系统。

城市轨道交通 ATC 系统中最核心的子系统是 ATP 系统,ATP 安全控制技术的发展方向是基于通信的列车运行控制(Communication Based Train Control,CBTC)系统。采用 CBTC 系统使移动闭塞变得更为简单和可行,一般将基于点式应答器的 ATP 系统作为 CBTC 系统的后备模式。这些系统之间的关系如图 1.1 所示。

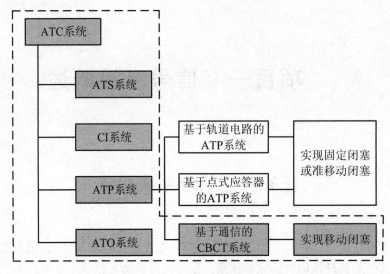

图 1.1 ATC 系统的组成关系框图

任务二　信号系统特点

城市轨道交通的信号系统基本上沿袭铁路[①]的制式,但还是有其固有的特点,主要表现在以下几个方面:

一、以车载信号为主体信号、地面信号为辅助信号

城市轨道交通以车载信号为主体信号,列车根据地面传送的速度信号和距离信号,自动控制列车的运行。当列车超速时,列车自动进行超速防护。普速铁路将地面信号作为主体信号,司机根据地面信号显示操纵列车运行,车载信号作为辅助信号,可以发出列车超速告警(客运专线除外)。

城市轨道交通区间一般不设置地面信号,但为了防护道岔,在道岔区域设置地面信号机。在人工驾驶的情况下,可利用这些信号机的指示来指挥列车的运行。

二、正线信号设置成自动信号

由于城市轨道交通每天承担着集中时段的巨大客运量,因此要求列车运行间隔较短,并对信号系统的列车运行速度的监控有极高的要求,以确保列车运行安全。城市轨道交通的站间距离一般为 1 km 左右,相对较短,而且列车编组统一,所以列车行车时刻表的规律性很强,按工作日和节假日不同时段的行车时刻表运行。城市轨道交通的信号系统中按时

---

① 信号技术设备在铁路和城市轨道中具有相通性和差异性,本书以铁路上的相关技术设备为例来展开介绍其原理和应用。同时,在相关差异方面,本书也给出解析。

刻表编制的程序,具有进路自动排列功能,当然,在必要的时候,控制中心和联锁集中站也可以人工介入,变更进路。

城市轨道交通正线信号由 ATC 系统控制,轨旁信号平时都设置成自动信号或连续通过信号,如图 1.2 所示,X_1 和 X_5 设置成自动信号,这些信号机用于防护进路的建立。信号机根据列车运行目的地和列车接近而自动触发,当建立与列车运行目的地相一致的进路后,进路锁闭,开放信号;列车进入信号机内方,信号自动关闭;待列车通过进路后,进路自动解锁。当然这些自动信号在特殊情况下也可以人工介入控制。停车场的信号由信号楼值班员控制。出入库信号分别由相邻的正线车站和停车场信号楼值班员控制;停车场的信号显示方式与铁路的停车场基本相同。

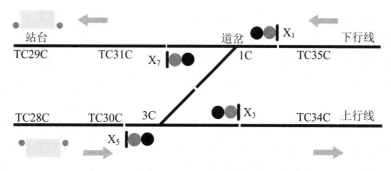

图 1.2　城市轨道交通有岔站地面信号布置示意图

正线联锁集中站的地面信号机都是矮型信号机,其红灯显示,指示列车必须在信号机前停车;绿灯显示,表示进路中道岔开通定位状态,指示列车可以越过信号机;白灯显示,表示进路中道岔开通反位状态,指示列车可以越过信号机;红灯+白灯显示,为引导信号,指示列车须以低速进入站台区域。

三、正线有岔站设置地面信号机

由于城市轨道交通的大多数车站仅有上、下客的功能,不设置站线,不设置道岔,所以也不设置地面信号机,只有少数设有道岔的车站才设置道岔及相应防护信号机。有岔站的联锁设备监控本站和相邻无岔站的信号设备。由于这些联锁设备的监控对象相对较少,所以有的 ATC 系统只在控制中心设置一个计算机联锁系统,实现全线车站的联锁功能;停车场必须独立设置计算机联锁系统。

城市轨道交通地面信号机都设置于列车运行方向线路的右侧。如图 1.2 所示,X_1 为指示下行线列车运行的正向信号,X_7 为指示下行线列车运行的反向信号,X_5 为指示上行线列车运行的正向信号,X_3 为指示上行线列车运行的反向信号,其中,X_5 和 X_1 可以设置成自动信号。

任务三　"故障-安全"导向原则

信号系统的首要任务是保证行车安全。微电子、信息、网络、通信技术的快速发展及应用的普及,特别是计算机技术在铁路信号各个领域的广泛应用,促进了信号技术的大发展,信号技术和产品正由传统的继电逻辑、模拟电路、分散孤立的控制模式向数字化、网络化、智能化和综合化方向转变。"故障-安全(Fail-Safe)"是信号设计的基本原则,行车时信号设备或系统一旦发生故障,其应具有自动导向安全一侧,防止出现危险性后果,确保行车安全的功能。传统的"故障-安全"技术经过"安全计算机"(Vital Computer)已经发展至现在的"安全苛求系统"(Safety Critical System)。

一、"故障-安全"概念的产生

安全技术是人们在吸取血的教训基础上发展而来的。1825 年,世界上出现了第一条铁路——英国的斯托克顿-达灵顿(Stockton-Darlington)铁路,当时在夜间是用车站窗口的蜡烛烛光指挥行车的,约定以烛光点亮为停车信号,以烛光熄灭作为允许运行信号。由于烛光常被风吹灭而发生多次冒进停车地点的行车事故,从那时起人们就开始研究安全对策了。

19 世纪,铁路刚刚出现时,人们用手势来解决安全问题。例如,双手上举表示"停车",单手举起表示"注意",等等,显然,该方法只适用于列车少且速度慢的铁路初期阶段。

1841 年,戈雷格里(Gregory)发明了易于被司机辨认的臂板信号机,铁路信号由人工式控制转为机械式控制。这种信号机白天利用臂板的位置、形状来显示信号,夜间用灯光的颜色和数目来表示。它模仿人们举手发出信号的动作,并约定以举起臂板作为停车信号,但是由于牵引臂板动作的导线常常发生折断事故,在应该发出停车信号时不能发出停车信号,使列车冒进而造成行车事故。于是,人们开始意识到设备在发生故障的情况下,造成的后果应导向安全方向,也称安全侧,这就是"故障-安全"的概念。

改进后的臂板信号机能够在系统发生故障时借助重力自动恢复到发出停车信号的位置。从此,故障导向安全成为铁路信号领域必须贯彻的原则,铁路信号安全技术以"故障-安全"为核心逐步发展起来。

1912 年出现色灯信号机,1920 年开始采用探照式三显示色灯信号机。色灯信号机采用不同的灯光颜色及其组合来表达不同信息。

二、轨道电路的发明与"故障-安全"继电器的应用

1869 年,美国人 Williamn Robinson 发明了轨道电路,可谓是铁路信号史上的革命性事件。以轨道电路为基础研制的自动闭塞设备,提高了列车在区间运行的安全性和效率,轨道电路一直沿用至今。早期的轨道电路都是直流供电,主要用于检测列车的存在,不能用来传输车-地信息。后来先后发明了工频、音频轨道电路,使利用钢轨的交变电磁场传输车-地信息成为可能。

信号机、进路和道岔三者之间有着相互制约的关系,这种关系称为"联锁"。1856 年,英国的 Bricklayer Arms 车站装设了世界上第一个由 Saxby 首创的车站联锁装置——萨氏联锁机(机械集中式联锁)。

早期轨道电路的逻辑和执行单元由"故障-安全"继电器构成,在系统故障时借助重力

导向安全侧。但是随着 I/O 数量的增加,继电器系统的缺点也慢慢显现出来,如配线麻烦、逻辑难以更改,等等。为了克服继电器的缺点,人们开发了其他系统,如固态系统(Solid State System)。1985 年,英国开发出了 SSI(Solid State Interlocking)系统,采用三取二冗余结构来保证系统的安全性。

三、电子计算机在信号系统的应用

20 世纪 80 年代以来,计算机和网络技术逐步深入到工业、交通、国防以及日常生活领域中,对铁路信号系统的影响也是革命性的,计算机联锁系统、车-地实时通信的实现等使得铁路运输自动化程度大大提高。使用计算机控制系统能够降低成本、增强系统功能,给系统设计和维护带来很多便利,可以最大限度地减少人为出错的概率,有利于提高信号系统的安全性。但是,计算机应用于信号系统对于系统的安全性也带来了新的挑战。

首先,计算机的系统比较复杂。计算机由硬件和软件组成,硬件方面,即使是最简单的计算机系统也包含数以万计的元器件和非常复杂的行为状态;软件方面,比较简单的软件程序也可能有数以千计的执行路径。而复杂性对于系统安全的保证是一个难题,复杂的系统很难设计开发,寻找错误和安全隐患也比较困难。

其次,就计算机软件来说,它没有物理的损耗,系统安全性的证明非常困难。尽管如此,计算机系统在信号系统中的应用日益广泛和深入,人们将"故障-安全"原则和计算机技术结合起来,形成了一些新的安全方法和技术:

(1) 故障监测与诊断技术,能够尽快地发现故障,以便及时修复或投入备份,使系统恢复功能或者给出安全侧输出。

(2) 计算机容错技术,利用冗余去屏蔽错误的影响和利用重构保证系统缓慢降级。通常采用冗余技术来实现容错,利用额外的备份以提高系统可靠性和安全性的技术称作冗余技术,它包括硬件冗余、软件冗余、时间冗余、信息冗余四种。硬件冗余包括静态冗余、动态冗余、混合冗余三种方式。

信号系统中应用的计算机一般称为安全计算机(Vital Computer)。信号系统中硬件冗余应用比较多的是"二乘二取二"和"三取二"系统,软件冗余有 N-Version 编程和恢复块技术。

四、安全苛求系统

随着计算机系统安全技术研究的深入,人们已经把和安全功能有关的计算机系统看作安全苛求系统单独进行研究。安全苛求系统是指对组成系统的软件、硬件安全性级别要求很高的计算机、电子和电气系统,这些系统出现故障后可能导致人员伤亡、重大经济损失或环境破坏等严重后果。"Safety Critical System"在计算机词典中的解释为"A computer, electronic or electromechanical system whose failure may cause injury and death to human beings",即系统出现故障后可能导致人员伤亡的计算机、电子或电气系统。它和一般计算机系统应用的区别在于安全苛求系统往往涉及人员伤亡、重大财产损失等,如核工业、交通运输、航空航天领域等。

安全苛求系统强调的是没有绝对的安全,安全性的提高是以人力、物力、财力的投入为代价的,要根据系统的应用领域和用户的需求确定可以容忍的安全度,在安全性和经济性之间找到平衡点。安全的对立面是风险和故障,在安全苛求系统的设计开发之前应当明确系统边界,对系统进行危险和风险分析(Hazard Analysis and Risk Analysis),找出系统可能存在的所有安全隐患和危险模式,确定系统当前的安全度和目标安全度之间的差距,这样才能在系统设计开发时采取相应的对策以降低故障率,使得最终的系统满足用户对于安全性的要求。

IEC 61508 用安全完善性等级 SIL(Safety Integrity Level)来说明安全相关系统的安全目标。安全完善性是在规定的时间周期内所有规定的条件下,安全相关系统成功地完成所需安全功能的能力。安全完善性分为系统故障和随机完善性,表 1.1 是安全完善性等级分级标准,也是随机故障-安全完善性的定量目标,而对于系统故障完善性,标准中是用质量管理、安全管理和技术安全等定性指标作为目标的。定义一个安全相关系统的安全完善性等级相当重要,应当根据系统安全要求计算出可以容忍的故障率,然后参照表 1.1 得出系统安全完善性等级,如果等级定低了会直接威胁到系统的安全性,如果等级定高了会花费大量的人力、物力和财力。

表 1.1 安全完善性等级分级标准

安全完善性等级	执行的平均故障率 (执行频率低)	危险故障率 (执行频率高)
4	$10^{-5} \sim 10^{-4}$	$10^{-9} \sim 10^{-8}$
3	$10^{-4} \sim 10^{-3}$	$10^{-8} \sim 10^{-7}$
2	$10^{-3} \sim 10^{-2}$	$10^{-7} \sim 10^{-6}$
1	$10^{-2} \sim 10^{-1}$	$10^{-6} \sim 10^{-5}$

欧盟以 IEC 61508 国际标准为基础,吸收该国际标准的精髓开发行业标准。欧洲电气化标准委员会(CENELEC)下属的 SC9XA 委员会,制定了以计算机控制的信号系统作为对象的铁路信号标准,它包括如图 1.3 所示的 4 个部分。

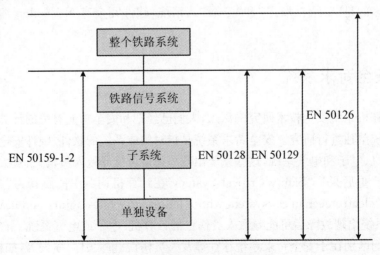

图 1.3 CENELEC 铁路标准关系

项目二　信号继电器原理及应用

任务一　继电器基本原理认知

继电器是一种电磁开关,能以较小的电信号控制执行电路中的大功率设备,是实现自动控制和远程控制的重要设备。

继电器类型有很多,但都由电磁系统和触点系统两个部分组成,其中电磁系统主要包括线圈、铁芯以及可动的衔铁等;触点系统由动触点和静触点组成。继电器工作原理如图2.1所示。当线圈中通入一定数值的电流后,根据电磁原理,在衔铁和铁芯之间会产生一定数量的磁通,该磁通经铁芯、衔铁、轭铁和气隙形成一个闭合磁路,铁芯对衔铁就产生了吸引力,衔铁被吸引;当线圈中没有电流时,衔铁由于重力作用被释放。衔铁上的触点称为动触点。随着衔铁被吸引或被释放,动触点与静触点接通或断开,从而实现对其他设备的控制。

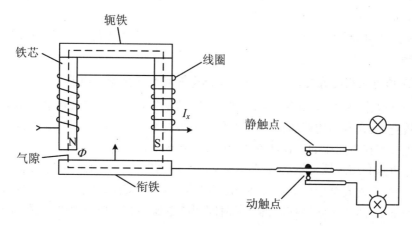

图 2.1　继电器工作原理

一、继电器的分类

继电器的类型繁多,分类也多种多样,常见的分类有以下几种:

1. 按动作原理分类,可分为电磁继电器和感应继电器

电磁继电器是通过继电器线圈中的电流在磁路的气隙(铁芯与衔铁之间)中产生电磁力,吸引衔铁,带动接点动作的;感应继电器是利用电流通过线圈产生的交变磁场与另一交变磁场在翼板中所感应的电流相互作用产生电磁力,使翼板转动而动作的。

2. 按动作电流分类,可分为直流继电器和交流继电器

直流继电器是由直流电源供电的,按所通电流的极性,它又可分为无极继电器、偏极继电器和有极继电器。直流继电器都是电磁继电器。

交流继电器是由交流电源供电的,按动作原理,它可分为电磁继电器、感应继电器。

整流式继电器虽然用于交流电路中,但它用整流元件将交流电整流为直流电,所以其实质上是直流继电器。

3. 按输入量的物理性质分类,可分为电流继电器和电压继电器

电流继电器反映电流的变化,它的线圈必须串联在所反映的电路中。该电路中必须有所被反映的器件,如电动机绕组、信号灯泡等。

电压继电器反映电压的变化,它的线圈励磁电路单独构成。

4. 按动作速度分类,可分为正常动作继电器和缓动继电器

正常动作继电器衔铁动作时间为 $0.1\sim0.3\,\mathrm{s}$。大部分信号继电器属于此类,一般无需加此称呼。

缓动继电器衔铁动作时间超过 $0.3\,\mathrm{s}$,又分为缓吸继电器、缓放继电器两种。缓吸继电器是利用脉冲延时电路或软件设定使之缓吸。缓放继电器则利用短路铜环产生磁通使之缓动,主要取其缓放特性。

5. 按接点结构分类,可分为普通接点继电器和加强接点继电器

普通接点继电器具有开断功率较小的接点的能力,以满足一般信号电路的要求,多数继电器为普通接点继电器,一般不加此称呼。

加强接点继电器具有开断功率较大的接点的能力,以满足电压较高、电流较大的信号电路的要求。

6. 按工作可靠程度分类,可分为安全型继电器和非安全型继电器

安全型继电器(N 型)是无需借助于其他继电器,亦无需对其接点在电路中的工作状态进行监督检查,其自身结构即能满足一切安全条件的继电器;非安全型继电器(C 型)是必须监督检查接点在电路中的工作状态,以保证安全条件的继电器。

本任务重点介绍现场常见信号继电器原理。根据继电器的工作原理及实际应用进行分类,分为 AX 系列安全型继电器、时间型继电器和 25 Hz 轨道继电器。我们首先学习 AX 系列安全型继电器,待了解透彻后再学习时间型继电器和 25 Hz 轨道继电器(任务四)。

二、AX 系列安全型继电器结构及原理

AX 系列安全型继电器是在座式继电器和大插入式继电器的基础上,由我国自行设计和制造的,其结构新颖、重量轻、体积小,且安全可靠、性能稳定,能满足信号电路对继电器的各种要求,是我国铁路信号继电器的主要定型产品,应用最为广泛。

安全型继电器是直流 24 V 系列的重弹力式直流电磁继电器,有很多种类,它们的特性和线圈电阻值各不相同,在信号电路中有不同的作用。其典型结构为直流无极继电器,其他各型继电器由无极继电器派生。因此,绝大部分零件都能通用。

1. 直流无极继电器结构及原理

直流无极继电器由电磁系统与接点系统两大部分组成,其结构及实物如图 2.2 所示。

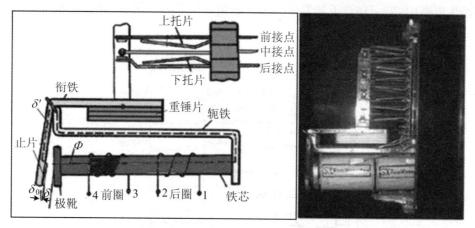

图 2.2 直流无极继电器结构及实物图

(1) 电磁系统

电磁系统由线圈、铁芯、轭铁和衔铁(气隙)组成。

线圈水平安装在铁芯上,分为前圈和后圈,1-2 线圈为后圈,3-4 线圈为前圈。这两个线圈可以串联使用,也可以并联使用或单独使用。

铁芯为软磁材料,由电工纯铁制成,外层镀锌防护,具有较高的磁通密度和较小的剩磁,以利于继电器工作。缓放型继电器和灵敏继电器的铁芯尺寸大些,以加大缓放时间或减小工作值。极靴在铁芯头部,上面有两个小孔便于拆装铁芯。

轭铁呈 L 形,由电工纯铁板冲压成形,外表镀多层铬防护。

衔铁为角形,靠蝶形钢丝卡固定在轭铁的刀刃上,动作灵活。在衔铁的传动部分铆上重锤片,以保证衔铁靠重力返回。重锤片的片数由接点组的数量决定。一般 8 组接点用 3 片,6 组用 2 片,4 组用 1 片,2 组不用。衔铁上有止片,安装在衔铁与铁芯闭合处,用以增加磁阻,减小剩磁的影响,保证继电器可靠落下。

(2) 接点系统

接点系统处于电磁系统上方,通过接点架和螺钉紧固在轭铁上,使两者成为一个整体。

每个接点组包括前接点、中接点、后接点以及上下两个托片。接点接触碰撞时会产生颤动,颤动将形成电弧,对接点有较大的破坏作用,为消除这种颤动必须设置托片。接点片与托片组合压在酚醛塑料内以形成单元块,提高了接点组之间的绝缘强度。直流无极继电器接点系统采用两排纵列式联动结构,接点组数只能成偶数增减。图 2.3 中直流无极继电器共有 8 组接点。衔铁通过拉杆带动中接点运动,8 组接点同时动作。

加强接点是为通断功率较大的信号电路而设计的,具有特殊设计的大功率接点和磁吹弧器。加强接点组由加强动接点单元和带磁吹弧器的加强接点单元组成。为了防止接点组间的飞弧短路,在两组加强接点间安装既耐高温又具有良好绝缘性能的云母隔弧片。隔弧片铆在拉杆上。为保证加强接点的安装空间,增加了空白单元。

磁吹弧是利用磁场的电磁力把电弧拉长,起到增大接点间距离的作用,使电弧拉长到加在接点间的电压不足以维持电弧燃烧所需的电压而自行熄灭。

磁吹弧器是在接点上加装一块永久磁钢,在接点的气隙间构成 N→S 的磁回路。接点断开时在接点之间产生电弧,所谓电弧实际上就是电子和离子在接点间的移动。当接点间产生电弧时,电子和离子就要受到永久磁钢的电磁力作用,使电弧向外拉长,最后使电弧自行熄灭。

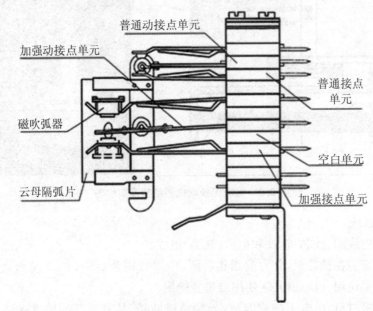

图 2.3　加强接点系统

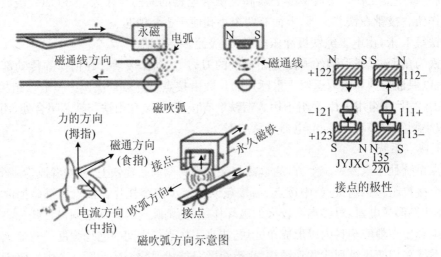

图 2.4　磁吹弧原理

如图 2.4 所示,磁吹弧的方向根据左手定则确定,食指代表永久磁钢产生的磁通方向,中指代表接点中通过的电流方向,大拇指代表电磁力的方向。此时要求通过接点电流的方向,应符合使接点间电弧向外吹的原则。否则,向内吹弧,非但不会熄灭电弧,还会造成接点的损坏。因此,加强接点上规定了接点的正负极性,使用时要注意磁吹弧的方向。

（3）动作原理

无极继电器采用的电源是直流电源,而且无论什么极性只要达到它的规定工作值,继电器就励磁吸起,因此称这种继电器为直流无极电磁继电器,简称无极继电器。

如图2.5所示,在线圈上加上直流电压后,线圈中的电流 I 使铁芯磁化,在铁芯内产生工作磁通 Φ,它由铁芯极靴处经过主工作气隙 δ 进入衔铁,又经过第二工作气隙 δ' 进入轭铁,然后回到铁芯,形成一闭合磁路。在工作气隙 δ 处,由于磁通 Φ 的作用,铁芯与衔铁间产生电磁吸引力 F_D,当 F_D 大到足以克服衔铁转动的机械力 F_j(主要是衔铁自重)时,衔铁即与铁芯吸合。此时衔铁通过拉杆带动中接点运动,使后接点断开,前接点闭合,继电器处于吸起状态,如图2.6所示。

当线圈中的电流减小时,铁芯中的磁通按一定规律随之减小,吸引力也随着减小。当电流小到一定值,即它所产生的吸引力小于机械力时,衔铁离开铁芯被释放。此时拉杆带动动接点运动,使之与前接点断开,与后接点闭合,继电器处于落下状态。

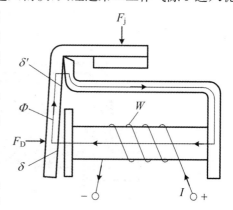

图 2.5　无极继电器磁路

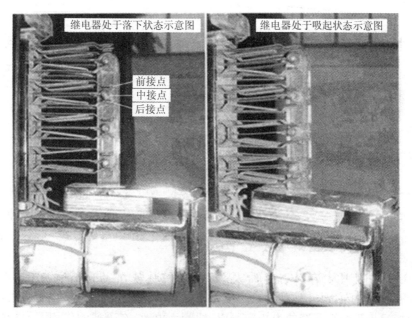

图 2.6　直流无极继电器的吸起和落下状态

2. 其他安全型继电器结构及原理

安全型继电器的类型有很多,除直流无极继电器外,还有偏极继电器、有极继电器和整流式继电器等。

（1）偏极继电器

偏极继电器是为了满足信号电路中鉴别电流极性的需要设计的,具有反映电流极性的性能。它与无极继电器不同,衔铁的吸起与线圈中电流的极性有关,只有通过规定方向的电流时,衔铁才吸起,而电流方向相反时,衔铁不动作。

偏极继电器的接点系统与无极继电器基本相同,电磁系统有所不同,如图 2.7 所示。铁芯的极靴是方形的,在方极靴下方用两个螺钉固定一个 L 形永久磁钢,使衔铁处于极靴和永久磁钢之间,受永久磁钢的作用力处于落下位置。由于永磁力的存在,衔铁只安装一块重锤片,后接点的压力由永磁力和重锤片共同作用产生。

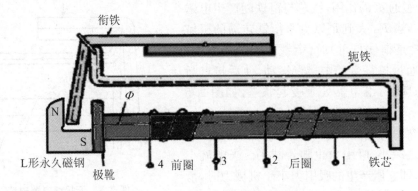

图 2.7　偏极继电器的电磁系统

偏极继电器的磁路系统由永磁磁路与电磁磁路两部分组成,如图 2.8 所示。

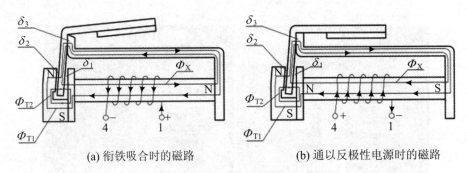

(a) 衔铁吸合时的磁路　　　　(b) 通以反极性电源时的磁路

图 2.8　偏极继电器的磁路及工作原理图

永久磁铁产生的磁通有两条路径:一是 Φ_{T1} 从 N 极出发经 δ_2、衔铁、δ_3、轭铁、铁芯回到 S 极;二是 Φ_{T2} 从 N 极出发经 δ_2、衔铁、δ_1、方形极靴回到 S 极。Φ_{T1} 的大小随气隙 δ_2 和 δ_3 的大小变化而变化,由于 $\delta_2+\delta_1$ 不随衔铁位置变化而变化,所以基本上 Φ_{T2} 是一个常数。

① 线圈无电时

气隙 δ_2 中的磁通为 $\Phi_{T1}+\Phi_{T2}$,而气隙 δ_1 中的磁通为 Φ_{T2},因此,衔铁左边永久磁铁 N 极对衔铁的吸力大于右边极靴对衔铁的吸力,气隙 δ_3 中的 Φ_{T1} 对衔铁也有吸力,但由于力臂小,其力矩远小于衔铁下端的力矩。所以,线圈无电时,在磁通的作用下,总是使衔铁吸向左边,再加上衔铁上的机械力,确保了断电时继电器保持在落下状态。

② 通入正极性电源时

当线圈通以正极性电源时(1 正 4 负),在铁芯中产生如图 2.8(a)所示的 Φ_X 磁通。

在 δ_1 处:Φ_X 和 Φ_{T2} 方向相同,总磁通为两者之和,相应的总电磁吸引力增大。

在 δ_3 处:Φ_X 和 Φ_{T1} 方向相反,总磁通为两者之差,相应的总电磁吸引力减小。

由于力臂相差较大,在 δ_1 增大较在 δ_3 减小的作用要大得多,因此,δ_1 对衔铁的总吸引力增大。当 δ_1 处 Φ_X 和 Φ_{T2} 产生的吸力大于 δ_2 处磁通产生的吸力和机械力的总和时,继电器的衔铁就被吸合,继电器处于吸起状态。

断开线圈电源时,衔铁靠重力和接点的反作用力返回。在衔铁返回的过程中,δ_1 增大,δ_2 减小,永磁磁通 Φ_T 迅速增加,加速衔铁的返回,继电器处于落下状态。

③ 通入反极性电源时

当线圈通以反极性电源时(1 负 4 正),如图 2.8(b)所示,在铁芯中产生的磁通 Φ_X 与通以正极性电源时相反。在 δ_1 处 Φ_X 与 Φ_{T2} 相减,而在 δ_3 处 Φ_X 与 Φ_{T1} 相加,但总的电磁吸引力的力矩反而下降,因此衔铁不会吸合,从而具有鉴别电流极性的功能。

但是,反极性不吸起是有条件的,如果不断增大反极性电流,使电磁磁通足以克服永磁的作用,则衔铁可在反极性电流作用下吸合,这是不允许的。因此,在偏极继电器的电气特性上加上一条特殊的标准,即反向加 200 V 电压,衔铁不能吸起,这个电压也就是反向不吸起值,以保证其工作的可靠性。

(2) 有极继电器

有极继电器根据线圈中电流极性不同而具有定位和反位两种稳定状态,这两种稳定状态在线圈中电流消失后,仍能继续保持,故又称为极性保持继电器。它的特点是磁系统中增加了一块端部呈刀形的长条形永久磁钢,代替无极继电器的部分轭铁,如图 2.9 所示。在线圈中通以规定极性的电流时,继电器吸起,断电后仍保持在吸起位置;通以反方向电流时,继电器打落,断电后保持在打落位置。

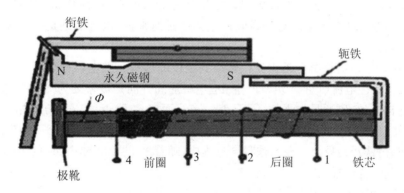

图 2.9 有极继电器的电磁系统

有极继电器有保持原来状态的性质,因此,就不便再用吸起和落下来表示继电器的状态了,常用定位和反位来表示有极继电器的状态。衔铁与铁芯极靴之间的间隙最小时(即吸起状态)的位置规定为定位,此时与中接点闭合的接点叫作定位接点(符号为 D,相当于前接点);衔铁与铁芯极靴之间的间隙最大时(即打落状态)的位置规定为反位,此时与动接点闭合的接点叫作反位接点(符号为 F,相当于后接点)。

有极继电器的磁路系统由两部分组成:一是永久磁钢产生的磁路,一是线圈产生的磁路,其磁路系统如图 2.10 所示。

永久磁钢的磁通分为 Φ_{T1} 和 Φ_{T2} 两条并联支路。Φ_{T1} 从 N 极出发,经衔铁、第一工作气隙 δ_1、铁芯、轭铁,到 S 极;Φ_{T2} 从 N 极出发,经衔铁上部、重锤片、第二工作气隙 δ_2,到 S 极。这两条支路不对称,磁路的不平衡就形成有极继电器的正向转极值与反向转极值的较大差别。

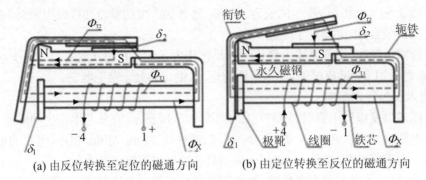

(a) 由反位转换至定位的磁通方向　　(b) 由定位转换至反位的磁通方向

图 2.10　有极继电器的磁路及工作原理

① 线圈无电时

当衔铁处于定位状态(吸合)时,由于 $\delta_1 \ll \delta_2$,因此,$\Phi_{T2} \ll \Phi_{T1}$,由 Φ_{T1} 产生的吸引力将克服由 Φ_{T2} 产生的吸引力、衔铁重力及接点的反作用力等合力,使衔铁处于稳定的吸合位置。反之,当衔铁处于反位状态(打落)时,由于 $\delta_2 \ll \delta_1$,因此,$\Phi_{T1} \ll \Phi_{T2}$,由 Φ_{T2} 产生的吸引力与衔铁重力、动接点预压力之和大于由 Φ_{T1} 产生的吸引力与后接点压力之和,使衔铁保持在稳定的打落位置。

② 由反位转换至定位时

有极继电器从一种稳定位置转变到另一种稳定位置,只有依靠电磁力的作用。线圈产生的电磁通 Φ_X 是一个无分支的磁路,即铁芯、极靴、δ_1、衔铁、重锤片、δ_2、轭铁。磁通的方向由线圈中的电流极性决定。对于线圈产生的电磁通来说,永久磁钢是一个很大的磁阻,如同气隙一般。

图 2.10(a)表示有极继电器由反位转换到定位的过程。继电器原处于反位状态,现在线圈中通以正极性电流(1 正 4 负),产生 Φ_X 电磁通的方向是极靴处为 S 极。这时在 δ_1 处 Φ_X 与 Φ_{T1} 方向一致,磁通是加强的,等于 $\Phi_{T1}+\Phi_X$;而在 δ_2 处 Φ_X 与 Φ_{T2} 方向相反,磁通是削弱的,等于 $\Phi_{T2}-\Phi_X$。当 Φ_X 增到足够大时,在 δ_1 处产生的吸力大于在 δ_2 处产生的吸力和机械力之和,衔铁开始吸合。在衔铁吸合过程中,随着 δ_1 的不断减小、δ_2 的不断增大,衔铁便迅速运动到吸合位置。

③ 由定位转换至反位时

如果改变线圈电流极性,如图 2.10(b)所示,在铁芯中电磁通 Φ_X 的方向则随之改变,极靴处为 N 极。这时在 δ_1 处 Φ_X 与 Φ_{T1} 方向相反,磁通是削弱的,等于 $\Phi_{T1}-\Phi_X$;而在 δ_2 处 Φ_X 与 Φ_{T2} 方向相同,等于 $\Phi_{T2}+\Phi_X$。当 Φ_X 增到足够大时,在 δ_2 处产生的吸力和机械力之和大于在 δ_1 处产生的吸力,衔铁返回到打落位置。

(3) 整流式继电器

整流式继电器用于交流电路中。它通过内部的半波或全波整流电路将交流电变为直流电而动作。之所以如此,是为了避免在 AX 系列继电器中采用结构形式完全不同的交流继电器,以提高产品的系列化、通用化程度。

整流式继电器的结构与无极继电器类似,只是磁路结构参数有所不同。更主要的是,在接点组上方安装由二极管组成的半波或全波整流电路。整流式继电器的接点系统结构与无极继电器相同,零部件全部通用,只是接点的编号有区别。整流式继电器的线圈、整流器与电源片(即交流电源的输入端子)连接如图 2.11 所示。

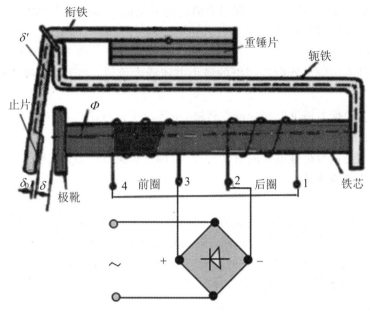

图 2.11 整流式继电器线圈、整流器与电源片的连接

三、继电器的特性

安全型继电器的特性包括电气特性、时间特性和机械特性。这些特性用来表征继电器的性能，是使用和检修继电器的重要依据。

1. 电气特性

电气特性是安全型继电器的基本要求，也是设计和实现信号逻辑电路的依据。电气特性包括额定值、充磁值、释放值、工作值、反向工作值、转极值、反向不工作值等。

(1) 额定值

额定值是满足继电器安全系数所必须接入的电压或电流值。AX 系列继电器的额定电压为直流 24 V，作为轨道继电器、灯丝继电器、道岔启动继电器时除外。

(2) 充磁值

为了测试继电器的释放值或转极值，预先使继电器磁系统磁化，向其线圈通以 4 倍的工作值或转极值。这样可使继电器磁路饱和，在此条件下测试释放值或转极值。

(3) 释放值

向继电器通以规定的充磁值，然后逐渐降低电压或电流，至全部前接点断开时的最大电压或电流值即释放值。

(4) 工作值

工作值是向继电器线圈通电，直到衔铁止片与铁芯接触、全部前接点闭合，并满足规定接点压力所需要的最小电压或电流值。此值是继电器的磁系统及接点系统刚好能工作的状态，一般规定工作值不大于额定值的 70%。

(5) 反向工作值

反向工作值是向继电器线圈反向通电，直到衔铁止片与铁芯接触、全部前接点闭合，并满足接点压力时所需要的最小电压或电流值。造成反向工作值大于工作值的原因是磁路剩磁影响所致,反向工作值一般不大于工作值的120%。

(6) 转极值

转极值是使有极继电器衔铁转极的最小电压或电流值,又分为正向转极值和反向转极值。

正向转极值是使有极继电器的衔铁转极,全部定位接点闭合,并满足规定接点压力时的正向最小电压或电流值。

反向转极值是使有极继电器的衔铁转极,全部反位接点闭合,并满足规定接点压力时的反向最小电压或电流值。

(7) 反向不工作值

反向不工作值是向偏极继电器线圈反向通电,继电器不动作的最大电压值。

释放值与工作值之比称为返还系数。返还系数对于信号继电器有着特别重要的意义,返还系数越高,标志着继电器的落下越灵敏。普通继电器的返还系数不小于30%,缓放继电器不小于20%,轨道继电器不小于50%。

2. 时间特性

电磁继电器的电磁系统是具有铁芯的电感,在接通或断开电源时,由于电磁感应作用,在铁芯中产生涡流,在线路中产生感应电流。这些电流产生的磁通阻碍铁芯中原来磁通的变化,所以电磁继电器或多或少都具有一些缓动的时间特性。

在各种继电器控制的电路中,由于它们完成的作用不一样,对继电器的时间特性要求也不一样,如果不能满足对时间特性的要求,控制电路便不能正常工作。因此不仅要了解继电器固有的时间特性,而且还要按电路的要求,设法改变继电器的时间特性。

(1) 继电器的时间特性

电磁继电器线圈所具有的电感不仅电感量大,而且是非线性的,再加上继电器磁路中的工作气隙在动作过程中是变化的,因此继电器线圈中的电流变化规律较为复杂。继电器的时间特性可以用继电器的动作时间来表示,如图2.12所示。

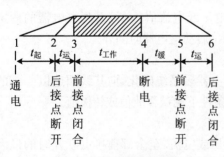

图 2.12 继电器动作时间

吸合时间指继电器线圈通入额定值到全部前接点闭合所需的时间,也叫缓吸时间,如图2.12中的 $t_起 + t_运$ 所示。$t_起$ 为通电到后接点断开时间,$t_运$ 为后接点断开到前接点闭合的衔铁运动时间。

工作时间指继电器的前接点闭合,处于吸起状态的时间,如图2.12中的 $t_{工作}$ 所示。$t_{工作}$ 为前接点闭合到断电时间。

返回时间指线圈断电至后接点闭合所需的时间,也叫缓放时间,如图2.12中的 $t_缓 + t_运$ 所示。$t_缓$ 为断电至前接点的缓放时间,$t_运$ 为前接点断开至后接点闭合的衔铁运动时间。

(2) 改变继电器时间特性的方法

继电器都是缓动的,但其缓吸、缓放时间都非常短。继电器用于控制电路中,要满足不同控制对象对时间特性的要求,仅依靠继电器的固有时间特性是不行的,必须根据需要改变继电器的时间特性。改变继电器时间特性的方法：一是改变继电器的结构；二是用电路来实现。

① 用改变继电器结构的方法来改变继电器的时间特性

在继电器铁芯上套短路铜环或铜线圈架，如图2.13所示，当线圈接通或断开电源时，铁芯中的磁通发生变化，在短路铜环或铜线圈架中产生比较大的感应电流（涡流），感应电流所产生的磁通阻止原磁通的变化，使铁芯中的磁通变化减慢，从而使继电器缓吸、缓放。

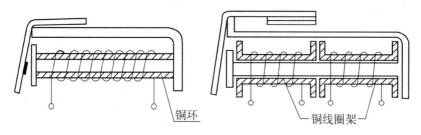

图2.13　缓放型继电器的铜环及铜线圈架

另外，也可以采用改变衔铁与铁芯间止片厚度，来改变继电器的返回时间；选用磁导率较高的铁磁材料，以缩短继电器的动作时间；增大线圈导线的线径来减少继电器的吸合时间等方法来微调继电器的时间特性。

② 构成缓放电路以获得继电器的缓放

构成缓放电路以获得继电器缓放的方法有：提高继电器端电压使其快吸；与继电器线圈串联RC并联电路使其快吸，如图2.14(a)所示；在继电器线圈两端并联电阻或二极管使其缓放，如图2.14(b)、(c)所示；短路继电器一个线圈使其缓放等。采用最广的方法是在继电器线圈两端并联RC串联电路，使继电器缓吸缓放，如图2.14(d)所示。在继电器断电时，依靠电容器C的放电，使继电器缓放。

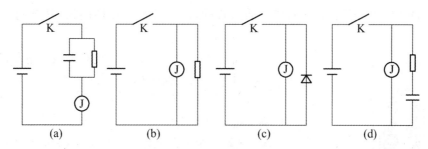

图2.14　构成继电器的缓放电路图

缓放时间长短与电容器的容量、放电回路中的电阻值及继电器的释放值有关。可通过改变C的电容量和R的电阻值来获得所需要的缓放时间。

四、继电器的型号及插座

1. 继电器的型号表示

安全型继电器型号用汉语拼音字母和数字表示，拼音字母表示继电器种类，数字表示线圈的电阻值（单位：Ω）。例如，JWJXC-H125/80，具体含义如图2.15所示。

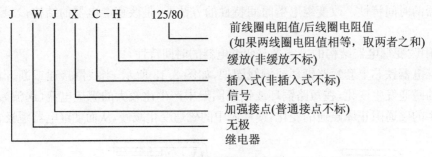

图 1.15 继电器型号含义

继电器的文字符号含义如表 2.1 所示。

表 2.1 继电器文字符号含义

代号	含义		代号	含义	
	安全型	其他类型		安全型	其他类型
A		安全	R		二元
B		半导体	S		时间、灯丝、双门
C	插入	插入、传输、差动	T		通用、弹力
D		单门、动态	W	无极	
H	缓放	缓放	X	信号	信号、小型
J	继电器、加强接点	继电器、加强接点、交流	Y		有极
P	偏极		Z	整流	整流、转换

2. 继电器的插座编号

常见的 AX 系列安全型继电器是插入式的,需加装继电器插座板,其结构如图 2.16 所示。

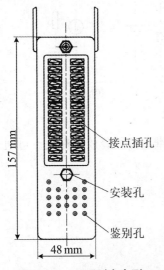

图 2.16 AX 系列安全型继电器插座

插座插孔旁所注接点编号是普通无极继电器的接点编号,其他各种类型继电器的接点系统位置不同,使用编号也与之不同,但是实际使用的插座仅此一种,所以必须按图 2.17 所示编号对照使用。

AX 系列安全型继电器有多种类型,为防止不同类型的继电器错误插接,在插座下部鉴别孔内铆以鉴别销。不同类型的继电器由型别盖上的鉴别孔进行鉴别,根据规定的鉴别孔逐个钻成,以与鉴别销相吻合。型别盖外形及鉴别孔位置如图 2.18 所示。

3. 常见的安全型继电器

常见的 AX 系列安全型继电器有无极(包括无极、无极加强接点、无极缓放、无极加强接点缓放)、整流、有极(包括有极、有极加强)、偏极四种。

常见的 AX 系列安全型继电器的基本情况如表 2.2 所

示。表中,Q 表示前接点,H 表示后接点,D 表示定位接点,F 表示反位接点,J 表示加强接点。例如,8QH 表示 8 组普通前后接点组,2DFJ 表示 2 组加强定反位接点组。

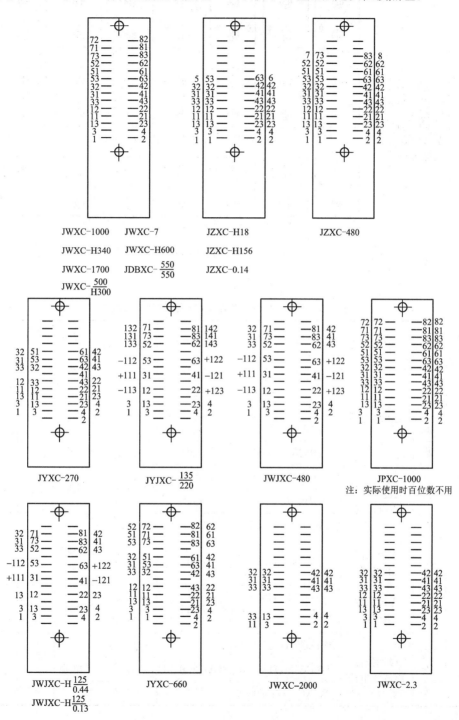

图 2.17 插座接点编号对照

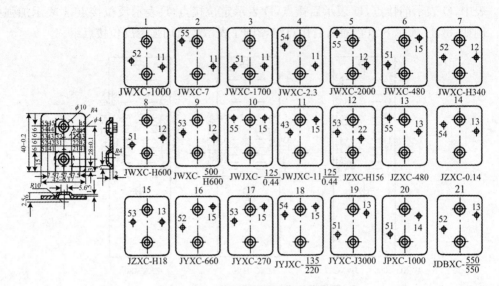

图 2.18 型别盖外形及鉴别孔位置

表 2.2 常见 AX 系列安全型继电器的基本情况

品种序号	规格序号	继电器名称	型号	接点组数	鉴别销号码	线圈连接	电源片连接 连接	电源片连接 使用
1	1	无极继电器	JWXC-1000	8QH	11、52	串联	2、3	1、4
	2		JWXC-1700		11、51			
	3		JWXC-2.3	4QH	11、54			
	4		JWXC-2000	2QH	12、55			
	5	无极加强接点继电器	JWJXC-480	2QH、2QHJ	15、51	串联	2、3	1、4
	6		JWJXC-160	2QHJ	11、52			
	7		JWJXC-300/370	4QHJ	22、52	单独	—	1、2 3、4
	8	无极缓动继电器	JWXC-H310	8QH	23、54			
	9	无极缓放继电器	JWXC-H600	8QH	12、51	串联	2、3	1、4
	10		JWXC-H1200		14、42			
	11	无极加强接点缓放继电器	JWJXC-H125/0.13	2QH、2QJ、2H	15、43	单独	—	1、2 3、4
	12		JWJXC-H125/80		31、52			
	13		JWJXC-H80/0.06		12、22			

续表

品种序号	规格序号	继电器名称	型　号	接点组数	鉴别销号码	线圈连接	电源片连接 连接	电源片连接 使用
2	14	整流式继电器	JZXC-480	4QH、2Q	13、55	串联	1、4	7、8
	15		JZXC-H18	4QH	13、53	串联	1、4	5、6
	16		JZXC-H142					
	17		JZXC-H0.14/0.14	2QH、2H	22、53	单独	—	32、42 53、63
	18		JZXC-H18F	4QH	13、53			5、6
3	19	有极继电器	JYXC-660	6DF	15、52	串联	2、3	1、4
	20		JYXC-270	4DF	15、53			
	21	有极加强接点继电器	JYJXC-X135/220	2DF、2DFJ	12、23	单独	—	1、2 3、4
	22	偏极继电器	JYJXC-J3000	2F、2DFJ	13、51	串联	2、3	1、4
4	23		JPXC-1000	8QH	14、51			

任务二　继电器应用

一、继电器的图形符号

（一）继电器的名称

继电器一般是根据它的主要用途和功能来命名的。例如，反映按钮动作的继电器称为按钮继电器，控制信号的继电器称为信号继电器。为了便于标记，继电器符号用汉语拼音字头来表示。例如，按钮继电器表示为 AJ，信号继电器表示为 XJ。在一个控制系统中会用到许多继电器，同一作用和功能的继电器也不止一个，它们的名称必须有所区别。例如，以 LZAJ 代表列车终端按钮继电器，DBJ 代表道岔定位表示继电器。

同一个继电器的线圈和接点必须用该继电器的名称符号来标记，以免互相混淆。同一个继电器的各接点组还需用其编号注明，以防重复使用。

（二）继电器的定位

继电器有两个状态：吸起状态和落下状态。在电路图中只能表达这两种状态中的一种。电路图中继电器呈现的状态称为通常状态（简称常态），或称为定位状态，按照以下原则进行规定。

(1) 继电器的定位状态应与设备的定位状态相一致,信号布置图中所反映的设备状态约定为设备的定位状态。例如,一般信号机以关闭为定位状态,道岔以经常开通位置为定位状态,轨道电路以空闲为定位状态。

(2) 根据"故障-安全"原则,继电器的落下状态必须与设备的安全侧相一致。例如,信号继电器的落下应与信号关闭相一致,轨道继电器落下应与轨道电路占用相一致。这样,才能实现电路发生断线故障时导向安全侧。

根据以上两条原则就可以确定继电器的定位状态了。例如,信号继电器 XJ 落下与信号关闭相对应,规定 XJ 落下为定位状态,道岔定位表示继电器 DBJ 吸起与道岔处于定位相对应,规定 DBJ 吸起为定位状态,而道岔反位表示继电器 FBJ 吸起应与道岔处于反位相对应,故规定 FBJ 落下为定位状态。轨道继电器 GJ 吸起与轨道电路空闲相对应,规定 GJ 吸起为定位状态。

在电路图中,凡以吸起为定位状态的继电器,其线圈和接点处均以"↑"符号标记之;凡以落下为定位状态的继电器,其线圈和接点处均以"↓"符号标记之。

(三) 继电器的线圈

为了区分不同类型的继电器,规定了各种继电器线圈的图形符号,如表 2.3 所示。

表 2.3 继电器线圈的图形符号

序号	符号	名称	说明
1	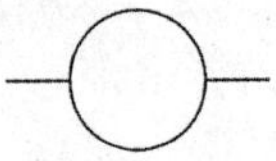	无极继电器	两线圈串接
	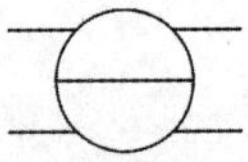		两线圈分接
2	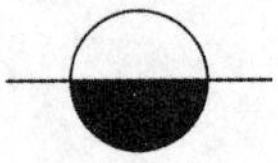	无极缓放继电器	两线圈串接
3			两线圈分接 单线圈缓放
4	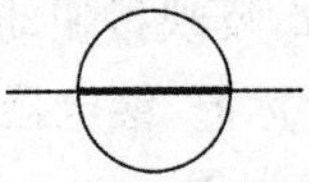	无极加强继电器	
5	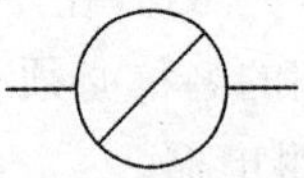	有极继电器	
6		有极加强继电器	两线圈分接
7	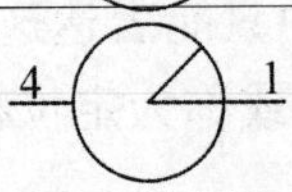	偏极继电器	

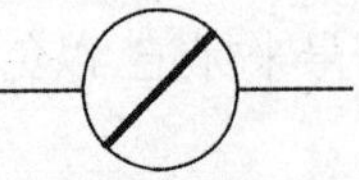

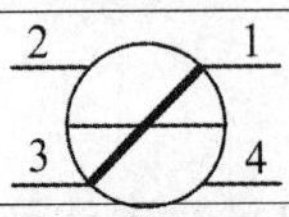

续表

序 号	符 号	名 称	说 明
8	▷⊢	整流继电器	
9	3′	时间继电器	
10	∼	交流继电器	
11	≈	交流二元继电器	
12	⊓⊔	动态继电器	
	⊓⊔		两线圈分接

继电器线圈的表示应具备三要素,即线圈使用、继电器定位状态和继电器名称。继电器有两个线圈,前圈 3、4 和后圈 1、2,其电源片有 4 个,电源片 1 和 3 为两组线圈的正极;电源片 2 和 4 为两组线圈的负极。对于两组线圈参数相同的继电器,可以将两组线圈串联使用(连接 2-3 电源片,使用 1-4 电源片);也可以两组线圈并联使用(电源片 1-3 连接,2-4 连接,使用 1-2 或 3-4 电源片);当然,也可以将两组线圈单独使用。继电器线圈及其端子的使用如图 2.19 所示。

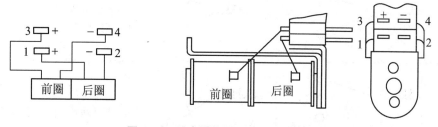

图 2.19 继电器线圈及其端子的使用

(四)继电器的接点

继电器的状态分为吸起状态和落下状态。处于吸起状态时,中接点与前接点闭合;处于落下状态时,中接点与后接点闭合。"——"表示接通,"— —"表示断开。

继电器由多组接点组成,每组接点包括中接点、前接点和后接点。中接点用"1"表示,前接点用"2"表示,后接点用"3"表示。因此第一组接点的中接点用"11"表示,第一组接点的前接点用"12"表示,第一组接点的后接点用"13"表示。通常表示某组接点时,仅需要标明使用第几组接点即可。有极继电器接点的编号多加了一个百位数,以区别于无极继电器的接点,如表 2.4 所示。

表 2.4 继电器接点的图形符号

序号	符号 标准图形	符号 简化图形	名称	说明
1			前接点闭合	
2			后接点断开	
3			前接点断开	
4			后接点闭合	
5			前、后接点组	前接点闭合 后接点断开 / 前接点断开 后接点闭合
6			有极定位接点闭合	
7			有极定位接点断开	
8			有极反位接点闭合	
9			有极反位接点断开	

续表

序号	符 号		名 称	说 明
	标准图形	简化图形		
10	(111—113/112)	(111—113/112)	有极定、反位接点组	定位接点闭合 反位接点断开
	(111—113/112)	(111—113/112)		定位接点断开 反位接点闭合

继电器接点的表示应具备三要素,即接点组数使用、继电器定位状态和继电器名称。由于电路图中只能呈现出继电器的定位状态,而实际工作中继电器的状态是经常发生变化的,随着继电器状态的变化,接点接通位置也随之发生变化。初学信号继电器接点电路时,特别容易混淆继电器的定位状态与接点的接通位置。

图 2.20(a)是继电器电路图的标准画法,描述出了继电器的名称"XJ",继电器的定位状态"↑",使用接点为第一组。

进行继电器电路分析时,需要知道继电器的中接点、前接点和后接点的位置。继电器的中接点很好辨识,就是标注使用接点组的位置,图 2.20(a)中的"1"就是中接点"11",前接点和后接点的位置由继电器的定位状态确定,图 2.20(b)中继电器的定位状态是吸起"↑",继电器吸起时中接点与前接点沟通,与中接点连接的"——"为前接点"12",与中接点断开的"——"为后接点"13"。

如果继电器的定位状态为落下"↓",如图 2.20(c)所示,与中接点连接的"——"为后接点"13",与中接点断开的"——"为前接点"12"。以此类推,只要给出定位状态,就可以根据是接通还是断开的连线推断出前接点和后接点的位置。

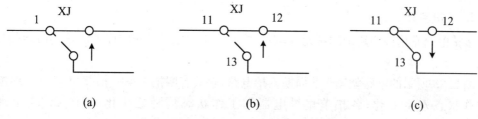

图 2.20 继电器接点表示方式示意图

二、继电器电路

（一）励磁电路和自闭电路

励磁电路是指给继电器的线圈供电，使继电器吸起的电路。图 2.21 中经按钮 A 沟通的电路为按钮继电器 AJ 的励磁电路。

自闭电路是指由自身前接点参与，保持该继电器吸起的电路，称为自闭电路。图 2.21 中经 AJ 前接点沟通的电路为按钮继电器 AJ 的自闭电路。

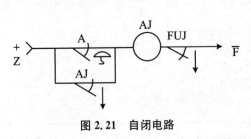

图 2.21　自闭电路

图 2.21 中的按钮继电器 AJ 是用来记录按钮动作的电路。当按下按钮 A，按钮继电器 AJ 的励磁电路沟通，AJ 励磁吸起。当松开按钮，按钮自动复原，此时虽然按钮接点已断开，但 AJ 自身的前接点已经构成了 AJ 线圈的自闭电路，所以 AJ 仍保持吸起状态，实现了对按钮按压的记录。当记忆任务完成以后，依靠复原继电器 FUJ 吸起，使用 FUJ 的后接点断开 AJ 的自闭电路，使 AJ 落下恢复原状。

（二）节拍电路

按工作特点来分，继电器电路有单拍电路、多拍电路和周期性电路。

1. 单拍电路

单拍电路是指它所组成的电路在完成一定的控制目的时，与组成该电路的各元件动作顺序无关。图 2.22 为一个单拍电路，它用按钮 A 和继电器 BJ、CJ 的接点等三个元件共同控制继电器 DJ。要控制 DJ，使其吸起"↑"，只要 A 按下，BJ 吸起"↑"和 CJ 吸起"↑"即可，而与它们三个元件的动作顺序无关。

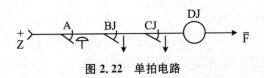

图 2.22　单拍电路

2. 多拍电路

多拍电路是指该电路中的各元件，必须按照一定的先后动作顺序才能达到既定的控制目的。

图 2.23 所示的电路就属于非周期多拍电路，它共有四拍。每一拍节里有一个继电器的工作状态发生变化，各拍节里继电器的工作状态均随之变化，如图 2.23 中列表所示。

3. 周期性电路

周期性电路也叫作脉动偶电路，电路中的继电器相互作用。每一拍节继电器的工作状态如图 2.24 中列表所示，从 0 拍开始经过 1 - 3 拍动作后，又回到 0 拍，利用 AJ 或 BJ 的接点周而复始地动作,可以得到一个脉冲输出电路。

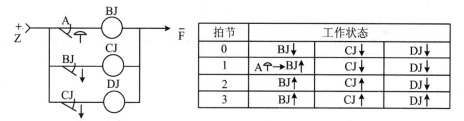

图 2.23　非周期性多拍电路及继电器的工作状态

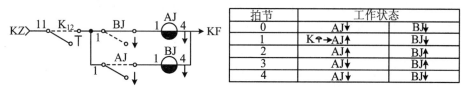

图 2.24　脉动偶电路及继电器的工作状态

三、继电器电路的分析

在学习继电器接点电路的工作原理及设计接点电路时,分析接点逻辑电路的动作过程,能帮助我们进一步认识和掌握其电路的工作原理,对于设计来说,可以检查所设计的电路是否符合要求,因此,学习接点电路的分析方法是很有必要的,常用的分析方法有接通公式法、动作程序法和时间图解法。

(一)接通公式法

接通公式法用来描述继电器励磁、自闭电路的接通径路,是分析继电器电路常用的方法,俗称"跑电路"。接通公式法在描述时,从电源的正极开始,按照电路沟通顺序依次书写,继电器的接点和线圈应先写名称,后写使用端子,中间使用短横线"—"进行连接,一直到负极为止。

如图 2.24 所示的脉动偶电路,AJ 的励磁电路为

$$KZ—K_{11\text{-}12}—BJ_{11\text{-}13}—AJ_{1\text{-}4}—KF$$

BJ 的励磁电路为

$$KZ—K_{11\text{-}12}—AJ_{11\text{-}12}—BJ_{1\text{-}4}—KF$$

(二)动作程序法

动作程序法用来表示继电器的动作过程,着重反映继电器电路的时序关系和因果关系。

各继电器状态的变化用符号表示为:"↑"表示继电器吸起,"↓"表示继电器落下(这里表示继电器的动作,不要和电路图中表示继电器定位状态的↑、↓相混淆),"→"表示促使继电器吸起或落下,"│"表示逻辑"与"。

如图 2.24 所示的脉动偶电路,使用动作程序法可表达继电器间的动作顺序和相互关

系,即继电器间的逻辑关系,如图2.25所示。

(三) 时间图解法

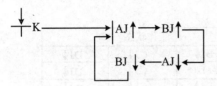

图2.25 脉动偶电路的动作程序

有些继电器电路的时间特性要求特别严格,整个电路动作过程与继电器的时间特性(如缓放时间的长短)密切相关。这时,可用时间图解法来较准确地进行分析。时间图解法能很清楚地表示出各继电器的工作情况、相互关系和时间特性,能正确地反映整个电路的动作过程。

时间图解法把继电器线圈通电、后接点断开、前接点闭合、线圈断电、前接点断开、后接点闭合等都在时间图上表示出来。图2.26为脉动偶电路的时间分析图解。继电器之间的相互关系,在时间图上用箭头表示。

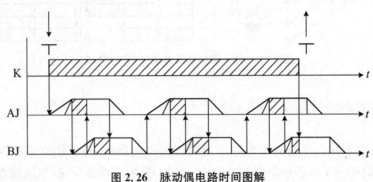

图2.26 脉动偶电路时间图解

任务三 继电器电路实验

JWXC-1700型无极继电器(以下简称继电器)在信号电路中作通用继电器,本次实验以最常用的信号继电器JWXC-1700为例展开,其他类似,不再赘述。正确判别继电器插座的接点编号,是使用和维护的基础,参见图2.16"AX系列安全型继电器插座"、图2.17"插座接点编号对照"。

如图2.27所示的继电器内部配线表,是在清晰认识继电器接点的基础上所进行的线路设计与施工,这正是我们实验的目标。左表表示实际的8组接点(控制电路,8把单刀双掷开关,又称外电路)、2个线圈(电磁电路,又称内电路),此继电器共有8×3+4=28个焊接点,实验中根据需要选取;右表是实际配线表,配线表的空格位置,填写我们选取的接点连接位置。下面详细学习具体使用方法。

一、继电器的特性测试

通过JWXC-1700性能测试,了解常用信号继电器的几个主要参数,如电压、工作电流,区分继电器的内、外电路。

继电器名称:AJ				继电器名称:			
继电器型号:JWXC-1700				继电器型号:JWXC-1700			
72	第7组前接点	82	第8组前接点	72		82	
71	第7组中接点	81	第8组中接点	71		81	
73	第7组后接点	83	第8组后接点	73		83	
52		62		52		62	
51	第5组	61	第6组	51		61	
53		63		53		63	
32		42		32		42	
31	第3组	41	第4组	31		41	
33		43		33		43	
12		22		12		22	
11	第1组	21	第2组	11		21	
13		23		13		23	
3	线圈	4	线圈	3		4	
1	线圈	2	线圈	1		2	

图 2.27 继电器内部配线表

1. 电气特性(+20 ℃时)

线圈电阻:850(1±10%) Ω×2,线圈串联,连接 2、3,使用 1、4;

吸起值:不大于 DC 16.8 V;释放值:不小于 DC 3.4 V;

接点电阻:不大于 0.05 Ω;

额定值:DC 24 V;充磁值:DC 67 V;反向工作值:不大于 DC 18.4 V。

此项内容,可以使用普通的电工电子实验室完成。下面的内容,需要借助专用的继电器测试台来完成。

2. 机械特性

接点组数:8QH;鉴别销号码:11、51;

接点间隙:不小于 1.3 mm;托片间隙:不小于 0.35 mm;

接点压力:动合接点不小于 250 mN;动断接点:不小于 150 mN;

接点齐度误差:不大于 0.20 mm。

3. 继电器的适用环境

环境温度:−40～+60 ℃;相对湿度:不大于 90%(温度+25 ℃);

气压:不低于 70 kPa(相当于海拔高度 3 000 m 以下);

振动:振频不大于 15 Hz,振幅不大于 0.45 mm;

工作位置:水平,周围无引起爆炸危险的有害气体,并应有良好的防尘措施。

4. 绝缘耐压

在试验的标准大气条件下,继电器的绝缘电阻应不小于 100 MΩ。

在气压不低于 86 kPa 条件下（相当于海拔高度 1 000 m 以下），继电器的绝缘耐压应能承受交流正弦波 50 Hz、2 000 V 有效值电压，历时 1 min 应无击穿闪络现象，重复实验时的电压应为原试验电压值的 75%。

5. 电寿命

继电器接点通以 DC 24 V 1 A 阻性负载，其电寿命为 2×10^6 次。

二、简单红绿灯电路的实验分析

设计实现一个简单的红绿灯电路，理解电路中有关继电器及接点的作用；理解继电路的特点；掌握继电路的故障-安全特性。

1. 控制电路图分析

图 2.28(a)不满足逻辑特点，会出现红灯、绿灯同时亮或灭的现象；

图 2.28(b)不满足信号"故障-安全"原则，当继电器失磁落下时，亮绿灯，是危险的；

图 2.28(c)中，还应该标注继电器目前的工作状态（即使通过接点编号可以看出）。

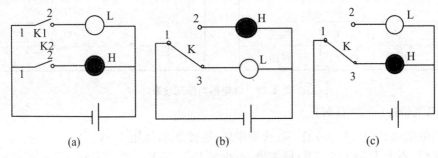

图 2.28 错误的控制电路

2. 配线图

红绿灯实验电路如图 2.29 所示。

外电路：就是控制红绿灯的电路，可以任意选择一组接点作为控制电路，我们以第 6 组接点为例。

内电路：就是继电器的励磁电路，初学时，我们可以任意选择一组，使用 1、2 或 3、4 线圈。以后我们应该知道，将线圈串联起来使用，以减少发热。虽然可以将线圈 1、4 短接，使用 2、3，但是规定 2、3 短接，使用 1、4，而且是 1 接正，4 接负。

务必注意，内电路与外电路使用不同的电源。

三、继电器基本电路与安全措施

1. 串联电路和并联电路

根据继电器接点在电路中的连接方式，继电路可分为串联、并联和串并联三种形式。

如图 2.30 所示，串联电路是指继电器接点串联连接的电路，其功能是实现逻辑"与"运算；并联电路中有关继电器接点并联连接在电路中，实现逻辑"或"运算。根据逻辑功能的要求,大多数实际电路中既有串联的接点,又有并联的接点,这类电路称为串并联电路。

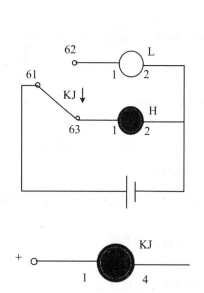

继电器名称：KJ			
继电器型号：JWXC-1700			
72		82	
71	第7组	81	第8组
73		83	
52		62	绿灯1
51	第5组	61	电源KF
53		63	红灯1
32		42	
31	第3组	41	第4组
33		43	
12		22	
11	第1组	21	第2组
13		23	
3	2	4	-
1	+	2	3

图 2.29　红绿灯实验电路图

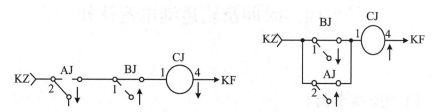

图 2.30　串联与并联电路

2. 继电器实验

分别实验完成图 2.21 的自闭电路、图 2.22 的单拍电路、图 2.23 的多拍电路、图 2.24 的脉动偶电路,掌握电路特点。

增大电路的复杂度,将脉动偶电路的 AJ、BJ 继电器再分别接上各自的红绿灯,观察动作时序。

3. 继电器电路安全措施

常见的故障有:熔断器熔断、断线、脱焊、螺丝松脱、线圈烧坏、接点接触不良、线路混入电源等。电路开路(断线故障)使继电器错误落下,或不能吸起;电路短路(短路故障)使继电器错误吸起,或不能落下。

断线故障远大于混线故障。采用闭合电路法设计继电器电路,在发生断线故障时使继电器落下以达到故障-安全的目的。

长期实践表明,室内和继电器箱内环境较好,只要采取严格的施工工艺,电路极少发生混线故障,所以一般不采取混线防护措施(图 2.31)。

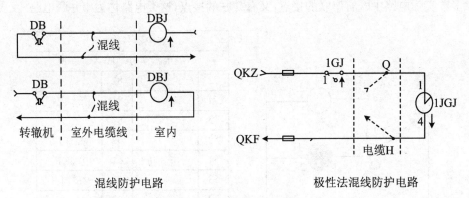

图 2.31 继电器混线防护

对于室外的电路部分来说,无论是以电缆还是其他电线作为连接线时,发生混线故障的可能性较大,需要采取混线防护电路(图 2.31)。

(1) 位置法:将继电器和电源分别设在可能混线位置的两侧。
(2) 极性法:室外电路混入电源而采取的措施。
(3) 双断法:在电路的去线和回线上都接入同样的控制接点。
(4) 独立电源法:电源隔离法,设立专用变压器。

任务四 时间及轨道继电器认知

一、时间型继电器

时间继电器是一种缓吸继电器,借助电子电路,能获得 180 s、30 s、13 s、3 s 等几种延时,以满足信号电路的需要。时间继电器由时间控制单元与 JWXC - 370/480 型无极继电器组合而成。时间控制单元装在印刷电路板上,安装在接点组的上方。

(一) JSBXC - 850 型半导体时间继电器

1. 延时电路

JSBXC - 850 型半导体时间继电器,型号中 S 为时间,B 为半导体,850 是前圈电阻 370 Ω 和后圈电阻 480 Ω 之和。时间控制电路如图 2.32 所示,其核心是由单结晶体管等组成的脉冲延时电路。

JSBXC - 850 型半导体时间继电器的前圈 3-4 接在单结晶体管 BT 的发射极 e 和第一基极 b_1 的放电回路中,后圈 1-2 通过电阻 R_1 直接与电源相连。

接通电源时,后圈 1-2 有电流通过,其电路为

+24 V 电源(73 端子)— 二极管 D_1—R_3—R_1—J_{1-2}— 负电源(62 端子)

由于 R_1 的阻值很大(3~4.7 kΩ),因此流过后圈 1-2 的电流很小,继电器不会动作。

与此同时,电容器 C_1 也开始充电,其电路为

+24 V 电源(73 端子)—D_1—R_3—$R_6 \sim R_7$(或 $R_8 \sim R_9$、$R_{10} \sim R_{11}$、$R_{12} \sim R_{13}$)—C_1—D_4(和 J_{4-3})—R_2—电源(62 端子)

此时电流流过前圈的方向正好与后圈的相反,继电器更不会动作。

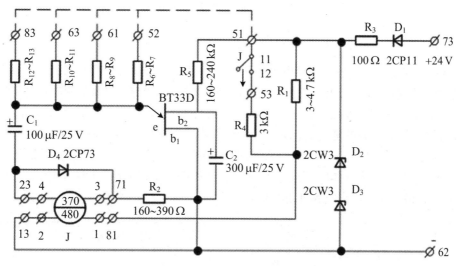

图 2.32　JSBXC-850 型半导体时间继电器的延时电路

当电容器 C_1 充电电压上升至高于单结晶体管 BT 的击穿电压时,BT 的发射极 e 与第一基极 b_1 之间导通,C_1 放电,其电路为

$C_1(+)$—BT_{eb1}—R_2—J_{3-4}—$C_1(-)$

此时电流流过前圈的方向与后圈的相同,当两者之和达到继电器的工作值时,继电器吸起,其前接点 11-12 构成了自闭电路,其电路为

+24 V 电源(73 端子)—D_1—R_3—R_1(或 J_{11-12}—R_4)—J_{1-2}—负电源(62 端子)

由于 R_4 的接入,电路的电阻值降低近一半,流过后圈的电流大于继电器的落下值,继电器可靠吸起。

2. 延时时间

由前面分析可知,由于 BT 和 C_1 组成的脉冲延时电路的存在,使继电器从接通电源到完全吸起经过了一段时间,这段时间就是继电器的缓吸时间。缓吸时间与充电电路的时间参数有关,C_1 的电容量越大,充电至单结晶体管 BT 击穿电压的时间越长,缓吸时间越长;充电电路的电阻值越大,电容器的充电电流越小,充电时间也必然延长,缓吸时间也越长。在端子 52、61、63、83 上分别接入不同阻值的电阻,即可获得四种不同的延时时间。

另外缓吸时间还与单结晶体管的击穿电压有关,而击穿电压又取决于单结晶体管的分压比,分压比越大,击穿电压越高,缓吸时间越长。

在半导体时间继电器中,C_1 和单结晶体管选定后,要改变延时时间,就要靠接入不同阻值的电阻来完成。

一般情况是:连接端子 51-52 为 180 s,51-61 为 30 s,51-63 为 13 s,51-83 为 3 s。此外,通过连接不同的端子还可获得其他延时时间,例如,51 与 61、63 相连为 9 s;51 与 61、63、83 相连为 23 s,以满足电路的特殊需要。

3. 接点使用

JSBXC-850 型半导体时间继电器的接点编号与无极继电器相同。在图 2.32 中，除 73、62 外，时间控制单元的端子号与继电器接点完全相同。除 73 接正电源、62 接负电源以及按所需时间连接对应接点外，继电器内部尚需连接 1-81、2-13、3-71、4-23、11-51、12-53。因此，可供使用的接点只有第三、第四两组接点组和第二组前接点。

（二）JSBXC$_1$-850 型可编程时间继电器

JSBXC-850 型半导体时间继电器采用 RC 延时电路，延时精度为 ±15%，在使用中由于电阻、电容器老化和环境温度的变化，延时时间有漂移，需要定期检修和调整其时间常数。

JSBXC$_1$-850 型可编程时间继电器，是新一代的时间继电器。它采用微电子技术，通过单片机软件设定不同的延时时间，采用动态电路输出，延时精度高（可达 ±5%），不需要调整，电路安全可靠，不改 JSBXC-850 型半导体时间继电器的外部配线，代用非常方便。

JSBXC$_1$-850 型半导体时间继电器内部电路如图 2.33 所示。电路由输入电路、控制电路、电源电路和动态输出电路四部分组成。

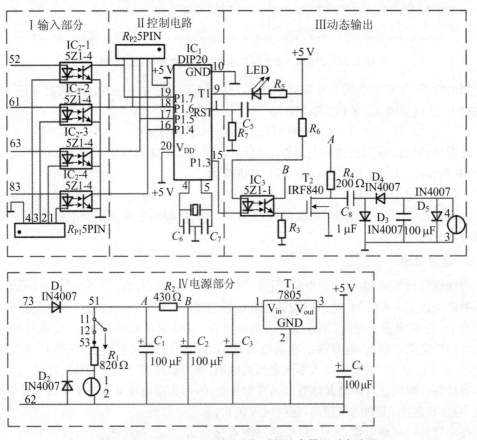

图 2.33　JSBXC$_1$-850 型可编程时间继电器延时电路图

"Ⅰ"为输入部分，经四个光电耦合器 IC$_2$-1～IC$_2$-4（5Z1-4 型）输入端不同连接，设定不同的延时时间，其连接方法同 JSBXC-850 型半导体时间继电器。光电耦合器起隔离作用，将外部电路和单片机隔离开，起到保护单片机的作用。当光电耦合器的发光二极管有输入导通时,其光敏三极管就导通,否则就截止。

"Ⅱ"为控制电路,控制电路由单片机 IC_1(AT89C2051)、晶体振荡器 JZ、C_5、C_6、C_7、R_5、LED 等组成。JZ 和 C_6、C_7 为 IC_1 提供振荡时钟源,接在 IC_1 的 4 脚和 5 脚,产生 4 MHz 的时钟信号;C_5 和 R_7 构成单片机的简单上电复位电路;R_5 和 LED 构成工作指示电路,在延时过程中发光二极管 LED 每秒钟闪亮一次;当 IC_1 的输入端 P1.4~P1.7(16~19 脚)其中之一有输入时,通过软件编程设定,在经过不同的延时时间后从 P1.3(15 脚)输出脉冲序列,送到动态输出电路。

"Ⅲ"为动态输出部分,当单片机的输出,通过光电耦合器 IC_3 接至 MOS 管 T_2(IRF840 型)栅极。在序列脉冲的作用下,T_2 反复导通和截止。当 T_2 截止时,直流 24 V 电源通过 R_4 和 D_3 对 C_8 充电;当 T_2 导通时,C_8 通过 T_2 和 D_4 对 C_9 放电,同时对 C_9 进行上负下正的充电。当 C_9 上电压充至继电器工作值时,通过前圈 J_{3-4}(370 Ω)使继电器吸起。继电器吸起后,其前接点 11-12 闭合,使后圈 J_{1-2}(480 Ω)通过 R_1 励磁,于是继电器得以可靠吸起。

"Ⅳ"为电源部分,电源电路由 D_1、C_1、R_2、C_2、T_1、C_3、C_4 组成。从 73(+)和 62(-)输入的直流 24 V 电源经 D_1 进行极性鉴别后,由 C_1、R_2、C_2 组成滤波电路滤除交流成分,再由三端稳压器 T_1(7805 型)稳压输出 5 V 电源,经 C_4 再次滤波,为单片机提供稳定的直流工作电源。

$JSBXC_1$-850 型可编程时间继电器在使用时应注意以下四点:

(1) 继电器线圈两端并联有二极管,所以线圈的 1、3 端应接正电,2、4 端接负电。

(2) 如果继电器缓吸时间出现误差,应更换控制电路中的晶振或单片机。

(3) 如果继电器通电后工作正常,但发光二极管不亮,可更换发光二极管。

(4) 如果继电器通电后不吸起,此时若发光二极管每秒闪 1 次,应检查动态输出电路中的元件是否有损坏,若发光二极管不闪,则首先应检查 5 V 电源是否供至单片机的 20 脚和 10 脚,复位是否正常。检查晶振是否正常,然后查输入条件是否沟通,即 P1.4~P1.7 应有一端为低电平;否则就要对单片机进行程序重写或更换单片机。

二、25 Hz 轨道继电器

25 Hz 轨道继电器用于铁路交流电气化区段的 25 Hz 相敏轨道电路,根据其工作原理的不同,可分为交流二元二位继电器和微电子相敏轨道电路接收器。

(一) $JRJC_1$-70/240 型交流二元二位继电器

交流二元二位继电器中的二元是指有两个互相独立又互相作用的交变电磁系统,二位是指继电器有吸起和落下两种状态。根据频率不同,交流二元二位继电器分为 25 Hz 和 50 Hz 两种。

1. 交流二元二位继电器结构

$JRJC_1$-70/240 型交流二元二位继电器结构如图 2.34 所示,由电磁系统、翼板、接点等主要部件组成。JRJC-45/300 型继电器插座外形尺寸为 126 mm×165 mm,要占两个安全型继电器的位置。

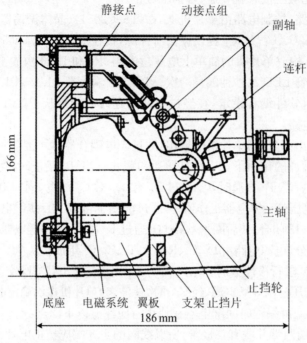

图 2.34　JRJC₁ - 70/240 型继电器结构

(1) 电磁系统

电磁系统包括轨道电磁系统和局部电磁系统。轨道电磁系统由轨道铁芯和轨道线圈组成。局部电磁系统由局部铁芯和局部线圈组成。铁芯均由硅钢片叠成。线圈是用高强度漆包线绕在线圈骨架上制成的。

(2) 翼板

翼板是将电磁系统的能量转换为机械能的关键部件。翼板由 1.2 mm 厚的铝板裁制而成,安装在主轴上。翼片尾端安装有重锤螺母,对翼板起平衡作用,在翼板一侧的主轴上还安装一块 2.0 mm 厚由钢板制成的止挡片,与轴成一整体,使翼板转至上、下极端位置时受到限制,避免了卡阻现象。

(3) 接点组

动接点固定在副轴上,主轴通过连杆带动副轴上的动杆单元使动接点动作,接点组编号如图 2.35 所示。

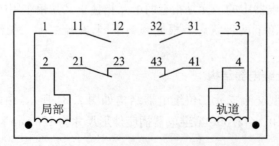

图 2.35　JRJC₁ - 70/240 型继电器接点组编号

2. 交流二元二位继电器的工作原理

(1) 相位选择性

交流二元二位继电器的磁系统如图 2.36 所示。当局部线圈和轨道线圈中分别通以一定相位差的交流电流 i_J 和 i_G 时,形成交变磁通 Φ_J 和 Φ_G,磁通穿过翼板时就形成了磁极 J 和 G,并在翼板中分别产生感应电流,这种电流可看作是由许多环绕磁通的电流环所组成的,故称为涡流,以 i_{WJ} 和 i_{WG} 表示。涡流 i_{WJ} 和 i_{WG} 分别与磁通 Φ_G 和 Φ_J 相作用,产生电磁力 F_1 和 F_2,即轨道线圈的磁通 Φ_G 在翼板中感应的电流 i_{WG} 在局部线圈磁通 Φ_J 作用下产生力 F_1;局部线圈的磁通 Φ_J 在翼板中感应的电流 i_{WJ} 在轨道线圈磁通 Φ_G 作用下产生力 F_2。F_1 和 F_2 的方向可由左手法则确定,如图 2.37 所示。

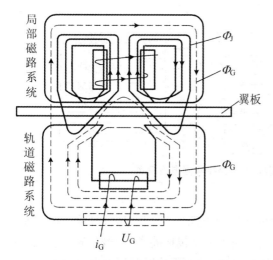

图 2.36　JRJC 型继电器的磁系统

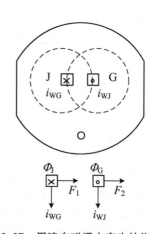

图 2.37　涡流在磁通中产生的作用力

若使 F_1 和 F_2 同方向,必须使 Φ_J 和 Φ_G 方向相反,i_{WJ} 和 i_{WG} 方向相同;或者使 i_{WJ} 和 i_{WG} 方向相反,而 Φ_J 和 Φ_G 方向相同。只要 Φ_J 和 Φ_G 在相差 90°的条件下,F_1 和 F_2 是同方向的,即任何瞬间翼板总是受一个方向的转动力的作用。当 Φ_J 超前 Φ_G 90°时,在翼板上得到正方向转矩,接通前接点;而当 Φ_J 滞后 Φ_G 90°时,则在翼板上得到反方向转矩,使后接点闭合。如果仅在任一线圈通电,或两线圈接入同一电源,翼板均不能产生转矩而动作,这就是交流二元二位继电器所具有的可靠的相位选择性,由此可解决轨端绝缘破损的防护问题。

(2) 频率选择性

如果牵引电流不平衡,有其他频率的电压加在轨道线圈上,这时所产生的转矩力在一个周期内平均值为零,即轨道线圈混入干扰电流与固定的 50 Hz 局部电流相作用,翼板不产生转矩,不能使继电器误动。同时,由于翼板的惯性较大,使继电器缓动,跟不上转矩力变化的速率,使继电器保持原来的位置而不致误动。

由于交流二元二位继电器具有频率选择性,不仅可以防止牵引电流的干扰,而且对于其他频率的干扰信号也有同样的抗干扰能力。可以证明,当轨道线圈电流频率为局部电流频率的 n 倍时,不论电压有多高,翼板均不能产生转矩使继电器误动。

(二) JXW25型微电子相敏轨道电路接收器

JXW25型(X表示相敏轨道电路,W表示微电子,25表示25 Hz)微电子相敏轨道电路接收器以微处理器为基础,采用数字处理技术对轨道电路信息进行分析,检出有用信息,除去干扰,完成电气化区段25 Hz相敏轨道电路接收功能,彻底解决了原继电器接点卡阻、抗电气化干扰能力不强、返还系数低等问题,与原继电器的接收阻抗、接收灵敏度相同,提高了安全性和可靠性。

1. 微电子相敏轨道电路接收器基本原理

微电子相敏轨道电路接收器电路如图2.38所示,由输入部分、单片机部分、输出部分和电源等组成。

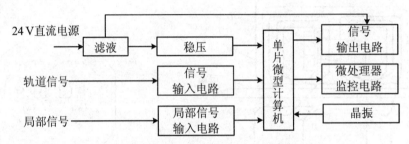

图2.38 微电子相敏轨道电路接收器电路框图

(1) 输入部分

输入部分由局部信号输入电路和轨道信号输入电路组成。局部信号输入电路是将局部信号经光电耦合输入给单片微机。轨道信号输入电路包括隔离变压器、轨道输入相位辨别电路和接口电路。隔离变压器对输入信号起隔离、输入阻抗匹配以及防雷电冲击保护微电子设备的作用。轨道输入相位辨别电路和接口电路,将轨道输入的模拟信号转换为数字信号,然后送入单片机对信号进行数字处理。

(2) 单片机部分

单片机部分由单片微机、微处理器监控电路、晶体振荡电路组成,完成接收器的数字处理功能。单片机选用MCS-51系列芯片。微处理器监控电路的功能是有效检测单片机在不可预测的干扰作用下产生的程序执行紊乱和自动恢复,以提高单片机系统的可靠性和抗干扰能力。微处理器监控电路运行后,若单片微机在规定时间内访问它,单片机正常工作;若规定时间内未能访问它,则使单片机自动复位,使系统重新初始化。

(3) 输出部分

输出部分由驱动电路、功放电路、隔离变压器等组成。单片机部分对其输出信号处理后,输出一高频信号至输出部分,经驱动电路送到功放电路中,通过放大输出给隔离变压器,再进行整流、滤波,控制轨道执行继电器工作。

(4) 电源

电源由滤波电路和两个三端稳压器组成。电源屏提供的24 V直流电,经滤波、稳压,输出9 V供轨道输入电路、5 V供单片机电路、24 V供信号输出电路。

系统软件主要由主程序和四个中断服务子程序组成,完成系统初始化、信号采集与处理、信号延时和继电器控制等功能。软件采用结构化设计方法,用汇编语言编写,各功能程序实现模块化。

JXW25型接收器外形为安全型继电器形式,JXW25型接收器最后动作JWXC-1700、安全型继电器。在一送多受时,每个分支用一个接收器和执行继电器,在主接收器的执行继电器电路中串接其他分支执行继电器的前接点。

2. 微电子相敏轨道电路接收器使用

JXW25型微电子相敏轨道电路接收器根据使用需要分为单套设备(A型)和双套设备(B型)。

(1) JXW25-A 单套设备

JXW25-A型电子接收器安装在安全型继电器罩内,采用继电器插座。电子接收器接收来自钢轨的25 Hz轨道电源和由室内直接送出的110 V/25 Hz局部电源,采用数字处理技术对接收信息进行处理,再送给单片机进行比较分析,鉴别频率为25 Hz,并且局部电源超前轨道电源90°,最后输出24 V直流电源动作轨道继电器GJ。JXW25-A型电子接收器端子配线及原理如图2.39所示。

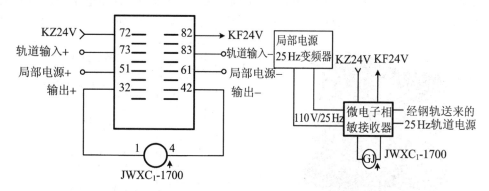

图2.39 JXW25-A型电子接收器端子配线及原理图

(2) JXW25-B 双套设备

双套设备包括电子接收器、接收变压器盒、报警盒。两套设备中只要有一套能正常工作,就能保证系统正常运行,进一步提高了系统的可靠性;如果其中一套发生故障,能及时报警,通知维修人员进行维修,而且对其中单套维修时,不影响系统使用,大大方便了现场维修。

① 电子接收器

JXW25-B型电子接收器是JXW25-A型的双套化产品,其外形如图2.40所示。外罩有红、绿两个指示灯和一个保险管插座。红灯亮表示24 V直流电源正常,绿灯亮表示轨道电路空闲,绿灯不亮表示有车占用,红灯、绿灯闪灯表示局部电源故障。

经钢轨送来的25 Hz轨道电源,先送至接收变压器盒内的变压器,然后分别接至两个电子接收器,室内直接送出的110 V/25 Hz局部电源也分别接至

图2.40 JXW25-B型电子接收器

两个电子接收器,电子接收器检查频率相位正确后,并联输出24 V直流电源动作轨道继电

器 GJ。JXW25-B 型电子接收器端子配线及原理如图 2.41 所示。

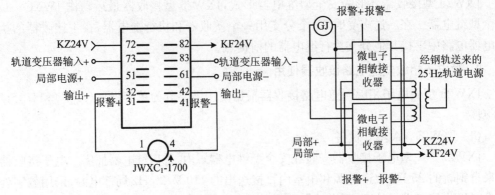

图 2.41 JXW25-B 型电子接收器端子配线及原理图

② 接收变压器盒

接收变压器盒安装在安全型继电器罩内,配合双套 JXW25-B 型电子相敏接收器使用,内置两个隔离变压器,2 路输入,4 路输出。其外形及端子配线如图 2.42 所示。

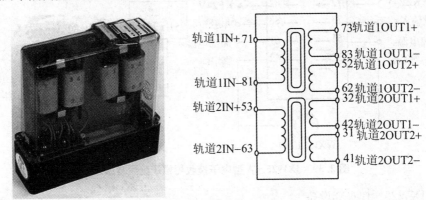

图 2.42 接收变压器盒外形及端子配线图

③ HB 报警盒

报警盒安装在安全型继电器罩内,配合双套 JXW25-B 型电子相敏接收器使用,在每个电子接收器组合内设一个报警盒,同时监测 8 套 JXW25-B 型电子相敏接收器。报警盒中的报警表示灯能明确显示哪个设备发生故障,并驱动报警继电器(BJJ)提示电务维修人员。报警盒外形及端子配线如图 2.43 所示。

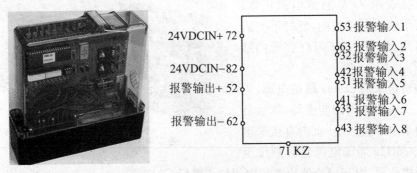

图 2.43 报警盒外形及端子配线图

项目三　信号机原理及维护

任务一　铁路信号认知

一、铁路信号分类

列车在线路上行驶，需要及时了解前方信息，需要根据铁路信号控制行驶速度。向列车传达行驶信息的方法有多种，因此，铁路信号可从不同角度进行分类。

1. 按接收信号的感官分类

按接收信号的感官分类，铁路信号可分为视觉信号和听觉信号。

视觉信号是以物体或灯光的颜色、形状、位置及闪光等特征来表示的信号。例如，用信号机、机车信号、信号旗、信号牌、信号表示器、各种标志及火炬等显示的信号。视觉信号的基本颜色是红色、黄色及绿色，辅助颜色是月白色及蓝色等。

听觉信号是以不同器具发出的声音的强度、频率和长短等特征来表示的信号。例如，用号角、口笛、响墩及机车鸣笛等发出的信号。

2. 按发出信号的机具能否移动分类

按发出信号的机具能否移动分类，铁路信号可分为手信号、移动信号和固定信号。

手持信号旗或信号灯发出的信号，叫作手信号。

在地面上临时设置的可以移动的信号牌，叫作移动信号，如为防护线路施工地点临时设置的方形红牌、圆形黄牌等。

为防护特定目标，常设于固定地点的信号，叫作固定信号，如设于地面的信号机和信号表示器等，在机车司机室内设置指示列车运行前方条件的信号，叫作机车信号，它对于机车是固定的，也属于固定信号。固定信号是铁路信号设备的重要组成部分，铁路电务部门负责维护的信号只是固定信号，包括地面固定信号和机车信号，其他各种信号机具由使用部门负责使用和维护。平时所说的信号一般专指固定信号。

3. 按信号机具构造分类

按信号机具构造分类，铁路信号机可分为信号机和信号表示器等。

信号机是表达固定信号显示所用的机具，用来防护站内进路、区间、危险地点等，具有严格的防护意义。

信号表示器是对行车人员传达行车或调车意图的，或对信号进行某些补充说明所用的器具,没有防护意义。按用途又可分为发车表示器、调车表示器、进路表示器、发车线路表示器、道岔表示器及脱轨表示器等。

4. 按信号机构类型分类

地面信号机按照信号机构类型可分为臂板信号机和色灯信号机。

臂板信号机是以臂板的形状、颜色、数目、位置表达信号含义的信号机。我国铁路规定臂板呈水平位置为关闭,与水平位置向下夹45°角为开放,夜间以臂板信号机上的灯光颜色与数目来显示。臂板信号机需通过机械装置由人工开放,也有通过电动机开放的,后者称为电动臂板信号机。臂板信号机存在较多缺点,难以自动化,不能构成现代化信号系统,正在被逐渐淘汰。

色灯信号机是用灯光的颜色、数目及亮灯状态表示信号含义的信号机,它昼夜显示一致,占用空间小。色灯信号机按信号机的构造又可分为透镜式、组合式及LED式。

5. 按信号机用途分类

铁路信号机按用途分类,可分为进站、出站、进路、调车、通过、遮断、防护、预告、驼峰、复示及引导信号机等,其中,进站、出站、进路、调车、通过、遮断及防护信号机,都能独立地显示信号,指示列车运行的条件,属于主体信号机;预告及复示信号机,本身不能独立显示信号,而是从属于某种主体信号机,属于从属信号机。

城轨信号机按用途分类,可分为进段、出段、出站、阻挡、防护、调车及复示信号机等,其中,复示信号机属于从属信号机,其他信号机属于主体信号机。

6. 按信号的显示数目分类

信号机根据其用途和需要指示的运行条件可分为单显示、二显示、三显示或多显示。

出站信号机和进路信号机的复示信号机以及遮断信号机均为单显示的信号机,单显示信号机平时不点灯,没有显示。

7. 按禁止信号的显示意义分类

按禁止信号的显示意义分类,铁路信号可分为绝对信号和容许信号。

绝对信号:当信号机显示禁止信号时,在没有引导信号的情况下,绝对禁止列车越过该架信号机,所有手动的或半自动的主体信号机,都属于此类。

容许信号:自动动作的主体信号机,如自动闭塞区间的通过信号机属于此类。当容许信号的信号机显示一个红色灯光时,列车停车两分钟后,可按照限定速度越过该架信号机,但必须随时准备停车。

8. 按信号机的动作方式分类

按信号机的动作方式分类,铁路信号机可分为手动信号机、半自动信号机和自动信号机。

手动信号机:开放信号和关闭信号都由人工操作。

半自动信号机:开放信号由人工操作,关闭信号除由人工操作外,还受列车本身的自动控制。

自动信号机:开放信号和关闭信号都受列车本身的自动控制。

9. 按信号机的高低分类

按信号机的高低分类,铁路信号机可分为高柱信号机和矮型信号机,高柱信号机显示距离比矮型信号机远。列车用的信号机一般均采用高柱信号机,站线上的出站、发车进路及复示信号机可选用矮型信号机,调车用的信号机一般采用矮型信号机,尽头型的调车信号机宜选用高柱信号机。

二、信号机设置原则

1. 设于线路一侧

我国铁路实行左侧行车制,机车上的司机的座位统一设在左侧,为便于瞭望,规定所有信号机应设在行车线路的左侧。如果两线路之间距离不足以设置信号机,可采用信号托架或信号桥,装在信号托架和信号桥上的信号机,可设置于线路左侧,也可设置于线路中心线的上方。在特殊情况下,如线路左侧没有装设信号机的条件或因曲线、隧道、桥梁等影响,装在线路右侧显示距离较远,在保证不致使司机误认的条件下,经铁路局批准,也可设置于线路右侧。

2. 信号机柱的选择

高柱信号机具有显示距离远、观察位置明确等优点,因此,色灯信号机应尽量选用高柱信号机,尤其是《铁路技术管理规程》规定的显示距离较远的信号机,更应选用高柱信号机。

铁路系统为了提高通过能力,进而提高运输效率,进站、接车进路、正线出站、通过、预告信号机,应尽量采用高柱信号机,进站、预告、通过信号机采用矮型信号机时必须经有关部门批准才能采用。带容许信号的通过信号机、四显示自动闭塞区段的两方向出站信号机、两方向出站兼发车进路信号机、带调车信号的接车进路信号机、带调车信号的两方向出站信号机兼接车进路信号机、驼峰信号机、驼峰辅助信号机、驼峰辅助兼出站信号机、驼峰复示信号机、进站复示信号机、遮断信号机及其预告信号机必须采用高柱信号机。设在牵出线上的、岔线入口处的调车信号机以及驼峰调车场内指示机车上峰的线束调车信号机,也应采用高柱信号机。

3. 信号机限界

铁路系统中任何信号机不得侵入铁路建筑接近限界。《铁路技术管理规程》规定,对于正线信号机和通行超限货物列车的站线信号机,限界所属轨道中心至信号机突出边缘的距离为 2 440 mm,站线信号机为 2 150 mm。在曲线线路上,应按有关规定进行加宽。

4. 交流电力牵引区段的信号机设置

进站、预告、通过信号机与接触网支柱同侧设置时,信号显示距离不应受接触网设备影响。如影响显示时,信号机安装方式可作适当调整。在站内相邻两条发线(只有一条线路通行超限货物列车)的线间,设置高柱出站信号机时,两线间距离不得小于 5 300 mm。在相邻两条线路(均通行超限货物列车)的线间,设置高柱信号机时,两线间距离不得小于 5 530 mm。

三、信号显示制度及方式

(一)信号显示制度

信号显示制度是指表达信号显示意义的基本体系。铁路信号显示制度通常可分为进路式和速差式,进路式信号显示制度表达的是进路意义,速差式信号显示制度表达的是速度意义。

1. 进路制

进路制是以指示列车进入不同进路为原则的显示制度。传统铁路信号系统一般采用进路制。

在进路制信号显示制度中,信号机指示的进路方向明确,这是它的突出优点。但是没有明确的速度限制的含义,对于高速运行的列车,在没有明确的限速含义指示情况下,列车只能按照限制速度通过或进入车站,这样会降低运行效率。

2. 速差制

速差制是根据需要限制的速度级别来规定显示数目和显示方法的制度。速差制的信号显示含有一定的限制速度的含义。速差制采用比较简单、统一的显示方式指示列车通过本信号机的运行速度,或能指示列车通过下一架信号机的运行速度,是信号显示的发展方向。

速差制的速度级分为三级,即禁止通行、减速及按规定速度运行。地面信号机显示的是列车通过该信号机的速度,即进入所防护的进路或区间端的速度,称为始端速度,使机车内部机车信号机或速度表配合来反映进路或区间的终端速度。

(二)信号显示方式和方法

我国铁路的色灯信号机主要利用颜色特征、数目特征及闪光特征来显示。

信号机颜色的选择,应能达到明确、辨认容易、便于记忆和具有足够的显示距离等基本要求。经过理论分析和长期实践,铁路信号的基本色为红、黄、绿三种,再辅以蓝、月白色,构成信号的基本显示系统。

将始端速度、终端速度和三个速度级组合起来形成的色灯信号机的显示方式和方法如表 3.1 所示。

表 3.1　速差制信号用进站信号机的显示方式和方法

信号显示	速度含义	
	三 显 示	四 显 示
绿	$V_规/V_规$	$V_规/V_规$
绿黄	$V_规/V_规$	$V_规/V_黄$
黄	$V_规/0$	$V_黄/0$ 或 $V_岔$
黄黄	$V_岔/0$ 或 $V_岔$ 或 $V_规$	$V_岔/0$ 或 $V_岔$ 或 $V_规$
黄闪黄	$V_大/V_规$ 或 $V_大$	$V_大/V_规$ 或 $V_大$
红	0	0
红白	$V_引/0$	$V_引/0$

注:$V_规$——规定速度(规定的允许最高速度);$V_大$——大号道岔侧向限速(18 号道岔侧向限速 80 km/h);$V_岔$——道岔侧向限速(50 km/h 或 45 km/h 或 30 km/h);$V_引$——引导限速(20 km/h 以下);$V_规/V_规$——始端速度/终端速度,其他的类同。

信号的灯光颜色符号如表 3.2 所示。

表 3.2 信号的灯光颜色符号

序 号	符 号	名 称	说 明
1	○	绿灯	
2	⊘	黄灯	
3	●	红灯	
4	⊙	蓝灯	
5	◎	月白灯	
6	ⓘ	白灯	机车信号
7	⊗	空位灯	
8	⌺	亮稳定灯光	
9	⌺	亮闪光	
10	⦸	双半黄灯	机车信号
11	◖	半红半黄灯	机车信号

(三) 信号显示距离

列车从开始制动到完全停止所需要的距离,叫作制动距离。我国铁路部门规定的制动距离为 800 m。信号的显示距离一般应大于 800 m。《铁路技术管理规程》中规定,各种信号机及表示器,在正常情况下的显示距离如下:

(1) 进站、通过、遮断、防护信号机,显示距离不得小于 1 000 m;

(2) 高柱出站、高柱进站信号机,显示距离不得小于 800 m;

(3) 出站、进路、预告、驼峰信号机,显示距离不得小于 400 m;

(4) 调车、矮型出站、矮型进路、复示信号机,容许和引导信号以及各种表示器,显示距离均不得小于 200 m。

城市轨道交通信号机的显示距离规定如下:

(1) 行车信号和道岔防护信号,显示距离应不小于 400 m;

(2) 调车信号和道岔状态表示器,显示距离应不小于 200 m;

(3) 引导信号和道岔状态表示器以外的各种表示器,显示距离应不小于 100 m。

任务二 色灯信号机结构原理

一、透镜式色灯信号机

透镜式色灯信号机有高柱和矮型两种类型。高柱信号机的机构安装在钢筋混凝土信号机柱上,矮型信号机的机构安装在信号机水泥基础上。

高柱透镜式色灯信号机由机柱、机构、托架、梯子等部分组成,如图3.1所示。机柱用于安装机构和梯子。机构的每个灯位配备有相应的透镜组和单独点亮的灯泡,给出信号显示。托架用来将机构固定在机柱上,每一机构需上、下托架各一个。梯子用于给信号维修人员攀登及作业。

矮型透镜式色灯信号机用螺栓固定在信号机基础上,没有托架,更不需要梯子,如图3.2所示。

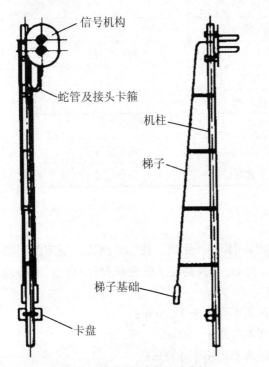

图3.1 高柱透镜式色灯信号机

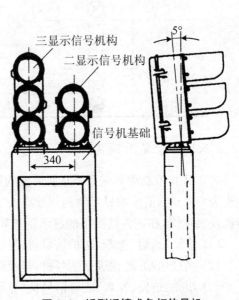

图3.2 矮型透镜式色灯信号机

高柱和矮型透镜式色灯信号机又各有单机构和双机构之分。单机构只有一个机构,可构成单显示、二显示和三显示信号机,图3.1所示的高柱透镜式色灯信号机即为单机构二显示信号机。双机构色灯信号机可构成四显示、五显示,图3.2所示的矮型透镜式色灯信号机即为双机构五显示信号机。

(一) 透镜式色灯信号机构

透镜式色灯信号机的机构灯室结构如图3.3所示。每个灯室内有一组透镜、一副灯座、一个灯泡和遮檐。灯座间用隔板分开,以防止相互串光,保证信号显示的正确。

1. 信号灯泡

信号灯泡是色灯信号机的光源,采用铁路直丝信号灯泡。其灯丝为双螺旋直丝,光衰小,显示距离长,维修工作量小。

透镜式色灯信号机用的直丝灯泡为

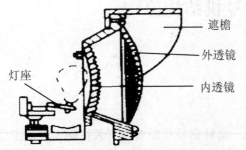

图3.3 透镜式色灯信号机的机构灯室结构

$TX_{12-25}^{12-25}A$ 和 $TX_{12-25}^{12-25}B$ 型，$\frac{12-25}{12-25}$ 表示双丝灯泡，均为 12 V 25 W。T 表示铁路，X 表示信号，其外形和主要尺寸如图 3.4 所示。

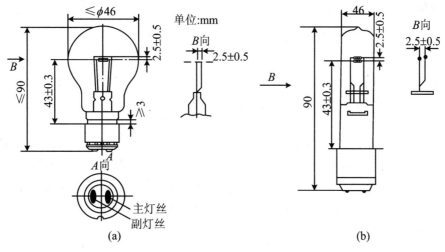

图 3.4 TX_{12-25}^{12-25} 型信号灯泡

主灯丝和副灯丝呈直线状且平行。主灯丝在下，其轴心线与灯头的中心线相垂直。副灯丝在上，其轴心线距离主灯丝轴心线 2.5 ± 0.5 mm。主灯丝在前，副灯丝在后，间距为 2.5 mm，以防止副灯丝挡住主灯丝的光。主灯丝在下，可避免主灯丝断丝时，灯丝落下碰到副灯丝，影响副灯丝正常工作，有利于安全使用。

TX_{12-25}^{12-25} 型信号灯泡的光电参数如下：

(1) 额定电压 12 V/12 V；
(2) 额定功率 25 W/25 W，最大功率 27.5 W/27.5 W；
(3) 光通量 2 851 m/2 851 m，最小光通量 2 421 m/2 421 m，寿终光通量 2 181 m/2 181 m；
(4) 最低寿命 1 000 h/200 h。

2. 定焦盘式信号灯座

与直丝信号灯泡配套的灯座是定焦盘式信号灯座。定焦盘灯座上下、左右、前后可调，可调整光源位置，使主灯丝位于透镜组的焦点上，获得最佳显示效果。定焦盘灯座具有以下特点：

(1) 灯泡和灯座是平面接触，可以基本上保证光中心高度的一致性；
(2) 灯头冲压成翻边结构，一般不会变形，从而提高了灯泡和灯座的配合精度；
(3) 防止电接触片受过压造成变形或弹力减小，从而避免电接触片与灯泡的接触不良或发热、熔化等故障；
(4) 灯座与灯泡的连接，用内六方螺丝固定，灯口不易移位；
(5) 更换灯泡时，一般不用重新调整显示，信号显示比较稳定。

因此，定焦盘灯座对提高信号显示的稳定性和减少维修工作量起着积极作用。

3. 透镜组

透镜组装在镜架框上，由两块带棱的凸透镜组成，里面是有色带棱外凸透镜，外面是无色带棱内凸透镜。之所以采用两块透镜组成光学系统,是利用光的折射和反射原理,将光源发出的光线集中射向所需要的方向,即增强该方向的光强。这样,就能满足信号显示距离远而且具有很好的方向性的要求。信号机构的颜色取决于有色透镜,可根据需要选用。

4. 遮檐

遮檐用来防止阳光等光线直射时产生错误的幻影显示。

5. 背板

背板是黑色的,构成较暗的背景,可衬托信号灯光的亮度,改善瞭望条件。只有高柱信号机才有背板,一般信号机采用圆形背板,复示信号机采用方形背板,以与主体信号机区别。

透镜式色灯信号机的主要优点是:结构简单,维修容易,昼夜显示一致,使用方便,因而广泛应用。但是它也存在着一些缺点,如光源照向阶梯(棱)的侧面光会损失掉,形成暗圈,光通量未得到充分利用。更突出的是,在阳光等的直接照射下会形成不该亮的灯位也呈现出色光的幻觉,干扰对信号显示的辨认,为此不得不将背板涂成黑色,且每一凸透镜组都带遮檐,以减小背板的反射。

(二) 透镜式色灯信号机构分类

透镜式色灯信号机构分为高柱、矮型两大类。高柱、矮型信号机构按结构又分为二显示、三显示两种。二显示机构有两个灯室,三显示机构有三个灯室。每个灯室内有一组透镜、一副灯座、一个灯泡和遮檐。灯座间用隔板分开,以防止相互串光,保证信号显示的正确。背板是一个机构共用的。各种信号机可根据信号显示的需要选用机构,再按灯光配列对信号灯位颜色的规定安装各灯位的有色内透镜。另有单显示的复示信号机构、灯列式进站复示信号机构、遮断信号及其预告信号机构以及引导信号机构和容许信号机构。

透镜式色灯信号机构型号含义如图 3.5 所示。

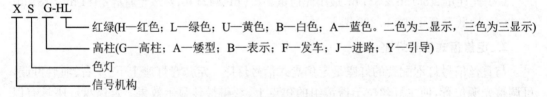

图 3.5 透镜式色灯信号机构型号含义

二、组合式色灯信号机

透镜式色灯信号机构光系统射出的平行光线,覆盖面很窄,在曲线线段上只能在局部范围内能看到。为解决曲线区段信号显示连续性的问题,20 世纪 80 年代从德国引进 V136 型信号机构,并据此研制出了适合我国铁路需要的新型组合式信号机构。

组合式色灯信号机适用于瞭望困难的线路,适用于曲线半径 300～20 000 m 的各种曲线和直线轨道上,在距信号机 5～1 000 m 距离内可得到连续信号显示。该信号机光系统设计合理、光能利用率高、显示距离远(主光源显示距离可达 1 000 m),而且曲线折射性能强、偏散角度大、可见光分布均匀、能见度高，有利于司机瞭望。

组合式信号机每个机构只有一个灯室，使用时根据信号显示要求分别组装成二显示、三显示及单显示机构，故称为组合式。灯室间无串光的可能。

（一）组合式信号机构种类

组合式信号机构按非球面透镜的直径分为 XSZ-135 型、XSZ-150 型和 XS2-200 型，其中应用最早、最多的是 XSZ-135 型。按使用不同的偏散镜，分为 1 型、2 型、3 型、4 型四种类型。

（二）组合式色灯信号机构

组合式色灯信号机构由光系统、机构壳体、遮檐、瞄准镜插孔四部分组成，如图 3.6 所示。

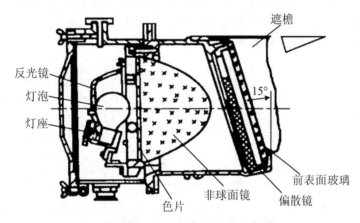

图 3.6　XSZ-135 型组合式色灯信号机构

1. 光系统

组合式色灯信号机构的光系统由反光镜、灯泡、色片、非球面镜、偏散镜及前表面玻璃组成。

（1）反光镜是椭球面镜，将光源发出的光反射后聚焦起来。

（2）灯泡采用 TX_{12-30}^{12-30} 型信号直丝灯泡。

（3）信号显示的颜色取决于色片颜色，按需配备。

（4）非球面镜用于聚光，它通光孔径大，焦距短，球面像差小，光能利用率高。

（5）偏散镜全称偏散透镜，由多个棱镜及曲面镜组成，是使部分光线按所需方向偏散一定角度的光学元件。偏散镜有 1 型、2 型、3 型、4 型四种型号，根据线路曲线半径范围选用正确偏散镜。偏散镜还能增强部分近距离能见度，使得在距信号机 5 m 处时也能看到信号显示。

（6）信号机的前表面玻璃罩设计成向后倾斜 15°，可防止信号机因反光造成的信号误认现象。

2. 机构壳体

机构的外壳用硅铝合金压铸而成，内外表面涂成无光黑漆，可防止光反射。该机构壳体结构合理,密封性能好,且体积小,重量轻。

3. 遮檐

机构的遮檐采用玻璃纤维增强不饱和聚酯制造,重量轻、耐腐蚀性能好、强度高。其几何形状设计成既能遮挡阳光,又能满足偏散光显示的需要。

4. 瞄准镜插孔

信号机构右下方有一个瞄准镜插孔,供调整信号机显示方向时使用。

(三)组合式信号机的光学原理

如图 3.7 所示,由光源(信号灯泡)发出的光,通过滤色片变成色光,经过非球面透镜将散射的色光会聚成平行光,再经过偏散镜进行折射偏散,将其中的一部分光保持原方向射出,称为主光;另一部分光按偏散镜的偏散角度射出,称为偏光。主光主要用于远距离显示,光强较高。偏光主要用于曲线部分。随着列车的运行,逐渐接近信号机,对于光强的需要也逐渐减弱,所以偏光的光强也随着偏散角度的加大相应逐渐减弱,从而充分有效地利用了光源,使得在曲线上各个位置看到的信号灯光亮度均匀一致。

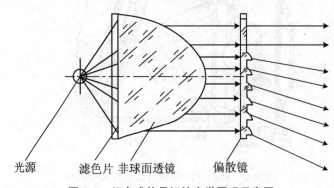

图 3.7 组合式信号机的光学原理示意图

三、LED 色灯信号机

LED 色灯信号机大小同透镜式色灯信号机,机构采用铝合金材料,信号点灯单元由 LED 发光二极管构成。LED 铁路信号显示系统作为一种节能、免维护的新型光源被广泛运用。

(一)LED 色灯信号机构种类

LED 色灯信号机构有 XSLE 型、XLL 型、XSZ(G、A)型、XLG(A、Y)型和 XSL 型等。XSLE 型由发光盘、BX2-40 点灯单元和 GTB 隔离调压报警单元组成。XLL 型由发光盘和 XLL 型 LED 信号机点灯单元组成。XSZ 型的发光盘可与现有信号点灯变压器配合使用。XLG 型由发光盘和减流报警单元组成。XSL 型由 PFI 型 LED 发光盘和 FDZ 发光盘专用点灯装置组成。各种型号的 LED 铁路色灯信号机的部件是配套使用的。现以 XSL 型 LED 色灯信号机构为例进行介绍。

(二) XSL 型 LED 色灯信号机构

XSL 型 LED 铁路信号机由铝合金信号机构、PFL-1 型 LED 发光盘和 FDZ 型发光盘专用点灯装置组成。

1. 铝合金信号机构

铝合金信号机构分为高柱机构和矮型机构。高柱机构由背板、箱体、遮檐和悬挂装置四部分组成。矮型机构分为二灯位矮型机构和三灯位矮型机构两种,其安装方法与透镜式信号机构相同,即厂家已按二灯位(或三灯位)将其组装成一个整体。

2. PFL-1 型 LED 发光盘

PFL-1 型 LED 发光盘是采用发光二极管制成的色灯信号机的新光源。其额定电压为 DC 12 V,额定电流为 DC 700 mA。

发光盘的型号由汉语拼音字母和数字组成,如图 3.8 所示。

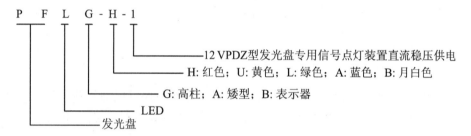

图 3.8 发光盘型号含义

发光盘分为高柱发光盘、矮型发光盘和表示器发光盘。

高柱发光盘适用于高柱透镜式色灯信号机构。

矮型发光盘适用于矮型透镜式色灯信号机构、引导信号机构、矮型复示信号机构和发车线路表示器机构。

发光盘为圆形盘状结构,其上安装众多发光二极管,如图 3.9 所示。

发光盘前罩上有鉴别销,以确认该灯位的颜色。只有发光盘的灯光颜色与该灯位灯箱玻璃卡圈上的鉴别槽相吻合,才能安装;前罩上有三个突出的卡销,用来在安装时对准灯箱玻璃卡圈上的三个卡槽,以安装牢固。发光盘后面有一个凸起的防雷盒。

3. FDZ 型发光盘专用点灯装置

FDZ 型发光盘专用点灯装置是为配合 PFL-1 型 LED 发光盘而研发的信号点灯装置,输出的是稳定的 12 V 直流电压,不仅性能稳定、可靠,能适用于电压波动较大区段,而且使用方便,现场不需要调整。

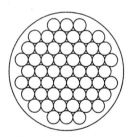

图 3.9 发光盘

(三) LED 色灯信号机构的优点

LED 色灯信号机构采用铝合金机构,组合灵活、安装简单、显示距离远且清晰、使用寿命长、安全可靠。用 LED 取代传统的双丝信号灯泡和透镜组,从而彻底消除了灯泡断丝这一多发性的信号故障,结束了普通信号机定期更换信号灯泡的维修方式,减少了维修工作量,节省了维修费用。

与透镜式、组合式色灯信号机相比,LED 信号机具有以下优点:

(1) 寿命长。发光二极管理论寿命超过 10^5 h,是信号灯泡的 100 倍,可免除经常更换灯泡的麻烦,且有利于实现免维修,降低运营成本。

(2) 可靠性高。发光盘是用上百只发光二极管和数十条支路并联工作的,在使用中即使个别发光二极管或支路发生故障也不会影响信号的正常显示,提高了信号显示的可靠性。

(3) 节省能源。单灯 LED 光源功率小于 8 W,不到传统 25 W 信号灯泡的三分之一。

(4) 聚焦稳定。发光盘的聚焦状态在产品设计与生产中已经确定,并能始终保持良好的聚焦状态,现场安装与使用不必再调整。

(5) 显示效果好。发光盘除有轴向主光束外,还有多条副光束,有利于增强主光束散角之外以及近光显示效果。

(6) 无冲击电流,有利于延长供电装置的使用寿命。

四、信号点灯和灯丝转换装置

信号点灯和灯丝转换装置一般由信号变压器和灯丝转换继电器组成。后又出现了将点灯和灯丝转换结合为一体的多功能信号点灯装置和 DDXL-34 型点灯单元。

(一) 信号变压器

信号变压器用于色灯信号机的点灯电源,设于信号机处的变压器箱内,用以将 220 V 交流电降压为 12 V。目前使用的信号变压器有 BX-40、BX-30、BX_1-30、BX_1-34 以及 BYD-60 型远程点灯信号变压器,其中使用最多的是 BX_1-34 型,其结构和接线如图 3.10 所示。

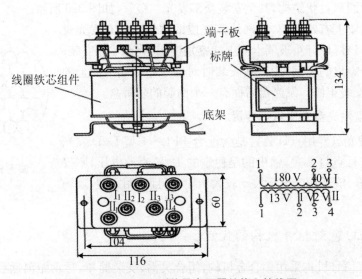

图 3.10　BX_1-34 型信号变压器结构和接线图

BX_1-34 型信号变压器的容量为 34 VA；一次线圈额定电压 180 V(I_1-I_2)或 220 V(I_1-I_3)，空载电流 0.011 A；二次线圈电压 13～16 V(II_1-II_2:13 V，II_1-II_3:14 V，II_1-II_4:16 V)，额定电流为 2.1 A。

(二) 多功能信号点灯装置

多功能信号点灯装置用于信号点灯电路，把信号灯泡的点灯和灯丝转换结合成一体，以取代原信号变压器与灯丝转换继电器。目前使用的有 XDZ-B 型多功能信号点灯装置、DZD 多功能智能点灯单元和 ZXD 多功能智能点灯单元等多种。现以 XDZ-B 型多功能信号点灯装置为例予以介绍。

XDZ-B 型多功能信号点灯装置的型号及含义如图 3.11 所示。

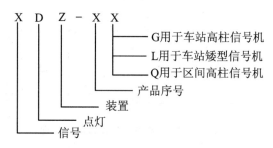

图 3.11 XDZ-B 型多功能信号点灯装置的型号及含义

1. 功能和特点

(1) 点灯装置是点灯与灯丝转换结合在一起的一体化结构，配线简单、施工方便。

(2) 点灯装置采用插入式安装方式，便于检修和更换，并且不需要现场调整。

(3) 点灯装置采用新型高集成化开关稳压电源作为点灯电源，该电源具有许多线性电路无法比拟的优点：体积小、重量轻、稳压范围宽，同时设计了电源初次级之间的隔离，以确保安全。

(4) 电路中具有软启动性能。当主灯丝或副灯丝刚点亮时，使冷丝冲击电流限制在 6 A 以下，从而大大延长了灯丝的寿命。

(5) 具有主、副丝断丝告警接口。点灯装置增设了副灯丝断丝监测，当主灯丝完好，而副灯丝断丝时，点灯装置亦能发出告警，因此主灯丝或副灯丝两者任一断丝都能及时告警。

(6) 增设了防浪涌的保护功能。

2. 电路原理

图 3.12 为 XDZ-B 型点灯装置电路原理图。来自信号楼的电源由"输入"端进入输入变压器 T_1 后分两路，主路以自耦方式由绕组 W_2 提供交流经 DC-DC 变换器转为直流供主灯丝点灯。DC-DC 变换器输出的直流电压 U_{oz} 具有稳压和软启动功能。副路以变压器降压方式由绕组 W_3 提供交流经桥式整流器整流为全波直流电压 U_{of} 供副灯丝点灯。JZ 为电流型继电器，线圈电阻小，与主丝串联。JG 为电压型继电器，线圈电阻较大，与副丝串联。

(1) 主丝正常点亮,副丝完好

此时 JZ 线圈中流过主丝正常点灯电流,JZ 励磁吸起,副路中 JZ-1 后接点断开,JG 线圈与副丝电路沟通,JG 励磁吸起,因 JG 线圈电阻大,副丝的电压电流均达不到正常点亮要求,因此副丝此时未点亮。

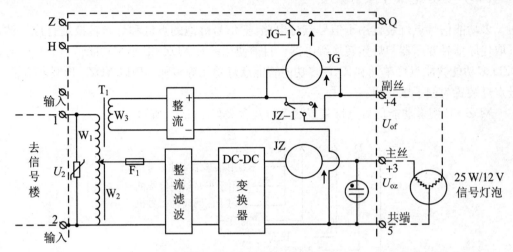

图 3.12　XDZ-B 型点灯装置电路原理

(2) 主丝正常点亮,副丝断丝

在主丝正常点亮且副丝未断丝情况下,JZ 励磁吸起,JG 励磁吸起。若副丝断丝,JG 失磁落下,利用 JG-1 后接点接通报警点 ZH,接通报警电路报警。

(3) 主丝断丝,副丝点亮

在主丝正常点亮且副丝未断丝情况下,JZ 励磁吸起,JG 励磁吸起。若主丝断丝,JZ 失磁落下,利用 JZ-1 后接点将 JG 线圈短路,JG 失磁落下,同时,副丝的电压及电流均达到正常点亮要求,副丝点亮,从而完成灯丝转换。同时利用 JG-1 后接点接通报警点 ZH,接通报警电路报警。

公共端断路时信号灭灯,由于此时 U_{of} 与 U_{oz} 方向相反,JZ、JG 以及信号楼内的灯丝继电器均落下,导向安全。

用于高柱信号机的点灯装置的输出电压较用于矮型信号机的高 0.5 V,以抵消高柱信号机导线上的电压降,无其他区别。用于区间高柱信号机的点灯装置与用于车站高柱信号机的点灯装置的区别,仅是副灯丝电压不同。

点灯装置的底座通用。由点灯装置罩壳上标牌的颜色来区分高柱和矮型点灯装置,蓝色专用于车站高柱或区间高柱,黑色为矮型。

为区别起见,告警端子比其他端子短 5 mm。

3. 安装方式

安装方式有直立和侧放两种,两种安装方式都不影响点灯装置的电气性能。一般情况下,高柱点灯装置安装在变压器箱内,直立安装;矮型点灯装置安装在机构内,侧放安装。

任务三　信号机灯光配列及显示意义

一、灯光配列原则

《铁路信号设计规范》规定,色灯信号机灯光配列应符合下列原则:

(1) 当根据实际情况需要减少灯位时,应以空位停用方式处理。减少灯位的处理方式可以维持信号机应有的外形,防止司机误认。如进站信号机没有绿灯和绿黄灯显示时,其绿灯可采用封闭方式处理,但不允许改变信号机外形。这是因为信号机的外形是识别信号机类型的重要标志。

(2) 以两个基本灯光组成一种信号显示时,应在一条垂直线上(进站复示信号机除外),这样是为了防止两个灯光被误认为是不同信号机的显示。但进站复示信号机是一组灯列式显示,所以可以不在一条垂直线上。

以两个基本灯光组成一种信号显示时,还应有一定的间隔距离,这是为了防止和减少两个同一颜色的灯光在远距离上被误认为是一个灯光而造成升级显示的危险。如进站信号机的双黄灯显示被误认为一个黄灯显示,将造成把向侧线接车误认为向正线接车的危险;又如出站信号机的双绿灯显示,若误认为一个绿灯显示,将造成把向次要线路发车误认为向主要线路发车,也不利于安全。

在高柱信号机上有足够的空间保证两个信号灯光之间的距离,而且一般采用高柱的信号机都有较远显示距离的要求。为了保证一定间隔,规定高柱信号机不得使用一个三显示机构的上、下两个灯位显示同一颜色的灯光。但是矮型信号机由于结构上的原因,同时一般要求显示距离不小于 200 m,所以允许采用三显示机构的上、下两个灯位显示同一颜色的灯光。

当两种不同颜色的灯光组成一种信号显示时,例如,通过信号机和出站信号机的绿、黄灯光显示,可允许采用同一个三显示机构的上、下两灯位来显示,但其间必须间隔一个灯位。

(3) 在以两个机构组成的矮型信号机上,应将最大限制信号设在靠近线路的机构上。其目的是避免该信号机被误认为是邻线的信号机。

(4) 双机构加引导信号是一种专门的信号机形式,唯有它能区分始端速度。具有接车性质的信号机,包括进站信号机、接车进路(含接发车进路)信号机、有分歧道岔线路所通过的信号机,都应采用此形式。

(5) 一般情况下,站内高柱信号机的机构安装于机柱内侧,区间高柱信号机的机构安装于机柱外侧,而在电气化区段,通过信号机的机构安装于机柱内侧。这项规定是根据限界、确认和改善维修条件而定的。

二、信号机灯光配列及显示意义

铁路对此有详细的规定,可以参照《铁路技术管理规程》;《地铁设计规范》对信号显示未作统一规定,各地对信号的显示也有所区别,下面仅作简单的介绍。

(一)城轨信号机灯光配列

城轨信号机(图3.13)一般采用LED色灯信号机,根据需要设置灯位数量,可组成单显示、双显示及三显示。信号机根据现场情况可使用高柱钢架支柱或用角铁架焊接固定于地铁涵洞侧面合适位置。城轨信号机灯光配列及名称如表3.3所示。

图3.13 城轨信号机

表3.3 城轨信号机灯光配列及名称

序号	1	2	3	4	5
灯光配列	黄/绿/红	黄/绿/红	黄/绿/红	黄/绿/红	黄/绿/红
名称	道岔防护信号机	道岔防护兼出站信号机	区间防护信号机	入线防护信号机	出站信号机
序号	6	7	8	9	10
灯光配列	空/空/红	白/红	白/红	黄/红/月白	红/月白/白
名称	阻挡信号机	调车信号机	通过信号机	进段信号机	出段信号机

注:◐——黄色;○——绿色;●——红色;Ⓘ——白色;●——蓝色;◎——月白色;⊗——空位

1. 防护信号机

防护信号机采用三显示机构,自上而下灯位为黄、绿、红。若设正线出站信号机,其灯光配列同防护信号机。

2. 阻挡信号机

阻挡信号机采用单显示机构,为一个红灯。

3. 进段(场)信号机

进段(场)信号机灯光配列可同防护信号机,亦可采用双机构(两个二显示)带引导机构,自上而下灯位为黄、绿、红、黄、月白。

4. 出段(场)信号机

出段(场)信号机采用三显示机构,自上而下灯位为绿、红及带调车白灯。

5. 调车信号机

调车信号机采用二显示机构,自上而下灯位为白、蓝(或红)。

6. 通过信号机

若区间设置通过信号机,采用三显示机构,自上而下灯位为黄、绿、红。

(二) 城轨信号机显示意义

信号机的显示,均应使其达到最远。曲线上的信号机,应使接近的列车尽量不间断地看到显示。《地铁设计规范》对信号显示未作统一规定,各地对信号的显示要求也有所区别。一般情况下,信号机显示的意义如下:

红灯:禁止列车越过该信号机。

绿灯:进路空闲,允许列车越过该信号机,进路中道岔开通直股。

黄灯:进路空闲,列车越过该信号机,进路中道岔开通侧向。

黄灯+红灯:引导信号,允许列车按规定模式越过该信号机。

各地可对信号显示作出有关规定,以上海地铁1号线信号机的显示意义为例:

红色:停车,禁止列车越过该信号机,ATP速度命令为零。

绿色:进路空闲,运行前方道岔在直股(定位),允许列车越过该信号机按ATP速度命令运行。

月白色(黄灯):运行前方道岔在侧股(反位),按ATP速度命令运行,一般限制速度为30 km/h。

红色+月白色(黄灯):引导信号,准许列车在该信号处继续运行,但需准备随时停车,仅对防护站台的信号机设引导信号。

站台还设有发车表示器,发车前5 s闪白光,发车时间到亮白色稳定光,列车出清后灭灯。

1. 出段(场)信号机

一个绿色灯光:前方进路开通并锁闭。

一个红色灯光:停车信号,严禁列车越过该信号机。

一个白色灯光:允许列车越过该信号机调车。

2. 调车信号机

一个红色灯光或一个蓝色灯光:严禁列车越过该信号机调车。

一个白色灯光:允许列车越过该信号机调车。

3. 阻挡信号机

一个红色灯光:表示前方已无线路,严禁列车越过该信号机。

4. 入段(场)信号机

一个红色灯光:禁止越过该信号机入场。

红色灯光＋白色灯光:为引导信号,允许以 20 km/h 越过该信号机入场,并随时准备停车。

两个黄色灯光:表示进路中至少有一副道岔开通侧向,允许列车侧股入段(场)。

一个黄色灯光:表示进路中所有道岔都开通直向,允许列车直股入段(场)。

5. 发车表示器

白色灯光闪烁:在 ATP 保护下允许司机关门。

白色灯光稳定:在 ATP 保护下允许司机凭收到的速度码发车。

任务四　进站信号机点灯电路

一、进站信号机点灯电路设备认知

以 6502 电气集中联锁双线双向运行区段进站信号机为例,其点灯电路设备按位置分为室内设备和室外设备。室内设备有 1LXF、YX 和 LXZ 三个组合,即一方向列车信号辅助组合、引导信号组合和列车信号主组合;室外设备主要由高柱进站信号机、变压器箱等组成。

1. 室内设备

进站信号机点灯电路室内设备有 YX、1LXF 和 LXZ 三个组合,组合设备排列及名称规格如表 3.4 所示。

表 3.4　YX、1LXF 和 LXZ 组合设备排列及规格

			AJ	XJ	JJ	1DJF	2DJ	ZXJ	LXJF	TXJ	LUXJ	LAJ
YX	R:RX20-25 -51-±5% C:CD-100-50	RD(0.5A)	JWXC -1700	JWXC -H340	JWXC -1700	JWXC -1700	JZXC -H18	JWXC -1700	JWXC -1700	JWXC -1700	JWXC -1700	JWXC -H340
1LXF			DAJ	LAJ	ZJ	GJJ	ZGJ	GJ	GJF			
			JWXC -H340	JWXC -H340	JWXC -H340	JWXC -1700	JWXC -480	JWXC -1700	JWXC -1700			
LXZ	R:RX20-25 -51-±%5 C:CD-500-50	RD(0.5A) RD(0.5A)	LKJ	JXJ	FKJ	KJ	LXJ	XJJ	DXJ	DJ	QJ	JYJ
			JWXC -H340	JWXC -1700	JWXC -H340	JWXC -1700	JWXC -H340	JWXC -H340	JZXC -H18	JWXC -1700	JWXC -1700	JWXC -1700

2. 室外设备

室外设备包括高柱透镜式信号机、信号变压器箱等。

如图 3.14 所示的高柱进站信号机有 3 个机构，5 个灯位，从上至下分别为第一个机构的黄灯、绿灯，第二个机构的红灯、二黄灯，第三个机构的月白灯。

图 3.15 为信号变压器箱，图 3.15(a) 中有 5 个 BX_1-34 信号变压器，图 3.15(b) 中有 5 个灯丝转换继电器。信号机灯泡主丝断丝，通过灯丝转换继电器 (DZJ) 改点副丝。对应每个灯位分别有一个灯丝转换继电器，进站信号机的常态是红灯点亮，所以 HDZJ 常态吸起，红灯主丝断丝，HDZJ 落下沟通副丝回路，其他 DZJ 常态落下，主丝断丝，DZJ 落下沟通副丝回路。

信号变压器箱接线端子的编号原则是站在变压器箱引线口侧，自右向左编号，靠箱壁侧为奇数 1,3,5,…，靠设备侧为偶数 2,4,6,…。

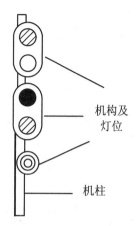

图 3.14 高柱进站信号机示意图

(a) 放置 BX_1-34 型变压器

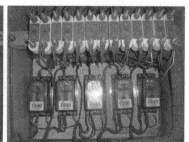
(b) 放置灯丝转换继电器

图 3.15 信号变压器箱内部结构

二、进站信号机点灯电路识读

进站信号机点灯电路如图 3.16 所示。

1. 灯丝继电器 DJ

进站信号机有 5 个灯泡，灯位从上至下排列顺序为：U、L、H、2U、YB。5 个灯泡可以单独点亮，也可以两个同时点亮，但只有 L 和 U、U 和 2U、H 和 YB 能同时点亮。对不能同时亮灯的几个灯泡，都可以用同一个灯丝继电器进行监督，因为它们可以用控制灯光的条件进行区分。对能同时亮灯的两个灯泡，不能用一个灯丝继电器进行监督，因为当两个灯泡中坏一个时，无法区分是哪一个坏了。

在进站信号机点灯电路中，U、L 和 H 用一个灯丝继电器 (JZXC-H18) 监督，叫作第一灯丝继电器 DJ，而 2U 和 YB 用另一个灯丝继电器进行监督，叫作第二灯丝继电器 2DJ。

平时进站信号机点红灯，红灯点灯变压器 HB 次级有输出，因此在初级线圈中串接的 DJ 在吸起状态，表示灯泡完好。假如此时红灯主、副灯丝都烧断而灭灯，那么 DJ 将因 HB

的次级没有输出,初级电路中的电流大大减少而落下。用 DJ 的后接点使控制台相应的信号复示器闪红灯,及时反映出红灯灯丝断。

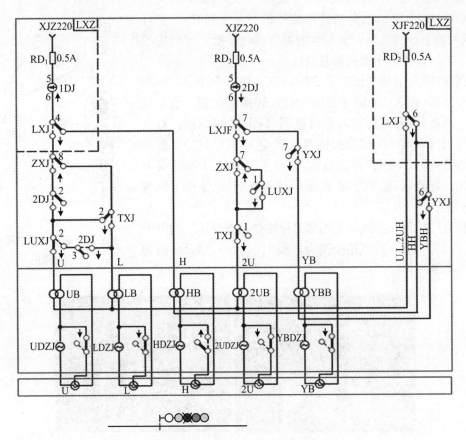

图 3.16　进站信号机点灯电路

2. 信号辅助继电器

进站信号机开放 LXJ 吸起,一方面断开红灯点灯变压器初级电路,另一方面把点灯电源接向允许灯光。允许灯光亮什么灯,取决于所建立的进路,由信号辅助继电器动作配合接通有关允许灯光点灯电路。

进站信号机点灯电路的信号辅助继电器有:

LXJF:列车信号复示继电器,常态落下;办理列车接车进路,信号开放 LXJ 励磁吸起,LXJF 随之吸起。

ZXJ:正线信号继电器,常态吸起,此时正线所有道岔在定位;有一个道岔处于反位,ZXJ 失磁落下。

LUXJ:绿黄信号继电器,常态落下;办理正线通过进路,二离去区段有车占用时,LUXJ 励磁吸起。

TXJ:通过信号继电器,常态落下;办理正线通过进路,二离去区段空闲时,TXJ 励磁吸起。

YXJ:引导信号继电器,常态落下;办理引导接车进路开放引导信号,LXJ 励磁吸起。

3. 进站信号机点灯电路分析

半自动闭塞区段及三显示自动闭塞区段的信号含义:

（1）一个绿色灯光：准许列车按规定速度经正线通过车站，表示出站及进路信号机在开放状态，进路上的道岔均开通直向位置。

（2）一个黄色灯光：准许列车经道岔直向位置，进入站内正线准备停车。

（3）两个黄色灯光：准许列车经道岔侧向位置，进入站内准备停车。

（4）一个黄色闪光和一个黄色灯光：准许列车经过 18 号及其以上道岔侧向位置，进入站内越过下一架已经开放的信号机，且该信号机所防护的进路，经道岔的直向位置或 18 号及其以上道岔的侧向位置。

（5）一个红色灯光：不准列车越过该信号机。

（6）一个绿色灯光和一个黄色灯光：准许列车经道岔直向位置，进入站内越过下一架已经开放的接车进路信号机准备停车。

（7）一个红色灯光和一个月白色灯光：准许列车在该信号机前方不停车，以不超过 20 km/h 的速度进站或通过接车进路，并准备随时停车。

办理不同的接车进路，进站信号机显示不同的灯光，沟通不同的点灯电路，如表 3.5 所示。

表 3.5 进站信号机点灯电路

显示	办理进路	点灯条件	点灯电路分析
红灯	信号关闭	LXJ↓	红灯：XJZ_{220}—RD_1—DJ_{5-6}—LXJ_{41-43}—HB_{11-2}—LXJ_{63-61}—RD_2—XJF_{220}
黄灯	正线接车	LXJ↑、ZXJ↑、LUXJ↓、TXJ↓	第一黄灯：XJZ_{220}—RD_1—DJ_{5-6}—LXJ_{41-42}—ZXJ_{81-82}—TXJ_{21-23}—$LUXJ_{21-23}$—UB_{11-2}—LXJ_{62-61}—RD_2—XJF_{220}
绿黄灯	通过进路（出站信号机点黄灯）	LXJ↑、ZXJ↑、LUXJ↑、TXJ↓	先点第二黄灯：XJZ_{220}—RD_3—$2DJ_{5-6}$—LXJ_{71-72}—ZXJ_{71-72}—$LUXJ_{11-12}$—TXJ_{11v13}—$2UB_{11-2}$—LXJ_{62-61}—RD_2—XJF_{220} 再点绿灯：XJZ_{220}—RD_1—DJ_{5-6}—LXJ_{41-42}—ZXJ_{81-82}—TXJ_{21-23}—$LUXJ_{21-22}$—$2DJ_{31-32}$—LB_{11-2}—LXJ_{62-61}—RD_2—XJF_{220}
绿灯	通过进路（出站信号机点绿灯）	LXJ↑、ZXJ↑、LUXJ↑、TXJ↑	绿灯：XJZ_{220}—RD_1—DJ_{5-6}—LXJ_{41-42}—ZXJ_{81-82}—TXJ_{21-22}—LB_{11-2}—LXJ_{62-61}—RD_2—XJF_{220}
双黄灯	站线接车	LXJ↑、ZXJ↓	先点第二黄灯：XJZ_{220}—RD_3—$2DJ_{5-6}$—$LXJF_{71-72}$—ZXJ_{71-73}—TXJ_{11-13}—$2UB_{11-2}$—LXJ_{62-61}—RD_2—XJF_{220} 再点第一黄灯：XJZ_{220}—RD_1—DJ_{5-6}—LXJ_{41-42}—ZXJ_{81-83}—$2DJ_{21-22}$—$LUXJ_{21-23}$—UB_{11-2}—LXJ_{62-61}—RD_2—XJF_{220}
红白灯	引导接车	LXJ↓、YXJ↑	红灯：XJZ_{220}—RD_1—DJ_{5-6}—LXJ_{41-43}—HB_{11-2}—LXJ_{63-61}—RD_2—XJF_{220} 月白灯：XJZ_{220}—RD_3—$2DJ_{5-6}$—$LXJF_{71-73}$—YXJ_{71-72}—YBB_{11-2}—YXJ_{62-61}—LXJ_{63-61}—RD_2—XJF_{220}

4. 防止显示升级措施

（1）允许灯光灭灯信号显示降级，如绿灯或黄灯灭灯时，要自动改点红灯。信号降级显示的动作顺序：

允许灯光灭灯→1DJ↓→断开 LXJ 自闭电路，使 LXJ↓→红灯点亮。

（2）点亮双灯位时，任一灯位灭灯，不能造成信号升级显示。

① 点绿黄（或双黄）显示时，先点亮第二位黄灯，再点亮绿灯（或第一位黄灯），防止第二位黄灯因故灭灯时，仍能点亮绿灯（或黄灯）造成显示升级。防止信号显示错误升级的动作顺序：

第二位黄灯灭灯→2DJ↓→断开绿灯（或第一位灯）点灯电路，使 1DJ↓→断开 LXJ 自闭电路，使 LXJ↓→红灯点亮；

第一位绿灯（或黄灯）灭灯→1DJ↓→断开 LXJ 自闭电路，使 LXJ↓→LXJF↓→断开第二位黄灯点灯电路，红灯点亮。

② 点引导信号时，红灯灭灯时不能点亮白灯。

防止信号显示错误升级的动作顺序：

红灯灭灯→1DJ↓→断开 YXJ 自闭电路，使 YXJ↓→不能沟通白灯点灯电路，进站信号机灭灯。

任务五　信号机检修维护

一、信号机电气特性测试

1. 室外测试

色灯信号机室外测试包括信号变压器端电压、主灯丝点灯端电压、副灯丝点灯端电压测量。

色灯信号机的室外测试必须在信号灯泡点灯状态下进行，应与本站值班员联系，依次开放各种信号显示。用交流电压表分别在亮灯灯位的信号变压器Ⅰ次线圈、Ⅱ次线圈的引出端子及灯泡的主灯丝点灯端子进行测量，测得读数分别为信号变压器的输入、输出电压及主灯丝点灯端电压。图 3.17 中 V_{I} 为信号变压器Ⅰ次侧输入电压、V_{II} 为信号变压器Ⅱ次侧输出电压、V_3 为主灯丝电压，人工切断主灯丝回路改点副灯丝，依次测得各灯泡的副灯丝点灯端电压。图 3.17 中 $V_{副}$ 为副灯丝点灯端电压。

色灯信号机灯泡端电压应为额定值的 85%～95%（调车信号为 75%～95%，容许信号为 65%～85%）。端电压高于额定值的 95%，将缩短灯泡使用寿命；低于额定值的 85%，将影响信号显示距离。

测量其他灯泡端电压时，应注意不可向红灯（或蓝灯）的信号变压器Ⅰ次或Ⅱ次侧借电源，因各点灯回路的电气特性有差异。

2. 室内测试

色灯信号机室内测试项目为灯丝继电器 DJ 交、直流电压。DJ 交流电压在灯丝继电器底座的 53、63 端子上测量,直流电压在 2、3 端子上测量。

JZXC-H18 型灯丝继电器端交流电压在 3.2~5.0 V 范围内,直流电压在 1.5~3.5 V 范围内,当灯丝端电压变化达 0.2 V 时,进行分析查找。

JZXC-H18F 型灯丝继电器的工作电流不小于 145 mA。

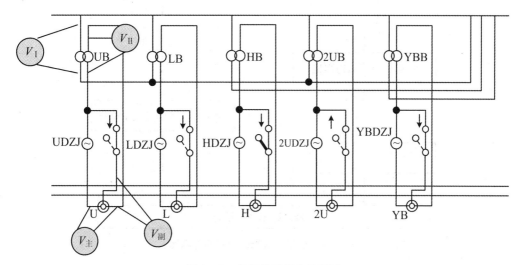

图 3.17 色灯信号机室外测试

二、信号机检修

信号机检修分日常养护和集中检修。日常养护每月一次,主要对设备外观及信号显示进行检查。集中检修每年一次,主要对箱盒内部进行检修。信号机检修作业程序如图3.18所示。

(一) 日常养护

信号机日常养护主要是设备外观及信号显示检查,具体工作内容及质量标准如下:
(1) 设备无外界干扰。
(2) 基础、机柱、机构、梯子安装稳固。
(3) 水泥机柱不得有裂圆周的裂纹,当超过半周的应采取加固措施,纵向裂纹钢筋不得外露;任何部分不得侵入接近限界;机柱的倾斜限度不超过 36 mm,机柱顶部不漏水;基础歪斜限度不超过 10 mm。
(4) 梯子不弯曲,支架水平,梯子中心线与机柱中心线一致。
(5) 箱盒、机构、梯子、蛇管无损伤,并齐全、螺丝紧固,各部位加锁装置良好。
(6) 设备名称清晰、正确。
(7) 硬面化整洁、无杂物。
(8) 信号显示距离符合《铁路技术管理规程》规定。

(9) 建筑限界检查。

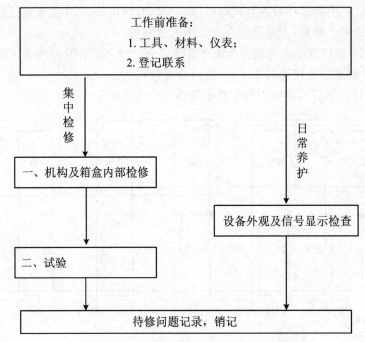

图 3.18　信号机检修作业程序方框图

（二）集中检修

信号机集中检修主要是机构及箱盒内部检修、试验,具体工作内容及质量标准如下：

1. 机构及箱盒内部检修

(1) 内部清洁,防尘、防水设施良好。

(2) 透镜安装牢固,且无裂纹、破损和漏水可能。

(3) 灯座、灯口安装牢固不活动,弹片压力适当,接触良好。

(4) 各部螺丝紧固,螺帽垫片齐全。

(5) 器材类型正确不超期,固定良好。

(6) 配线整齐,绑扎牢固无破皮老化。

(7) 铭牌齐全、正确,字迹清楚。

(8) 图纸、资料保存完好,与实物相符,无涂改,地线整治检查。

(9) 备用灯泡有老化标记。

2. 试验

(1) 主、副灯丝转换试验,报警良好。

(2) 更换灯泡后检查(或调整)信号显示距离。

(3) 进行 I 级测试并记录。

(4) 销记、加锁。

任务六　信号表示器

信号表示器也是一种信号装置,但它没有防护意义,而是用来表示与行车有关设备的位置和状态,或表示信号显示的某种附加含义。

常见的信号表示器有进路表示器、线路表示器、发车表示器、道岔表示器等。

一、进路表示器

进路表示器只用于出站信号机上。当出站信号机给出绿色灯光时,准许向区间发车,但前方区段有2个或3个发车方向时,需要附加说明所给出的准许发出信号是向哪个方向发车,进路表示器会亮一个月白色灯,指示发车方向。如出站信号机亮一个绿灯,进路表示器亮左边的月白色灯,指示准许向前方左边的那个区间发车;同样,出站信号机亮一个绿灯,进路表示器亮右边的一个月白色灯,指示准许向前方右边的那个区间发车。目前北京地铁1号线、13号线、八通线的线路上装有侧向进路表示器。

二、线路表示器

线路表示器用于设有编组线群出站信号机的地方。在编组线群外方,设有线群共用的出站信号机,叫作线群出站信号机,而在每一发车线群警冲标内方适当地点,设有线群表示器。线群出站信号机在开放的条件下,哪个线路表示器亮一个月白色灯,即表示在该线路停留的列车可以发车。这些并排的线路表示器只允许同时点亮一个月白色灯,而且只有在线群出站信号机开放后才能点亮。

三、发车表示器

在铁路上,列车发车除了要看出站信号外,还要确认是否给出准许发车的手信号。由于大弯道或旅客多的大站上,司机往往看不到准许发车的手信号,这时需要在列车停车位置前适当地点装设一个发车表示器。发车表示器受值班员和车长的双重控制,在出站信号机开放的条件下,当值班员和车长都按下同意发车按钮时,发车表示器即亮一个月白色灯,司机便可遵照指令发车。

四、道岔表示器

在接发车进路的手动道岔上以及由非联锁区向联锁区的入口处的电动道岔上,均装有道岔表示器,用以反映道岔所处的状态,以方便行车人员办理调车作业。联锁区域内的电动道岔由于可利用调车信号机调车,所以不设道岔表示器。北京地铁线路上使用的均为联锁区域内的电动道岔,所以不设道岔表示器。

项目四 轨道电路原理及维护

任务一 轨道电路认知

一、轨道电路基本原理

轨道电路是利用钢轨线路和钢轨绝缘构成的电路,它用来监督线路的占用情况,并向列车和相邻轨道电路传递行车信息。轨道电路是铁路信号的重要基础设备,它的性能直接影响行车安全和运输效率。

轨道电路是由送电端、钢轨线路、钢轨绝缘、受电端设备构成的电路,如图 4.1 所示。

当轨道电路内钢轨完整,且没有列车占用时,轨道电源的电流由送电端、通道送至受电端轨道继电器 GJ 的线圈,构成闭合回路,轨道继电器吸起,表示轨道电路空闲。轨道电路被列车占用时,因为列车轮对电阻加上它的滚动电阻远小于轨道继电器线圈电阻,所以轨道电路几乎被短路,这时流经轨道继电器线圈的电流不足以使继电器保持吸起,于是轨道继电器落下,表示该区段有车占用。

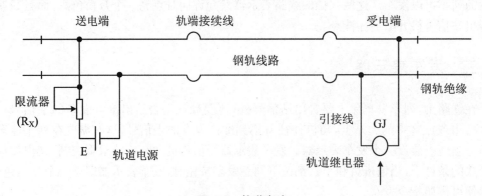

图 4.1 轨道电路

送电端设备由轨道电源和限流电阻 Rx 组成。限流电阻 Rx 的作用是保护电源不致因过载而损坏,使电压大部分降在 Rx 上,以保护轨道电源,同时保证列车占用轨道电路时,轨道继电器可靠落下。

受电端设备采用轨道继电器 GJ,由它来接收轨道电路的信号电流,作为电路的负载部分。

通道的设备包括钢轨线路、轨端接续线及钢轨绝缘。钢轨线路是轨道电路的导体,为减小钢轨接头的接触电阻,在钢轨接头处增设了轨端接续线,一般用镀锌铁线。钢轨绝缘是为分隔相邻轨道电路而装设的。两绝缘节之间的钢轨线路,称为轨道电路的长度。

二、轨道电路的分类

轨道电路有较多种类,也有多种分类方法。

1. 按动作电源分类

按动作电源分类,轨道电路可分为直流轨道电路和交流轨道电路。采用直流供电的轨道电路,称为直流轨道电路。采用交流供电的轨道电路,称为交流轨道电路。

2. 按工作方式分类

按工作方式分类,轨道电路可分为开路式轨道电路和闭路式轨道电路。开路式轨道电路平时呈开路状态,轨道电路无车占用时,不构成回路,轨道继电器落下;有车占用时,构成回路,轨道继电器吸起。闭路式轨道电路平时构成闭合回路,轨道电路上没有车占用时,轨道继电器吸起;有车占用时,因车轮分路,轨道继电器落下。

3. 按所传送的电流特性分类

按所传送的电流特性分类,轨道电路可分为连续式轨道电路、脉冲式轨道电路、计数电码轨道电路和频率电码式轨道电路以及数字编码式轨道电路。连续式轨道电路中传送连续的交流或直流电流。这种轨道电路的唯一功能是监督轨道占用与否,不能传送更多信息。脉冲式轨道电路是一种传送断续电流脉冲的轨道电路,除监督空闲与否外,还能传送行车信息。计数电码轨道电路传送的是断续的电流,即由不同长度脉冲和间隔组合成电码,它可传送行车信息。移频轨道电路在钢轨中传送的是移频电流,可传送多种信息。数字编码式轨道电路也采用调频方式,但它采用的不是单一低频调制频率,而是一个若干比特的一群调制频率,可以传输更多的信息。

4. 按分割方式分类

按分割方式分类,轨道电路可分为有绝缘轨道电路和无绝缘轨道电路。有绝缘轨道电路用钢轨绝缘将轨道电路与相邻的轨道电路互相隔离,大部分轨道电路是有绝缘的轨道电路。无绝缘轨道电路在其分界处不设钢轨绝缘,而采用不同的方法予以隔离,如电气隔离式、自然衰耗式。

5. 按使用处所分类

按使用处所分类,轨道电路可分为区间轨道电路和站内轨道电路。区间轨道电路主要用于自动闭塞区段,不仅要监督各闭塞分区是否空闲,而且要传输有关行车信息。站内轨道电路,用于站内各区段,一般只有监督本区段是否空闲的功能,不能发送其他信息。

6. 按轨道电路内有无道岔分类

站内轨道电路分为无岔区段轨道电路和道岔区段轨道电路。无岔区段轨道电路内钢轨线路无分支,构成较简单。在道岔区段,钢轨线路有分支,要增加绝缘、道岔连接线和跳线。当分支超过一定长度时,还必须设多个受电端。

7. 按适用区段分类

按适用区段分类,轨道电路可分为非电气化区段轨道电路和电气化区段轨道电路。非电气化区段轨道电路,没有抗电化干扰的特殊要求;电气化区段轨道电路,既要抗电气化干扰,又要保证牵引回流的畅通无阻。

8. 按轨道电路利用钢轨作为导体的方式分类

轨道电路可分为双轨条轨道电路和单轨条轨道电路。多数轨道电路均利用同一线路的两根钢轨作为导体。一般的轨道电路均为双轨条轨道电路。单轨条轨道电路是利用线路的一条钢轨作为导体,另一导体由电缆构成。

三、轨道电路基本工作状态

轨道电路的基本工作状态分为调整状态、分路状态和断轨状态三种。轨道电路在各种工作状态下,要受到许多外界因素的影响,其中受道床电阻、钢轨阻抗和电源电压的影响最大。这三个参数对轨道电路各种工作状态造成不同程度的影响。

1. 轨道电路的调整状态

轨道电路的调整状态是指轨道电路完整和空闲,接收设备(如轨道继电器)正常工作的状态。

在调整状态,对轨道继电器来讲,它从钢轨上接收的电流越大,它的工作就越可靠。但这个电流值将随道床电阻、钢轨阻抗、发送电压的变化而变化。调整状态的最不利因素:道床电阻最小、钢轨阻抗最大、发送电压最低、轨道电路长度为极限长度。在调整状态的最不利因素下,轨道继电器应能可靠地工作,表示轨道电路区段处于空闲状态,即调整状态。

2. 轨道电路的分路状态

轨道电路的分路状态是指当轨道电路区段有列车占用时,接收设备被轮对分路而停止工作的状态。

当列车占用轨道区段时,由于轮对在两钢轨间形成的电阻极小,可看成是短路作用。但轨道电路是低电阻电路,所以列车分路占用时,只能看成两钢轨间跨接了一个分路电阻,故称分路状态。分路状态的最不利因素:道床电阻最大、钢轨阻抗最小、发送电压最高、列车分路电阻也最大(轻车、轮对少、车轮与钢轨接触面不洁等)。在分路状态的最不利因素下,轨道电路接收设备应能可靠地停止工作,反映轨道电路区段有车占用。

3. 轨道电路的断轨状态

轨道电路的断轨状态是指轨道电路的钢轨在某处折断的情况下,此时钢轨虽已折断,但轨道电路仍可通过大地构成回路,接收设备中还会有一定值的电流流过。为了确保安全,断轨时,接收设备应不能工作。

断轨状态的最不利条件是,断轨时轨道电路的参数变化使轨道接收设备获得最大电流。它除了与发送电压最大、钢轨阻抗最小有关外,断轨地点和道床电阻的大小对其也有一定的影响。接收设备中电流最大的最不利因素:临界断轨地点和临界道床电阻。

四、钢轨分割和接续设备

(一) 钢轨绝缘

钢轨绝缘安装在轨道电路分界处,以保证相邻轨道电路之间可靠地电气绝缘,使它们互不影响。

1. 对钢轨绝缘的要求

钢轨绝缘受机车车辆的频繁冲压,又处于日晒雨淋、酷暑严冬的环境中,是轨道电路的薄弱环节,因此要求:

(1) 钢轨绝缘的结构,应能保证在钢轨爬行的作用下,以及在列车运行中产生的压力、冲击力和气温变化时产生的膨胀力的作用下,不致损坏。

(2) 钢轨绝缘应采用机械强度高的、具有可靠电气绝缘性能的绝缘材料,以保证绝缘性能和使用寿命。

(3) 钢轨绝缘的材料。制作钢轨绝缘的材料很多,主要有钢纸板、玻璃布板、尼龙塑料板等。玻璃布板钢轨绝缘用环氧酚醛树脂或改性树脂玻璃布绝缘材料压制而成,它比钢纸绝缘耐潮、耐磨,不易损坏。尼龙塑料板钢轨绝缘用尼龙制成,它比钢纸绝缘耐潮、耐磨,且成本低,但低温下有脆性。胶接钢轨绝缘,是新型的结构,用胶结剂及纤维布组成胶结层,将鱼尾板与钢轨胶接牢固。

2. 钢轨绝缘的形式

钢轨绝缘由轨端绝缘、槽型绝缘、绝缘管、绝缘垫圈等组成。槽型绝缘按分段形式,可分为一段(整体)、二段、三段三种,按轨型可分为 P-43kg、P-50kg 和 P-60kg 三种。

(1) 整体槽型钢轨绝缘

整体槽型钢轨绝缘安装总图如图 4.2 所示。它需一段式槽型绝缘 2 块,轨端绝缘 1~2 片,绝缘垫圈 12 个,绝缘管 12 个及相应垫圈、螺栓、螺母和弹簧垫圈。

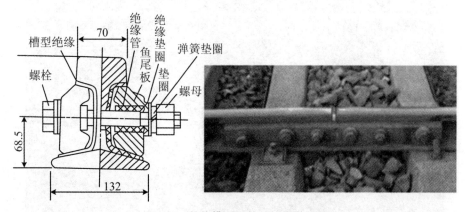

图 4.2 整体槽型钢轨绝缘安装总图

(2) 二段槽型钢轨绝缘

二段槽型钢轨绝缘将槽型绝缘分成两块,可互换使用。分段后钢轨接缝处正好是槽型绝缘的接缝处,使该处处于自由状态,从而减小了对槽型绝缘的破坏,延长了使用寿命。配套采用宽腰轨端绝缘,加宽了轨端绝缘相应于轨腰的部分。

(3) 三段槽型钢轨绝缘

三段槽型钢轨绝缘将绝缘分为左、中、右三块。50 kg/m 绝缘三块均可互换,43 kg/m 的只有左、右两块可互换。

除槽型绝缘外,二段、三段式其他部件数量同前述整体槽型绝缘方式。

为保证绝缘接头的机械强度和电气绝缘的良好,槽型绝缘的型号必须与安装的钢轨断面尺寸相符,轨缝应尽量大些,以安装 1~2 片轨端绝缘为宜,安装后,两钢轨头部应水平,轨端绝缘保持平正。接头附近不得出现积水翻浆现象。

(二) 钢轨引接线

YG 型钢轨引接线(简称引接线)是连接轨道电路送受端变压器箱或电缆盒与钢轨的导线。一般用涂有防腐油的多股钢丝绳(低碳素钢镀锌绞线)制成,如图 4.3 所示。它的一端焊在塞钉上,固定在钢轨上的塞钉孔内;另一端焊接在螺柱上,固定在变压器箱或电缆盒上。引接线按长度分为 1 200 mm、1 600 mm、2 700 mm、3 600 mm 四种,最大电阻值分别为 0.016 Ω、0.021 Ω、0.035 Ω、0.045 Ω。

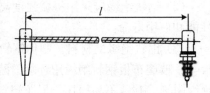

图 4.3　YG 型钢轨引接线

在变压器箱、电缆盒与异侧钢轨连接时,采用 2 700 mm 或 3 600 mm 的引接线,将其用卡钉钉在枕木上或用卡具固定在混凝土枕上,如图 4.4 所示。引接线长度要满足连接设备之间的直线距离,并留有适当余量。引接线应不生锈,断根不超过 1/5,以免增加电阻值。为保证引接线的可靠性,现场使用单位多采用双引接线,若一根断了,还有一根在起作用。

图 4.4　钢轨引接线连接

（三）钢轨接续线

钢轨接续线用于轨道电路接缝处的连接，以减小接触电阻。钢轨接续线分塞钉式和焊接式两种。

1. 塞钉式钢轨接续线

JS 型塞钉式钢轨接续线的外形如图 4.5 所示。它由两根直径 5 mm 的镀锌钢线与两端的圆锥形塞钉焊接而成，铁线两端绕成螺旋形。钢轨接续线一般装在钢轨外侧，并与鱼尾板密贴，高度不得超过轨头底部。安装时，塞孔内不得有锈。安装后，塞钉与塞钉孔缘应涂漆封闭。为减小塞钉与钢轨之间的接触电阻，塞钉打入塞钉孔应保持最大的接触面，以打紧后露出钢轨 2~3 mm 为宜。

图 4.5 塞钉式钢轨接续线

塞钉式钢轨接续线的缺点是它与钢轨间的接触电阻较大且不稳定，为了保证轨道电路的稳定工作，推出了焊接式钢轨接续线。

2. 焊接式钢轨接续线

焊接式钢轨接续线采用多股镀锌钢绞线，截面面积不小于 25 mm^2，长为 200 mm，接头间的距离为 110 mm，用铝热剂法或电弧焊钎焊、冷挤压焊接、爆压速焊技术等，将其焊在钢轨两端，如图 4.6 所示。

图 4.6 焊接式钢轨接续线

两焊头中间距离应在 70～150 mm 范围内，焊头应低于钢轨面 11 mm。

焊头外观应光滑饱满，焊接牢固，焊位正确。导线无损伤，无漏焊、假焊，焊接后焊接线应涂防锈涂料，油润无锈，断根不超过 1/5。

（四）道岔绝缘和道岔跳线

道岔区段轨道电路与无岔区段轨道电路不同之处在于钢轨线路被分开产生分支，为此需要增加道岔绝缘和道岔跳线。单开道岔的道岔绝缘和道岔跳线的配置如图 4.7 所示，交叉渡线的道岔绝缘和道岔跳线的配置如图 4.8 所示。

1. 道岔绝缘

为防止辙叉将轨道电路短路，道岔区段要加装切割绝缘，即道岔绝缘。

不实行轨道电路电码化的道岔区段，可将道岔绝缘设在直股上，也叫直股切割，这样道岔绝缘受力均匀，使用寿命会长一些。实行轨道电路电码化的道岔区段，道岔绝缘应设在弯股上，也叫弯股切割，防止机车信号掉码，给行车带来不良影响。在直股切割的道岔绝缘如图 4.7(a)、(b)所示，弯股切割如图 4.7(c)、(d)所示。

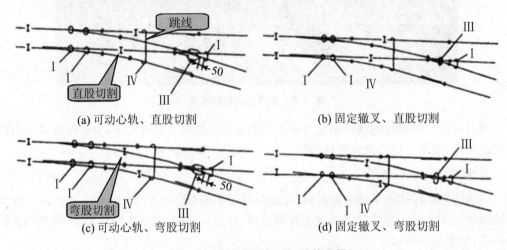

图 4.7 单开道岔的跳线、绝缘设置

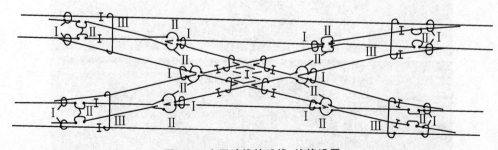

图 4.8 交叉渡线的跳线、绝缘设置

2. 道岔跳线

为保证信号电流的畅通，道岔区段除轨端接续线外，还需装设道岔跳线。道岔跳线由塞钉和镀锌低碳钢绞线组成，两端焊在圆锥形塞钉上。FAD 型防腐蚀免维护综合绝缘护套道岔跳线的外形如图 4.9 所示。

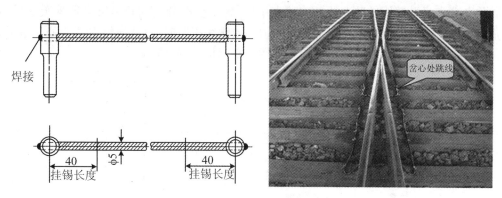

图 4.9　FAD 型道岔跳线

各类道岔所用道岔跳线如表 4.1 所示。

表 4.1　FAD 跳线规格表

道岔跳线型号	型　号	公称长度(mm)	电阻值不大于(Ω)
FAD-900	Ⅰ	900	0.012
FAD-1200	Ⅱ	1 200	0.016
FAD-1500	Ⅲ	1 500	0.020
FAD-3000	Ⅳ	3 000	0.039
FAD-3300	Ⅴ	3 300	0.043

注：本规格适用于非电化区段轨道电路。

五、一送多受轨道电路

一送多受轨道电路设有一个送电端，在每个分支轨道电路的另一端各设一个受电端。

1. 将分支轨道继电器接点串接在主轨道继电器电路

各分支受电端轨道继电器的前接点，串联在主轨道继电器电路中。当任一分支分路时，分支轨道继电器落下，主轨道继电器也落下，将主轨道继电器接点用在联锁电路中。图 4.10 所示为一送两受轨道电路。当分支轨道电路有车占用或跳线折断时，DGJ_1 落下，DGJ 也落下，就可监督轨道电路的状态。

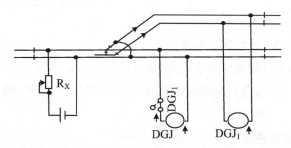

图 4.10　一送两受轨道电路(串接在主轨道继电器)

2. 将各受电分支轨道继电器接点串接,共同动作总轨道继电器

将各分支受电端轨道继电器的前接点串联,每个受电分支的轨道继电器均吸起后,总轨道继电器才能吸起。其中任意分支有车占用或跳线折断时,总轨道继电器均处于落下状态。联锁电路中使用总轨道继电器检查占用和空闲情况,如图 4.11 所示。

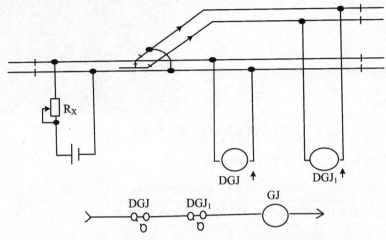

图 4.11 一送两受轨道电路(串接后接总轨道继电器)

在受电端均串联可调电阻器,是为了提高轨道电路的分路灵敏度,以及使同一轨道电路内各轨道继电器的电压基本平衡。

任务二 常见轨道电路制式

一、JZXC-480 型交流轨道电路

该轨道电路中传递的是 50 Hz 交流电,所以称为工频交流连续式轨道电路,轨道继电器型号为 JZXC-480,所以又称为 JZXC-480 型轨道电路。

(一)轨道电路原理

JZXC-480 型交流轨道电路如图 4.12 所示。

1. 当轨道电路完整,且无车占用时

交流电源由送电端经钢轨传输至受电端,GJ 吸起,表示本区段空闲。此时 GJ 的交流端电压应在 10.5~16 V 之间,即高于轨道继电器工作值(9.2 V)的 15%,保证 GJ 可靠励磁。

2. 当车占用轨道电路时

轨道区段有车占用,即轨道电路被车辆轮对分路,使 GJ 端电压低于其工作值,GJ 落

下,表示本区段被列车占用。分路时,GJ 的交流残压值不得大于 2.7 V,即低于轨道继电器释放值(4.6 V)的 60%,保证轨道继电器可靠释放。

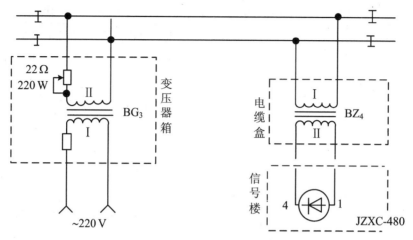

图 4.12　JZXC-480 型交流轨道电路

(二)轨道电路组成

JZXC-480 型交流轨道电路由送电端、受电端、钢轨接续线、钢轨绝缘、钢轨引接线以及钢轨组成。

1. 送电端

送电端包括 BG1-50 型轨道变压器和 R-2.2/220 型变阻器,轨道变压器和变阻器均安装在轨道变压器箱内,轨道变压器箱放置在相应钢轨线路旁。BG1-50 型轨道变压器外形及端子如图 4.13 所示,Ⅱ次侧输出电压端子连接如表 4.2 所示。R-2.2/220 型变阻器如图 4.14 所示,轨道变压器箱如图 4.15 所示。

交流 220 V 电源由室内经由信号电缆送至送电端轨道变压器Ⅰ次端,由 BG1-50 型轨道变压器降压,再通过 R-2.2/220 变阻器限流后,用引接线传送给钢轨。

送电端限流电阻(包括引接线电阻),在道岔区段,不小于 2 Ω,在道床不良的到发线上,不小于 1 Ω。

 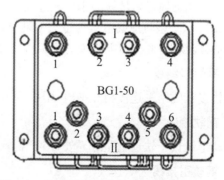

图 4.13　BG1-50 型轨道变压器

表 4.2　BG1-50型轨道变压器Ⅱ次侧输出电压端子连接

二次电压端子连接表

电压(V)	使用	连接	电压(V)	使用	连接	电压(V)	使用	连接
0.45	Ⅲ2-Ⅲ3	——	4.05	Ⅱ2-Ⅲ2	Ⅱ3-Ⅲ1	7.65	Ⅱ1-Ⅲ3	Ⅱ2-Ⅲ1
0.90	Ⅲ1-Ⅲ2	——	4.50	Ⅱ2-Ⅲ3	Ⅱ3-Ⅲ1	8.10	Ⅱ1-Ⅲ1	Ⅱ3-Ⅲ3
1.35	Ⅲ1-Ⅲ3	——	4.95	Ⅱ1-Ⅲ1	Ⅱ2-Ⅲ3	8.55	Ⅱ1-Ⅲ1	Ⅱ3-Ⅲ2
1.80	Ⅱ2-Ⅲ1	Ⅱ3-Ⅲ3	5.40	Ⅱ1-Ⅲ1	Ⅱ2-Ⅲ2	9.00	Ⅱ1-Ⅲ2	Ⅱ3-Ⅲ3
2.25	Ⅱ2-Ⅲ1	Ⅱ3-Ⅲ2	5.85	Ⅱ1-Ⅲ2	Ⅱ2-Ⅲ3	9.45	Ⅱ1-Ⅱ3	——
2.70	Ⅱ2-Ⅲ2	Ⅱ2-Ⅲ3	6.30	Ⅱ1-Ⅱ2	——	9.90	Ⅱ1-Ⅲ3	Ⅱ3-Ⅲ1
3.15	Ⅱ2-Ⅱ3	——	6.75	Ⅱ1-Ⅱ3	Ⅱ2-Ⅲ2	10.35	Ⅱ2-Ⅲ2	Ⅱ3-Ⅲ1
3.60	Ⅱ2-Ⅲ3	Ⅱ3-Ⅲ2	7.20	Ⅱ1-Ⅲ2	Ⅱ2-Ⅲ3	10.80	Ⅱ1-Ⅲ3	Ⅱ3-Ⅲ1

图 4.14　R-2.2/220型变阻器

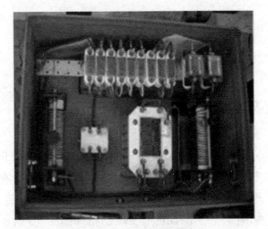

图 4.15　轨道变压器箱

2. 受电端

受电端包括BZ4型中继变压器及JZXC-480型轨道继电器,其中,中继变压器设在变压器箱或终端电缆盒内,轨道继电器设在室内组合架上。

中继变压器通过引接线与钢轨相连,将接收到的钢轨电压升压后送至轨道继电器。

JZXC-480型轨道继电器为整流型继电器,外部通过继电器7、8端子输入交流电,继电器内部整流桥将此交流电整流为直流电送至线圈端子2、3。

3. 钢轨接续线

钢轨接续线用来连接相邻钢轨,用以减小钢轨接头处的接触电阻。

4. 钢轨绝缘

钢轨绝缘设于轨道电路分界处,用于隔离开相邻区段的轨道电路。

5. 钢轨引接线

钢轨引接线用来将变压器箱、电缆盒接向钢轨。

二、25 Hz 相敏轨道电路

(一) 电气化牵引区段对轨道电路的特殊要求

1. 必须采用非工频制式的轨道电路

我国电气化铁路均采用工频 50 Hz 交流供电,钢轨既是牵引电流的回流通道,又是轨道电路信号电流的传输通道。因此,轨道电路必须采用非工频制式,且该制式对 50 Hz 牵引电流的基波及其谐波干扰应具备有效、可靠的防护措施,以保证轨道电路设备安全、可靠地工作。

2. 必须采用双轨条式轨道电路

双轨条轨道电路用扼流变压器沟通牵引电流成双轨条回流,轨道电路处于平衡状态,便于实现站内电码化。而单轨条由一根轨条沟通牵引电流,对牵引电能损耗较大,轨道电路仅有一根轨条通过信号电流,易造成站内电码化串码、掉码,故不能采用。

在电气化区段站内轨道电路中,应用最广泛的是 25 Hz 相敏轨道电路。

(二) 97 型 25 Hz 相敏轨道电路

1. 组成及原理

25 Hz 相敏轨道电路采用交流 25 Hz 电源连续供电。其受电端采用交流二元轨道继电器。由于交流二元轨道继电器具有可靠的频率选择性,故该轨道电路不仅可用于交流电气化区段,而且可用于非电气化区段。25 Hz 相敏轨道电路如图 4.16 所示。

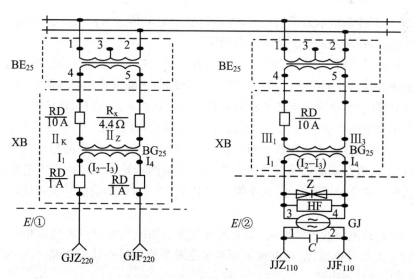

图 4.16　25 Hz 相敏轨道电路

由电源屏提供 25 Hz 轨道电源和局部电源。

轨道电源由室内供出,通过电缆供向室外,经送电端 25 Hz 轨道电源变压器(BG_{25})、送电端限流电阻(R_X)、送电端 25 Hz 扼流变压器(BE_{25})、钢轨线路、受电端 25 Hz 扼流变压器

（BE_{25}）、受电端 25 Hz 轨道中继变压器（BG_{25}）、电缆线路，送回室内，经过防雷硒堆（Z，耐压值大于 100 V）、25 Hz 防护盒（HF）给交流二元轨道继电器（GJ）的轨道线圈供电。

局部线圈的 25 Hz 电源由室内供出，当轨道线圈和局部线圈所得电源满足规定的相位和频率要求时，交流二元轨道继电器 GJ 吸起，轨道电路处于调整状态；反之，交流二元轨道继电器落下，轨道电路处于分路状态。

列车占用时，轨道电源被分路，GJ 落下。若频率、相位不符合要求时，GJ 也落下。这样，25 Hz 相敏轨道电路就具有相位鉴别能力，即相敏特性，抗干扰性能较高。

2. 25 Hz 轨道电路主要部件

（1）扼流变压器

在电气化牵引区段，为保证牵引电流顺利流过绝缘节，在轨道电路发送端、接收端设置扼流变压器，轨道电路设备通过扼流变压器接向钢轨，并传递信号信息，如图 4.17 所示。

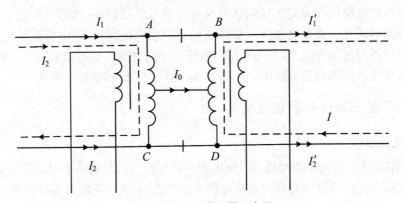

图 4.17 扼流变压器示意图

图 4.17 中双箭头所示为牵引电流，在两钢轨上电流传递方向一致。虚线所示为轨道电路的信号电流，在两条钢轨上传递方向相反。

扼流变压器对牵引电流阻抗很小，而对信号电流阻抗较大，沿着两根钢轨流过的牵引电流在轨道绝缘处通过扼流变压器的上部和下部线圈，再经过其中心线流向另一扼流变压器的上部和下部线圈，然后流向相邻轨道电路的两根钢轨中去，这样，牵引电流就越过了绝缘节。因为钢轨中的牵引电流大小相等，扼流变压器初级线圈的上、下部线圈的匝数也相同，且牵引电流在扼流变压器初级线圈的上、下线圈中产生的磁通方向相反，它们的总磁通等于零，所以对次级线圈的信号设备没有影响。但若两钢轨中流过的牵引电流不平衡时，扼流变压器铁芯中总磁通不为零，在次级线圈中将产生干扰，影响信号设备使用，故需增设防护设备。

相邻两个轨道电路的信号电流，在两扼流变压器初级线圈中点处电位相等，故扼流变压器中心线上无信号电流，信号电流不会越过绝缘节流向另一轨道电路区段，而流回本区段，在次级感应出信号电流。

97 型 25 Hz 相敏轨道电路使用 BE_1、BE_2 型扼流变压器，放在扼流变压器箱内，如图 4.18 所示。

（2）防护盒

防护盒 HF 由电感、电容串联而成。它并接在轨道继电器的轨道线圈上，对 50 Hz 呈串联谐振,相当于 15 Ω 电阻,以抑制干扰电流。对 25 Hz 信号电流相当于 16 μF 电容,对 25 Hz 信号电流的无功分量进行补偿,起着减小轨道电路传输衰耗盒相移的作用。防护盒如图 4.19(a)所示。

图 4.18 扼流变压器箱

（3）防雷补偿器

防雷补偿器 Z 内设防雷补偿单元,即为对接的硒片和电容器。硒片用来防雷,电容器 C 用来提高轨道电路局部线圈电路的功率因数,以减小变频器输出电流。防雷补偿器如图 4.19(b)所示。

图 4.19 防护盒和防雷补偿器

（三）JXW25 型微电子相敏轨道电路

25 Hz 相敏轨道电路,接收设备为交流二元继电器,存在问题如下：

(1) 返还系数较低,约为 50%,不利于提高轨道电路的传输性能。

(2) 由于其机械结构的原因,易发生接点卡阻,列车进入该轨道电路区段,轨道继电器不能可靠落下,曾造成多起重大行车事故。

(3) 抗干扰能力差。当电力机车升弓、降弓、加速或减速时,在轨道电路中产生较大的 50 Hz 脉冲干扰,可能造成继电器错误动作,直接危及行车安全。

JXW25 型微电子相敏轨道电路接收器保留了原相敏轨道电路的优点,克服了其缺点,成为具有高可靠、高抗干扰能力的一种新型相敏轨道电路,其原理如图 4.20 所示。

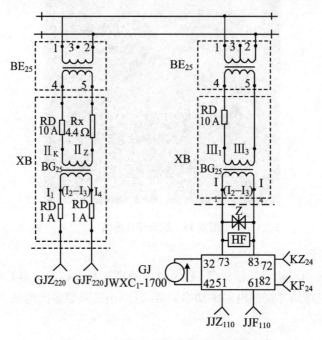

图 4.20 JXW25 型微电子相敏轨道电路

25 Hz 的局部电源和轨道电源分别由电源屏提供,并且局部电源超前轨道电源 90°。轨道电源由室内送出至送电端轨道变压器和扼流变压器,经钢轨传送到受电端扼流变压器和轨道变压器,再送回室内,经防雷硒堆和防护盒送至微电子接收器的 73、83 端子,局部电源直接送至微电子接收器的 51、61 端子,经处理后由单片机进行相位辨别,驱动输出直流电源动作轨道继电器 GJ。局部超前轨道 90°时,处于最佳接收状态。当收到的信号不能满足要求时,轨道继电器落下。

由于两根钢轨上的牵引电流不平衡,将有 50 Hz 电压加在轨道线圈上,在列车占用轨道电路时,不应使执行继电器错误动作。

三、ZPW-2000A 无绝缘移频轨道电路

JZXC-480 型轨道电路和 25 Hz 相敏轨道电路都使用单一频率的电流来驱动轨道继电器,这种方式虽然简单易行,但是随着列车运行速度及行车密度的增加,仅传递"占用/空闲"两种信息已经不能满足要求。高速列车要求轨道电路不仅能反映列车所在位置,还要显示出该区段的入口速度、出口速度、最大允许速度、坡度、区间长度、前方空闲轨道区段的数量等信息,这些是单频轨道电路力所不及的。

移频轨道电路就是用不同的低频信号调制方式,把代表地面信息的低频调制信号搬移

到较高频率上,形成移频信号发送到钢轨上,机车通过轨道电路接收线圈接收移频信号,并进行信号解调,提取相关地面信息,实现机车信号显示和控制列车运行。随着低频信号的增加,可传递的信息量也可以逐步增加。

移频轨道电路根据可以发送信息的数量分为 4 信息、8 信息及 18 信息移频轨道电路,绝缘节的设置分为有绝缘或无绝缘移频轨道电路。目前,我国铁路广泛应用的 UM 系列和 ZPW－2000 系列都是可以发送 18 信息的无绝缘移频轨道电路。

ZPW－2000A 型无绝缘轨道电路的移频选择的载频为 8 种,规定相邻轨道电路具体运用如下:

下行:1700－1	1 701.4 Hz		上行:2000－1	2 001.4 Hz
1700－2	1 698.7 Hz		2000－2	1 998.7 Hz
2300－1	2 301.4 Hz		2600－1	2 601.4 Hz
2300－2	2 298.7 Hz		2600－2	2 598.7 Hz

ZPW－2000A 型无绝缘轨道电路的低频频率为 10.3～29 Hz,每隔 1.1 Hz 一个,呈等差数列,共 18 个,不同的低频频率代表不同的地面信息。

（一）电气绝缘节隔离原理

普通轨道电路使用机械绝缘节来划分不同轨道电路,ZPW－2000A 型无绝缘轨道电路在钢轨上没有进行机械的切割,而是设置了 29 m 长的调谐区作为电气绝缘节来进行隔离,如图 4.21 所示。

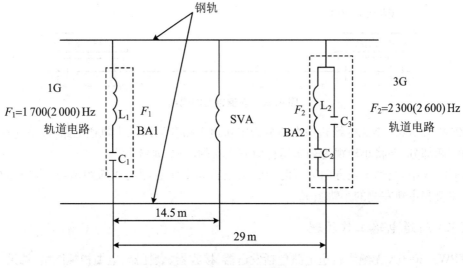

图 4.21 电气绝缘节原理

电气绝缘节的隔离是利用谐振来实现的。当载频确定后,选择 BA1 及 BA2 的参数,使本区段的调谐单元对相邻区段的频率呈串联谐振,只有百分之几 Ω 的阻抗(称为"0"阻抗),移频信号被短路;而对本区段的频率呈容抗,与 29 m 钢轨的电感和 SVA 电感配合产生并联谐振,有 2～2.5 Ω 的阻抗(称为"极"阻抗),移频信号被接收,这样,某种载频的移频信号只能限制在本区段传送,而不能向相邻区段传送,没有机械绝缘节就像有绝缘节一样,构成了电气隔离。

调谐单元 BA 是电气绝缘节的主要部件。相邻轨道电路的载频不同，BA 的型号也不同。BA1 型由 L_1、C_1 构成，BA2 型由 L_2、C_2、C_3 构成。图 4.21 中，BA1 的本区段是 1G，相邻区段是 3G；而 BA2 的本区段是 3G，相邻区段是 1G。

在图 4.21 中，BA1 对 3G 的移频信号呈现串联谐振，在 BA1 处被短路，阻止其向左传送。同时，BA1 与 29 m 钢轨的电感和 SVA 电感配合，对 1G 的移频信号呈现并联谐振，能向左传送或被接收。同理，1G 的移频信号在 BA2 被短路，不能接收，也不能向右传送；3G 的移频信号，能向右传送，或被接收。

轨道电路采用的频率，在同一线路的相邻轨道电路区段必须是不同的，在两相邻线路上亦不相同，以免互相干扰。

（二）轨道电路的划分

轨道电路的隔离如图 4.22 所示。

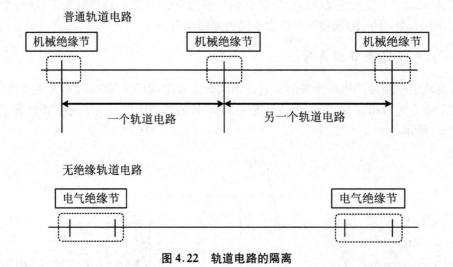

图 4.22　轨道电路的隔离

ZPW-2000A 型无绝缘轨道电路分为主轨道电路和调谐区小轨道电路（以下简称主轨和小轨）两部分，并将小轨视为列车运行前方主轨的所属"延续段"。

图 4.23 中，当列车正方向运行时，1G 由主轨和主轨右侧的小轨组成，反方向运行时，1G 由主轨和主轨左侧的小轨组成。

（三）轨道电路工作原理

ZPW-2000A 无绝缘轨道电路包括发送器、接收器、衰耗器、电缆模拟网络、调谐单元、空芯线圈、匹配变压器、补偿电容，如图 4.24 所示。

发送器由编码条件控制产生表示不同含义的低频信息，经调制后送出移频信号，该信号经电缆模拟网络（实际电缆和模拟电缆）传给匹配变压器及调谐单元，因为钢轨是无绝缘的，该信号既向主轨道传送，也向调谐区小轨道传送。

主轨道信号经钢轨送到轨道电路受电端，然后经调谐单元、匹配变压器、电缆通道，将信号传至本区段接收器。

调谐区小轨道信号由运行前方相邻轨道电路接收器接收并处理，并将处理结果形成小

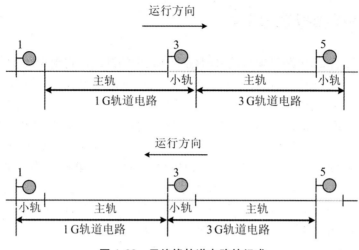

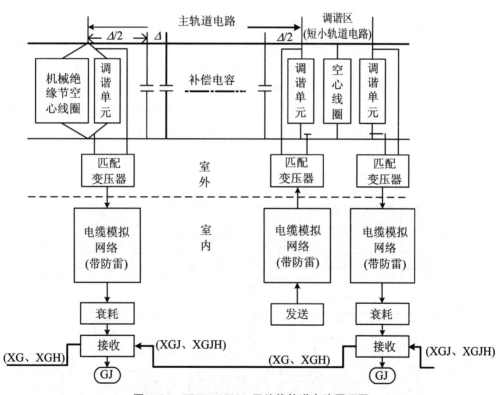

图 4.23 无绝缘轨道电路的组成

图 4.24 ZPW-2000A 无绝缘轨道电路原理图

轨道电路轨道继电器执行条件(XG、XGH),送至本区段接收器,作为轨道继电器(GJ)励磁的必要检查条件(XGJ、XGJH)之一。

本区段接收器同时接收到主轨道移频信号及小轨道电路继电器执行条件,判决无误后,输出 G、GH,驱动轨道继电器吸起,并由此来判断区段的空闲与占用情况。另外接收器还同时接收邻段所属调谐区小轨道电路信号,向相邻区段提供小轨道电路状态(XG、XGH)条件。

四、无绝缘模拟轨道电路

无绝缘模拟式轨道电路是模拟信号时代一种先进的制式。它根据闭塞设计,将线路划分成不同长度的轨道区段(闭塞分区),轨道区段之间不设绝缘节,而设置阻抗联接器加以区分,也即两个阻抗联接器之间为一个轨道区段(闭塞分区)。阻抗联接器既是轨道区段的分割设备,也是轨道电路发送和接收设备。在轨道电路中,通过阻抗联接器传送用于检测列车的模拟检测信号,以检测列车是否占用该轨道区段,当检测到列车占用该轨道区段时,通过阻抗联接器向列车发送速度命令等模拟信号。所以阻抗联接器不仅是轨道电路的分割设备,也是轨道电路的发送、接收(相邻轨道区段)设备,同时又是向列车传送"速度命令"的重要设备。向列车传送速度命令,告知列车离开该轨道区段的出口速度,在城市轨道交通闭塞系统的分类中,将其归类为速度码制式的 ATC 系统。

(一)轨道电路的频率配置

轨道电路的频率配置示意图,如图 4.25 所示。在每个轨道电路的分界点设有阻抗联接器,由它将本闭塞分区的发送器和相邻闭塞分区的接收器耦合至钢轨,以检测列车是否占用本闭塞分区,当检测到列车已占用本闭塞分区(轨道电路区段)时,该轨道区段发送端的阻抗联接器,将速度命令耦合至钢轨,迎着列车方向,向列车发送目标速度命令信息。可见区间的每个阻抗联结器,实际上起着发送、接收检测信息和发送速度命令的作用,在特定的车-地信息交换处,阻抗联接器还承担发送地面 TWC(Train Wayside Communication)信息的任务。

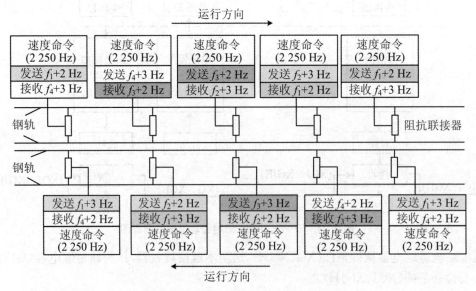

列车检测载频频率:f_1=2 625 Hz, f_2=2 925 Hz, f_3=3 375 Hz, f_4=4 275 Hz
列车检测调制频率:2 Hz;3 Hz
速度命令载频频率:2 250 Hz

图 4.25 音频无绝缘轨道电路频率配置示意图

由图 4.26 可见，相邻轨道电路使用不同的列车检测载频频率和调制频率，四种不同的载频频率交替配置，而且相邻轨道区段的调制频率也不相同，其载频频率分别为 2 625 Hz、2 925 Hz、3 375 Hz 和 4 275 Hz，调制频率为 2 Hz 和 3 Hz，这样可以组成八种不同的组合，以防止相邻轨道电路的干扰，也防止邻线的信号干扰。在钢轨上传送的列车检测信息是经调制的幅度键控 ASK 信号，波形如图 4.27 所示。

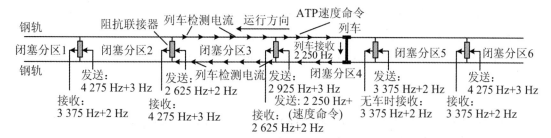

图 4.26　音频无绝缘轨道电路列车检测频率配置图

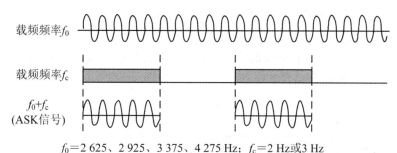

图 4.27　音频无绝缘轨道电路列车检测信号波形示意图

当列车占用轨道电路时，如图 4.26 所示的闭塞分区 4，由于列车检测信息被列车车轮分路，导致该轨道区段接收端收不到列车检测信息，在证实列车已经到达的前提下，该轨道电路发送模块通过阻抗联接器，开始增发速度命令信息，其载频频率为 2 250 Hz（注意：原来闭塞分区 4 的发送端发送的列车检测信息 2 925 Hz＋3 Hz，仍然在发送）。也就是说，只有在检测列车已经占用的前提下，才向列车传送 ATP 速度命令，假如列车进入闭塞分区，而因分路不良等原因，导致轨道电路接收端的轨道继电器仍在工作，那么轨道电路发送端就不会发送速度命令，列车收不到速度命令，就会紧急停车，所以轨道电路的分路状态必须调整完好。为了保证列车不间断、可靠地接收 ATP 速度命令，可以采取预分路方法，也就是在列车到达本轨道区段前，提前发送速度命令，确保列车连续、不间断地接收到速度信息。在发送速度命令时，原来的检测信号仍在发送，但因列车分路，接收端收不到；当列车驶离闭塞分区 4，该轨道区段的轨道电路又恢复为调整状态，使轨道继电器励磁吸起，从而结束速度命令的发送。

速度命令信息是指列车运行至该轨道区段出口端的目标速度，每个轨道区段的速度命令，根据与先行列车相隔几个闭塞分区（列车间的间隔距离）和线路条件等设定。全线各个轨道区段速度命令信息的载频为 2 250 Hz，调制频率根据该线路运行速度档的等级而定，一般分为 6 档或 8 档速度，它们分别对应不同的调制频率。速度命令调制频率与限制速度的对应关系，如表 4.3 所示。

表 4.3 速度命令调制频率与限制速度对应表(载频频率:2 250 Hz)

调制频率(Hz)	限制速度(km/h)	调制频率(Hz)	限制速度(km/h)
6.83	20	12.43	55
8.31	30	15.30	65
10.10	45	18.14	80

另外,调制频率 4.5 Hz 和 5.54 Hz 是用于列车在车站停稳以后,轨旁 ATP 子系统通过站台区段轨道电路向列车发送打开左门或右门的开门信息,其载频频率也是 2 250 Hz。

(二)阻抗联接器

联锁集中站信号设备室的 ATP 轨道电路发送模块和接收模块,通过电缆和耦合单元与设于每段轨道电路的阻抗联接器相连,阻抗联接器的输出直接连至钢轨。另外,站台区域的轨道电路为了实现车-地信息交换,地面 TWC 信息也通过阻抗联接器送出,所以阻抗联接器可以用于向轨道电路发送列车检测信息、目标速度信息、ATS 调度信息,接收轨道电路的列车检测信息。因此阻抗联接器最多由一个带有 4 个调谐二次线圈的变压器构成,它们装在一块金属板上,置于两根钢轨之间,作为输出的轨道线圈,通过电缆直接连至钢轨,构成电气回路。阻抗联接器的电气结构示意图如图 4.28 所示。

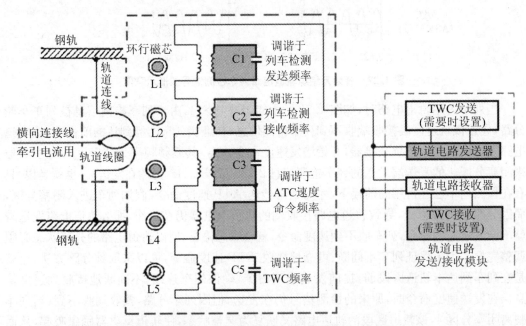

图 4.28 音频无绝缘轨道电路阻抗联接器的电气结构示意图

阻抗联接器对于牵引电流呈现低阻抗的通路,而对于信号电流呈现高阻抗。其阻抗是通过调谐电容的二次线圈得到提高的,每个二次线圈被调谐在一个特殊的频率,对其他频率有相对低的阻抗,4 个调谐电路串接在一起。L1C1 调谐在发送列车检测载频频率,L2C2 调谐在接收列车检测载频频率。对同一个阻抗联接器而言,列车检测的发送频率和接收频率是不一样的,它们分别作用于两个相邻轨道区段;(L3L4)C3 调谐在 2 250 Hz(车载信号的载频频率),L5C5 调谐在 TWC 的中心频率 9 650 Hz。这里需要再次强调的是,同一个阻抗联接器所对应的列车检测信息的发送频率和列车检测信息的接收频率是不相同的。以闭塞分区 3 为例,发送端的阻抗联接器对应的列车检测发送频率为 2 625 Hz+2 Hz,该阻抗联接器对应的列车检测接收频率是 4 275 Hz+3 Hz;而该轨道区段接收端的阻抗联接器对应的列车检测发送频率为 2 925 Hz+3 Hz,对应的列车检测接收频率为 2 625 Hz+2 Hz。所以在维护、更换阻抗联接器时,必须注意其频率配置,因为各个轨道区段的阻抗联接器不是通用的。

(三)轨道电路发送、接收模块

轨道电路的发送、接收模块,都设于联锁集中站信号设备室内,每个模块可供二段轨道电路使用,对应每一段轨道电路的发送、接收电路,由 4 块电路板组成。

1. 轨道电路发送器

轨道电路发送器由三块独立的电路板,即振荡板、码率板和功放板组成。ATP 发送器的框图如图 4.29 所示。

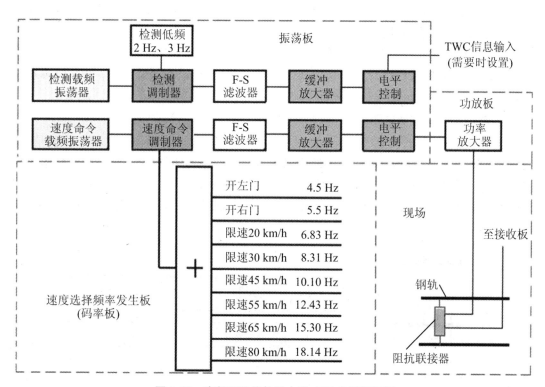

图 4.29 音频无绝缘轨道电路 ATP 发送器框图

其中,振荡板用于产生列车检测载频(四种不同的检测载频之一)和车载信号载频(2 250 Hz),对于列车检测载频,经振荡板产生 2 Hz 或 3 Hz 的调制频率调制以后,形成幅度键控 ASK 信号,输出至功放板。

码率板提供速度命令的低频,以对车载信号载频 2 250 Hz 进行调制,调制的车载信号信息经功放输出,经阻抗联接器连至钢轨。码率板也就是速度选择频率发生板,它根据速度选择逻辑的输入,产生不同的低频,速度选择逻辑的依据是 ATP 速度命令控制线。图

4.30 所示为速度命令控制线示意图。

后续列车根据与先行列车的间隔距离和进路条件,其对应的闭塞分区的限速是不同的。如图 4.30 所示,先行列车在 0T 区段,1T 必须空闲,后续列车若在 2T,则后续列车收到的限速应为 0 km/h,即后续列车在闭塞分区 2T 的出口端,必须停车,并有 1T 闭塞分区作为保护距离;若 1T、2T 空闲,后续列车在 3T,那么后续列车接收到的是 20 km/h 的速度命令。同理,当 1T、2T、3T、4T、5T、6T、7T 都空闲,运行于 nT 的后续列车,其接收到的速度命令为 80 km/h 的信息,可见要使列车运行于最高速度 80 km/h,则其前方必须至少空闲 7 个闭塞分区。当然根据线路情况、车辆性能、轨道电路特性等,应进行闭塞设计,划分合理的闭塞分区,从而产生 ATP 速度命令控制线,作为 ATP 速度命令选择的逻辑依据。

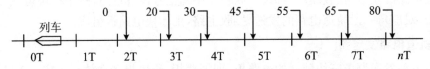

图 4.30 音频无绝缘轨道电路 ATP 速度命令控制线

码率板中 4.5 Hz 和 5.54 Hz,用于向列车发送打开左门(或右门)的开门信息,打开列车门信息也是用车载信号载频(2 250 Hz),经站台区段轨道电路发送端的阻抗联接器,通过钢轨向已停于对位停车点的列车传送。

功放板是将列车检测信号的发送功率和车载信号的发送功率进行放大,经传输电缆接至相应的轨道电路阻抗联接器,以确保接收设备的可靠工作。

2. 轨道电路接收器框图

列车检测信息接收器设于轨道电路的接收端,它用以接收轨道电路的列车检测信息,当闭塞分区内无车占用时,由轨道电路发送器发送的列车检测信号,通过发送端的阻抗联接器,经钢轨传送至接收端的阻抗联接器,再连至信号设备室的轨道电路接收器,解调出列车检测信号,使该轨道电路的轨道继电器励磁吸起,以证实该闭塞分区空闲,接收器框图如图 4.31 所示。

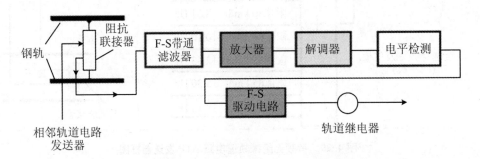

图 4.31 音频无绝缘轨道电路 ATP 接收器框图

轨道电路接收端接收到的列车检测信号是 2 Hz 或 3 Hz 的低频。对列车检测载频进行调制以后的 ASK 信号,该接收信号被馈入到具有故障导向安全(F-S)特性的带通滤波器,以提取在频带范围内的有用信号,再经设有灵敏度的增益放大器,送至解调器,将正确的低频信号解出,经最小电平幅度检测后,送至动态继电器的驱动电路,驱动末级轨道继电器工作。

五、无绝缘数字编码轨道电路

数字编码轨道电路,国内已应用于很多条线路,未来数字编码轨道电路取代模拟轨道电路是一种必然趋势。数字编码轨道电路的车载信号信息,一般采用"S"形导线(简称"S"Bond)作为轨道电路的电气绝缘,如图4.32所示。轨道电流有两种方式经"S"形导线在钢轨内传输,图4.32(a)为感应式,轨道电流由绕行在环线内侧的电缆,感应至"S"形导线上,再送至钢轨;图4.32(b)为注入式,轨道电流直接经过与"S"形导线直接相连的电缆注入钢轨。现场布置如图4.33所示。

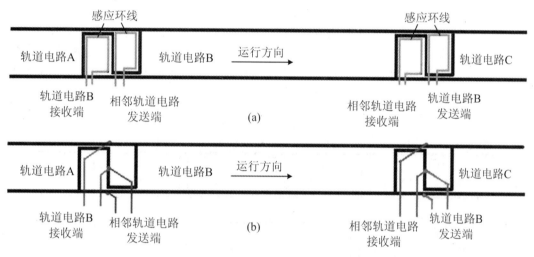

图 4.32 城市轨道交通轨道电路示意图

图 4.33 城市轨道交通轨道电路"S"Bond 现场布置图

城市轨道交通正线轨道电路,不仅用于检测列车的占用,更重要的是向列车传送数据信息,因此轨道电路的发送端,必须设置于列车运行的出口处,而接收端设置于列车运行的入口处。也就是说,当列车运行方向改变时,每段轨道电路的发送端、接收端都应根据列车运行方向而改变,这一点对于双向运行的线路尤为重要。城市轨道交通列车通常固定在上、下行线路运行,当发生故障时,为了确保牵引电流的回流畅通和流经两根钢轨的牵引电流平衡,在回流点的"S"Bond 的中间应设置回流线。目前数字编码轨道电路主要有发送目标速度和距离定位(进路地图)两种模式。

(一)目标速度模式

1. 频率配置和数据协议

(1)频率配置

在这种制式的数字编码轨道电路中,用于列车检测的数据信息的载频频率与发送给列车的 ATP 数据信息的载频频率是相同的。

图 4.34 为数字编码轨道电路载频频率配置示意图,其数据信息的载频频率为 9.5 kHz 至 16.5 kHz,间隔为 1 kHz,编号为 $f_0 \sim f_7$,其中奇数频率 f_1、f_3、f_5,分配给下行线,偶数频率 f_2、f_4、f_6,分配给上行线,f_7 用于渡线环线。正线轨道电路,遵循三个频率交替配置的原则。

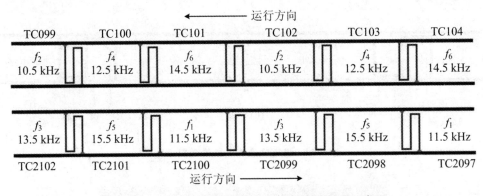

图 4.34 目标速度式数字轨道电路载频频率配置示意图

数字轨道电路的频偏为 ± 200 Hz,例如,载频为 12.5 kHz,则低端频为 12.3 kHz,高端频为 12.7 kHz,速率为 200 bit/s。轨道电路数据信息以二进制移频键控 BFSK 方式对载频进行调制,构成不归零反转编码数据(NRZI)。也即轨道电路所传送的信息,是由两个不同频率组合而成的数据编码信息,两个不同频率的间隔为 400 Hz。数据中,连续上位时间的频率代表逻辑"1",而每位时间的频率都改变代表逻辑"0",也即每隔 5 ms,高、低端频率交替变化,代表逻辑"0"。那么,为了发 6 个"0",则在 30 ms 之内,高端频和低端频频率变化 6 次,第 1 位数据频率取决于上一个周期最后一位的数据频率。波形变化示意图如图 4.35 所示。

从图 4.35 可以看出,在逻辑"1"的情况下,该位的频率与上一位的频率相同,假如出现连续多位频率不变,则难以分辨编码都是"1"还是设备出了故障。为此,当数据位中连续出现 5 个"1"时,必须进行"0"位填充,插入一位"0",强制频率跳变,以证实设备工作正常。当然,接收端对收到的数据进行译码时,接收器应将插入的这一位"0"删除。

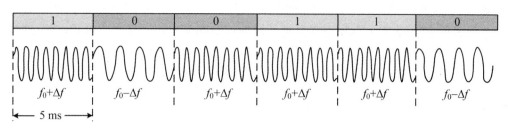

图 4.35　目标速度式数字轨道电路波形变化示意图

(2) 数据协议

轨道电路信息,共有 71 位数据信息,其中 8 位为标志位,37 位为数据位,16 位为 CRC 检验位,还有 10 位为"0"插入填充位,以防止在信息中出现非码标志,插入填充字符,以使信息长度固定。典型的信息位表示如表 4.4 所示。

表 4.4　信息位分配

标志位	数据位	填充位	CRC 校验
8 位	37 位	0 至 10 位	16 位

其中,37 位数据位的内容及其功能,如表 4.5 所示。

表 4.5　数字编码轨道电路车载信号信息的数据内容表

位数	名　称	功　能
12 位	轨道电路编号	当前轨道电路的标识号(0—4095)
2 位	运行方向	列车运行方向
3 位	下一个频率	下一个轨道区段的载频频率
4 位	线路速度	最大的线路允许速度
4 位	目标速度	本轨道区段的限速
7 位	目标距离	至目标速度的运行距离
1 位	停站	列车已经到站
2 位	挂钩或脱钩	列车编组的挂钩或脱钩
1 位	主/备	轨道电路的控制器(主机/备机)
1 位	分岔点	线路分岔点

数字编码轨道电路共有 37 位、10 种数据信息,由轨旁设备通过轨道电路发送给列车。智能化的车载系统存储了坡度、长度和轨道电路标识号(ID 号)等信息,当列车进入轨道电路区段时,车载系统根据所接收的轨道电路 ID 号,连续地确认列车位置,确保行车安全。

2. 轨道电路的系统结构

数字轨道电路是 ATP 系统的关键设备,它的可靠性是确保行车安全的前提。它的系统结构与模拟轨道电路有很大不同,图 4.36 所示为数字轨道电路系统结构框图。

如图 4.36 所示,在每段轨道电路的"分割点",钢轨之间设有"S"Bond(也称"S"形联接器),在轨旁设置"耦合单元",只有本轨道区段的传输频率才能通过耦合单元,然后通过与"S"Bond 平行设置的"环线",将数据信息耦合至"S"Bond,再感应至钢轨,在钢轨中传输的数据信息通过感应耦合至列车。信号设备室与轨道耦合单元之间通过电缆相连,一般最长的电缆长度为 1 828.8 m。

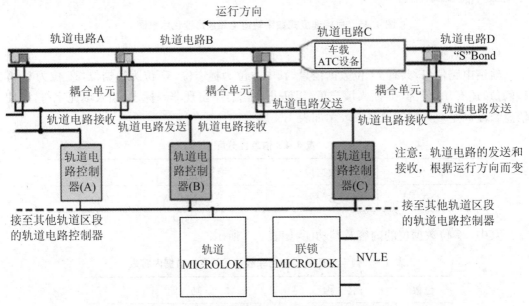

图 4.36 目标速度式数字轨道电路系统结构框图

3. 轨旁设备

相比模拟轨道电路的轨旁设备,数字式轨道电路的轨旁设备较为简单,它由耦合单元、"S"形铜线联接器、调谐环线等组成。

(1) 耦合单元

轨道耦合单元,作为轨道电路接收、发送的接口,将轨道信号调谐到该轨道电路的载频。耦合单元装在一个防潮密封箱内,由两个完全独立的耦合电路组成,如图 4.37 所示,每个电路有一个变压器和一个用跳线调节的电容器组成,调谐到轨道调谐环线所需要的频率。耦合单元尺寸为 40.64 cm×20.32 cm×24.4 cm。其电容量根据载频设置:9.5 kHz 为 20 μF,10.5 kHz 为 17.33 μF,11.5 kHz 为 15 μF,12.5 kHz 为 13 μF,13.5 kHz 为 11 μF,14.5 kHz 为 9.47 μF,15.5 kHz 为 8.47 μF,16.5 kHz 为 7.33 μF,(各±2.0 μF)。

(2) "S"型联接器

轨道电路的"分割",是用"S"形铜线联接器来区分的,这样不需要设置绝缘节。联接器由几 m 长的 350 MCM 或 500 MCM(千圆密尔)电缆组成,电缆弯成"S"形,其两端直接联接到两根钢轨上。调谐单元输出的一圈调谐环线,分别安装在"S"形联接器的上部和下部,以将数据信号通过"S"Bond 耦合至钢轨,每个 S"Bond 两端的谐调环线,既可以作接收环线,也可作发送环线,这取决于运行方向。发送时将数据信号,通过"S"Bond 耦合至钢轨;接收时将在"S"Bond 中循环的轨道电流,感应到接收调谐环线中。钢轨电流与载频相关,钢轨中额定电流设定如下:9.5 kHz 为 105 mA,10.5 kHz 为 95 mA,11.5 kHz 为 87 mA,

12.5 kHz 为 80 mA,13.5 kHz 为 75 mA,14.5 kHz 为 70 mA,15.5 kHz 为 65 mA,16.5 kHz 为60 mA。耦合单元至信号设备室为双绞线对电缆,电缆的最大长度为 1 828.8 m。数字编码轨道电路轨旁设备示意图如图4.38所示。

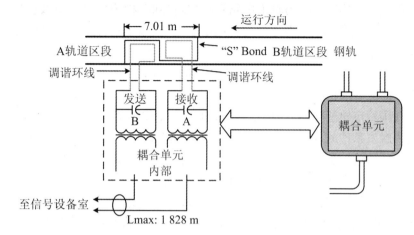

图 4.37　目标速度式数字轨道电路轨旁耦合单元示意图

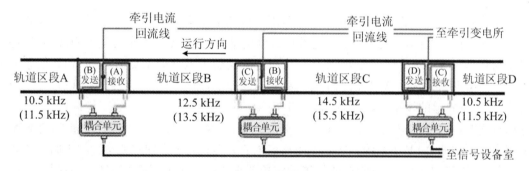

图 4.38　数字编码轨道电路轨旁设备示意图

这里还需要说明的是,"S"Bond 不仅是轨道电路的电气分割设备,也是轨道电路的接收和发送设备之一,同时又是牵引电流的回流设备之一。由于钢轨也是牵引电流的回流线,每一段轨道电路的两根钢轨与两端的"S"Bond 构成信号电流回路,所以两根钢轨中的信号电流方向正好相反。但是对于牵引电流而言,两根钢轨中牵引电流方向是相同的,设于"S"Bond 中点的回流线直接连至牵引变电所。当两根钢轨中牵引电流大小相同,也即牵引电流平衡时,牵引电流对信号系统不会有什么影响。但是当牵引电流不平衡或回流线的电流不畅通时,会影响轨道电路的正常工作,现场轨道电路出现"跳红光带"的故障时,"S"Bond 的回流线连接是不是完好,也是应该检查的要素,尤其是在上、下行线的回流线相连的情况下,必须注意回流线的畅通情况。轨道电路的电气分割可以用"S"Bond,也可以采用"I"Bond 或"O"Bond。

联锁区域由于设置绝缘节,采用工频轨道电路来检测列车,所以必须另外设置车载信号的发送环线,它类似于音频轨道电路的"长导线",列车检测也采用相敏轨道电路传送。车载信号信息是通过设置于钢轨两侧的环线发送的。信号设备室的轨道电路控制器,也是通过轨旁耦合单元连至环线的。

(二) 距离定位模式

利用轨道电路，向列车传输数字式目标速度信息，是我国城市轨道交通 ATP 子系统中普遍采用的制式。上述数字编码轨道电路系统中，将列车检测信息与车载信号信息合一，列车检测的检查内容除了接收电平外，还包括发送给列车的车载信号信息中的一部分内容。这种非切换制式，对于列车而言，已经预置了下一个轨道区段的载频频率，在跨越轨道区段时，预先做好了接收下一个轨道区段信息的准备，所以列车在跨越两段轨道区段时，一般不会发生中断信息的情况。

但是在我国城市轨道交通 ATC 系统的 ATP 子系统中，绝大部分是以检测到列车占用该轨道区段为触发条件的，以此发送端才切换为发送车载信号的状态，向列车发送 ATP 目标速度命令。从传输信息的内容分析，其核心是列车如何连续不间断地接收到 ATP 速度命令。由于列车在各个轨道区段接收到的速度命令是不同的，在轨道电路分割点如何保证轨道电路发送端的及时切换，对列车的连续接收 ATP 信息至关重要。假如不及时切换，将导致列车因收不到速度命令而紧急停车，这与轨道电路的状态转换直接相关，因为列车进入轨道区段，而轨道电路没有分路或分路不良，那么，轨道电路发送端就不可能发送速度命令。

倘若列车在一定的区域范围内，这个范围可以覆盖多个轨道区段，始终接收基本相同的进路地图信息，也即告之列车运行进路的详细信息，以及与先行列车之间的距离，而这些信息与列车在哪个轨道区段无关，那么也可以排除对轨道电路分割点收不到 ATP 信息的担忧。由于列车接收的 ATP 信息不是单纯的速度命令，而是根据所在的位置，以距离定位为原则，根据轨道的线路数据、进路描述、临时限速等与行车安全相关的变量，由列车算出其运行速度，并且这些安全数据在传输中要通过两层检测，以保证其信息的可靠性，这就是距离定位制式的 ATP 子系统。实际上距离定位的关键是列车必须知道运行的进路地图和距离信息，当然，对列车本身所在的位置的定位要求也高。下面对距离定位为原则的数字报文式轨道电路的 ATP 子系统做简单介绍。

以距离定位为原则的 ATP 子系统，其列车追踪的间隔不再依赖于闭塞分区的划分，这是由于后续列车的追踪运行不取决于与先行列车之间间隔几个闭塞分区，而是取决于与先行列车之间应大于制动距离。当然它还不是移动闭塞，线路还是划分成不同长度的闭塞分区，但是列车之间的间隔不是以闭塞分区(轨道电路)的分割为依据。向列车传送的信息是列车前行的进路地图，这个数据在同一个线路区段是相同的，所以，列车在每一个轨道电路分割点，万一瞬时收不到 ATP 信息，也不会导致紧急停车。对后续列车而言，不存在保护用的闭塞分区，也不会产生追尾现象。正是由于列车不依赖于轨道电路(闭塞分区)的划分，从而可以减少轨道电路的数量，有利于发展成移动闭塞。

不同制式的 ATP 系统，其轨道电路的数量如表 4.6 所示。由表 4.6 可见，相比目标速度制式的数字轨道电路，要得到同样的追踪间隔时间性能，其轨道电路数量减少大约 30%～50%。所以距离定位制式的 ATP 系统，不仅提高了设备可靠性，降低了生命周期成本，而且在列车编组发生变化时，也不必对轨道电路的数量进行调整。另外，在通过轨道电路向列车传输信息的过程中出现干扰时，系统还具有容错功能。它在线路描述时，预先定义了空间传输间隙和 5 秒的时间间隔，克服了在速度码制式下，跨越两个轨道区段时因收不到信息而造成的不良影响。距离定位制式的 ATP 系统,对列车所在位置的定位要求严格,所以这种 ATC 系统,增设了相当数量的定位信标(无源)。由于将列车间隔的管理转化为车载智能系统控制,所以列车可以根据安全行驶距离,预制行驶命令,从而到达最佳的追踪间隔时间。

表 4.6　不同制式轨道电路数量的比较

ATP 制式	线路长度(km)	车站(座)	道岔(组)	轨道电路数量
模拟速度码制式	14.6	13		258 个区段
数字目标速度制式	17	12	27	220 个区段
数字目标距离制式	25	19	30	160 个区段

1. 数字轨道电路的结构

距离定位制式,数字报文式轨道电路单元和接口框如图 4.39 所示。轨道电路处理单元设在信号设备室,它通过电缆与室外调谐单元相连,调谐单元的联接线与钢轨直接相连(不另设调谐环线)。另外,"S"Bond 的中间点不接回流线,可以减少牵引电流对轨道电路的影响。

数字报文式轨道电路的基本特性:

(1) 轨道电路的载频频率为 9.5 kHz、11.1 kHz、12.7 kHz、14.3 kHz、15.9 kHz、17.5 kHz、19.1 kHz、20.7 kHz;

(2) 轨道电路的长度:20 m 至 400 m(根据设计而定);

(3) 最大分路灵敏度:0.5 Ω;

(4) 信号设备室的轨道电路处理单元,至轨旁调谐单元的最大距离可达 4.5 km;

(5) 列车检测码的传输速率:400 bits/s;

(6) 车载信号数据码(也称 SACEM 报文)的传输速率:500 bits/s;

(7) 电气绝缘节长度("S"Bond 二端):7.2 m。

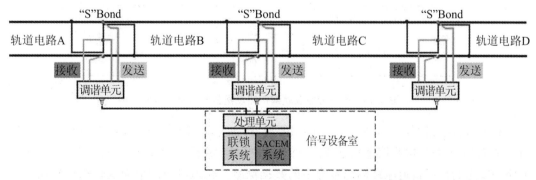

图 4.39　距离定位数字报文式轨道电路单元和接口框图

2. 轨道电路数据信息的切换

列车跨越两个轨道区段时,轨道电路分路情况如图 4.40 所示,列车从 DT-1 轨道区段驶向 DT-2 轨道区段,列车在 DT-1 区段,轨道电路 DT-1 被分路,轨道电路 DT-2 没有分路；驶入 A 区段，轨道电路 DT-1 分路，DT-2 可能被分路；列车进入 C 区段，轨道电路 DT-1、DT-2 均分路；列车驶入 B 区段，轨道电路 DT-2 被分路，DT-1 可能分路；列车驶出 B 区段，轨道电路 DT-2 分路，DT-1 没有分路。

由图 4.40 可知，轨道电路接收门限 2 高于门限 1，也即当 DT-2 接收端的接收电平小于门限 1，判定列车已进入 DT-2 轨道区段，DT-2 轨道电路发送端，开始发送 SACEM 信息（车载信号数据信息）给列车；当轨道电路 DT-1 接收端的接收电平高于门限 2，还经一定的延时（大约 2 秒），才判定列车已出清 DT-1 轨道区段，这时 DT-1 轨道电路的发送端，停止发送 SACEM 信息，所以当 DT-1 轨道电路接收端接收电平高于门限 2，不是马上停止 SACEM 信息的发送，这对于列车不间断接收 SACEM 信息是有利的。这里提到的 SACEM 信息就是通过轨道电路向列车传送的进路地图信息，也就是我们以前所讲的 ATP 车载信息。

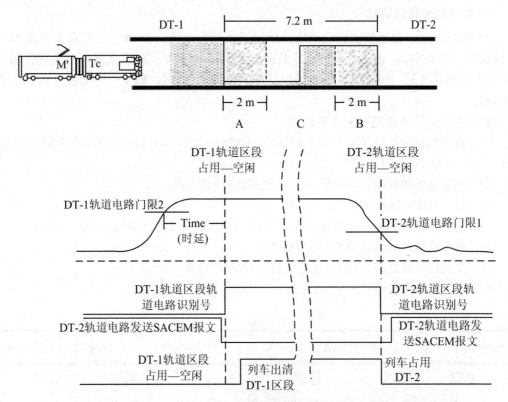

图 4.40　列车分路及轨道电路发送信息切换示意图

数字轨道电路不仅作为列车检测的主要设备，也是向列车传输进路地图数据信息的通道。图 4.41 为列车检测信息和车载信号信息的接口示意图。由图 4.41 可知，平时在轨道电路中发送的是以轨道电路标识号为主的数据信号。轨道电路的地面接收端在判断接收信息时，不仅要检出接收电平，而且要进行数据比较，只有在数据比较一致和电平检测符合时，才能打开与门，以示该轨道区段空闲。当检测电平低于门限电平要求时，与门关闭，说明列车已经进入该轨道区段，轨道电路发送端开始发送车载信号信息。而当列车出清轨道区段时，接收端的接收电平高于门限 2，证实列车已经出清了该轨道区段，经一定的时延，轨道电路发送端恢复发送列车检测信息。

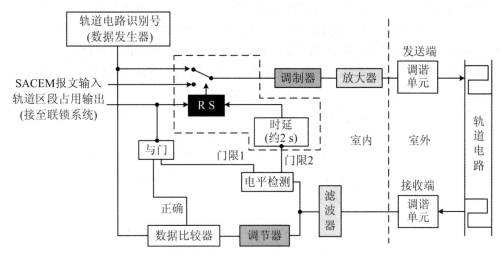

图 4.41 列车检测信息和车载信号信息的接口示意图

3. 车载信息的切换

下面我们来分析车载 ATC 系统在"S"Bond 区域的信息切换情况。图 4.42 为车载信息的切换示意图。

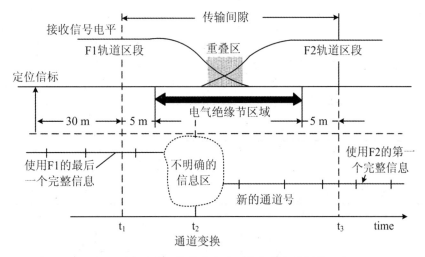

图 4.42 列车跨越二段轨道电路时车载信息的切换示意图

列车进入电气绝缘区段前,它接收的是第一段轨道电路的信息,即载频为 F1 的车载信号数据信息,随后进入第二段轨道电路,它接收载频为 F2 的车载信号数据信息。在"S" Bond 电气绝缘节区域,信号电平模糊,轨道电路的标识号和车载信号信息的切换,也在这个区域发生,当列车通过该模糊区时,列车将忽略在这时接收的信息,我们将这个区域定义为传输间隙,所以轨道电路数据通道的切换不会影响车载设备的工作。列车在到达电气绝缘节的传输间隙前 30 m 处,收到定位信标信息,车载设备识别此信息后,知道再运行 30 m 便进入传输间隙区域,从而提前为此做好准备。列车在 t_1 时(30 m 结束点),可以完整地接收 F1 的信息,然后进入信息模糊区域,列车在 t_2 时(列车在电气绝缘节区域),进行接收通道切换,但直至 t_3 开始(列车已经离开电气绝缘节区域),列车才能够完整地接收新的轨道区段 F2 的信息。列车从 t_1 至 t_3 这段时间内,虽然可以收到地面信息,但是不作处理,这种接收信息的取消处理——传输间隙的原理,是通过接收特殊的定位信标信息,并在发送给列车的进路地图数据中定义传输间隙的奇点来实现的。所谓奇点是指进路地图中的变化点,进路地图就是这些奇点的描述。因此,在这种制式的 ATP 子系统中,对于列车的定位非常重要,为了对列车进行精确定位,在运行线路上设置了不同用途的信标,这些信标用于告知列车还有多少距离进入轨道电路的传输间隙,车载设备可以提前做好准备。列车每经过一个定位信标,便可知道列车在线路中的绝对位置,从而对列车的运行速度进行修正。

进路地图的作用是向列车传输列车运行进路的线路描述,将线路转化为二进制树状结构、有交叉点和分枝的网络,而网络被划分成不同的区间(称为 Sector),区间又化为分区,分区化为分支,而将分区的起点、坡道、停车点、信标、车站、聚汇点、分散点、信道变化、传输间隙等都定义为描述的奇点。在移动闭塞系统中,线路单元以数字地图的矢量表示,线路拓扑结构示意图由一系列的节点和边线表示。线路的分叉、汇合、运行方向的变更以及线路的尽头等位置均由节点(Node)表示,而任何两个节点的线路称为边线,每一个边线有一个从起始节点至终止节点的默认运行方向。一条边线上的任何一点均由它与起点的距离来表示,称为偏移,所有线路上的位置均由边线、偏移矢量来定义,而且其标识是唯一的。尽管奇点和节点的命名不同,但都是对进路(线路)状态的描述。

这些奇点的信息,都纳入向列车传输的进路地图数据之中。进路地图的描述实例如图 4.43 所示。

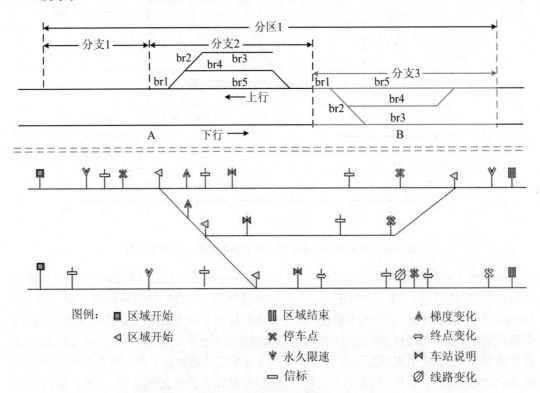

图 4.43 距离定位式数字轨道电路奇点变化实例示意图

图 4.43 中,A 为网络的描述,它将一个分区(Section)分成若干个分支(Sub-section),

而沿线的变化点及相关数据都用奇点予以描述。图 4.43 中，B 为分区 1 中分支 3 线路奇点的描述实例，可以看出，诸如区域开始、区域结束、信标、永久限速、停车点等线路变化点，都用不同的奇点予以描述，以告知列车向前运行多少距离，会到达什么特殊点，列车根据车载接收设备接收到的奇点信息，进行相应的控制。由此可以看出，在这种制式下，列车对于距离的精度要求很高。奇点分类：第一类是轨道特性，例如区段开始和结束、车站、永久速度限制、分叉点、汇聚、缓冲停车、梯度、线路区间开始和结束等；第二类是运行特性，例如目的地改变、车站停车点、紧急停车区域等；第三类是信号设备，例如道岔、信号机、计轴、信标等；奇点还应有方向描述。

4. 数据信息的内容及传输

轨旁设备通过轨道电路向列车连续地传输静态及动态数据；而列车向地面，在线路特定点，点式地向地面传输列车车次号、维护数据、列车定位及精确对位停车等数据。下面我们主要分析地面向列车传输的数据。

各种传输数据都包含在不同的信息包中，这些信息分为长信息、短信息、安全型信息和非安全型信息。

（1）基本报文格式

基本报文的格式为：

4 bits	64 bits	6 bits	10 bits CRC
起始/结束位	信息位	解码	第一级检测码

其中，4 bits 的起始/结束位，用于确认接收信息的起始与结束；64 bits 的信息位部分是应该处理的有效信息；6 bits 的解码部分包括报文类型（长报文、短报文）、报文安全性（安全/非安全）、长报文的单元系列等；10 bits 的第一级检测码，用于检测和校正传输中的干扰。

（2）安全相关的不变量报文的描述

与安全相关的不变量（安全静态信息）报文，包括轨道进路地图（奇点）的描述和一个相关的检查和，以保证这些报文信息内容的安全。每个传输分区只有一个这样的报文（小于 512 bits），因此一个传输区有几个分区就有几个这样的报文。下面描述的是安全相关不变量报文中信息部分的格式：

第一单元

I(4 bits)	D(60 bits)

中间单元(1～6 个 D)

D(64 bits)

......

D(64 bits)

最末单元

C(48 bits)	DC(16 bits)

第一单元的 I 为识别码,不变量报文的识别码为 0;D 为进路地图数据,第一单元为 60 bits,中间单元为 64 bits;最末单元的 C 为安全相关的检查和,它有 48 bits,这个检查和,确保对报文中各个不变量的保护;DC 为 16 bits 的第二级检测码,它基于循环 BCH 编码。

(3) 安全相关变量(安全动态信息)报文的描述

其格式为:

2 bits	22 bits	20 bits	20 bits
报文类型识别码	变量	第二级检测码认证与"检查和"	

报文类型识别码,对应于安全相关变量报文为 0;变量的最大数量为 22 bits,变量的实际数量在每个传输区域专门定义,不用的变量必须限制为 0;40 bits 为第二级检测码认证和检查和这两部分的合成。

(4) 临时限速的报文描述

其信息格式为:

第一单元

I(4 bits)	SN(16 bits)	S(12 bits)	TSR(sub-section1)32 bits

第二单元

TSR(sub-section2):32 bits	TRS(sub-section3):32 bits

第三单元

TRS(sub-section4):32 bits	S:32 bits

最后单元

C:48 bits	DC:16 bits

临时限速报文的第一单元 I 标识号为 0;SN 为分区号;S 为备用;TSR 为临时限速;最后单元的 C 为安全相关检查和,确保对报文里的临时限速数据每个域的保护;DC 为第二级检测码。

(5) 非安全变量相关的描述

其统一的格式为:

48 bits	16 bits
数据信息	第二级检测码

其中,数据信息包括一个每类报文不同的识别编码;第二级检测码通过循环编码(CRC)来检测传输错误。

通过这一节的学习,我们对距离定位的 ATP 子系统有了一个基本的认识,该系统可以判断和确定自己在线路中的精确位置,而不像前面所介绍的其他 ATP 子系统,只能根据地面向列车传送的 ATP 信息判断列车在哪一个编号的轨道区段,而且列车不知道在该轨道区段的具体位置,控制中心及联锁集中站也只知道列车占用该轨道区段,也无法知道列车在线路的具体位置。距离定位制式 ATP 子系统的精确定位特性,为基于无线通信的列车自动控制系统(CBTC)的发展和运用奠定了基础。

任务三　轨道电路的极性交叉

有钢轨绝缘的轨道电路,为了实现对钢轨绝缘破损的防护,要使绝缘节两侧的轨面电压具有不同的极性或相反的相位,如图 4.44 所示,粗线表示接电源正极,细线表示接电源负极。

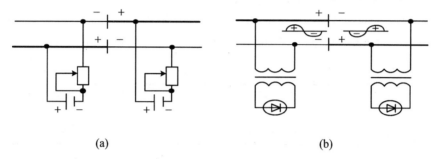

图 4.44　轨道电路的极性交叉

一、极性交叉作用

极性交叉可防止相邻轨道电路间绝缘节破损时引起轨道继电器的错误动作,如图 4.45 所示。1G 和 3G 是两个相邻的直流供电轨道电路区段,相邻区段间没有实现极性交叉。当 1G 有车占用而绝缘破损时,相邻轨道电路 3G 的电源经过破损的钢轨绝缘可以给 1GJ 供电,此时流经轨道继电器 1GJ 的电流等于两个轨道电源所供的电流之和,1GJ 则有可能保持错误吸起,使轨道区段反映为无车空闲,这将大大危及行车的安全。若按极性交叉的原则来配置电源,当绝缘发生破损时,轨道继电器中的电流就是两电源提供的电流之差,只要调整得当,1GJ 和 3GJ 都会落下,从而保证行车安全。

对于交流供电的区段,只要使绝缘节两侧轨道电路的电流具有相反的相位,它们的瞬间极性也相反,就可实现极性交叉的作用,从而防护绝缘破损。

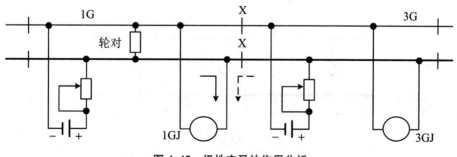

图 4.45　极性交叉的作用分析

二、极性交叉测试及调整

极性交叉是对轨道电路绝缘破损采取的防护措施,必须对每个区段的所有轨道绝缘处进行极性交叉测试。测试方法有短路法和电压法。

(一)短路法

采取短路法时,可短路一侧绝缘,若另一侧绝缘节上的电压增大,则说明该绝缘节是极性交叉的;若短路一侧绝缘,另一侧电压减小说明极性不交叉。图4.46(a)所示为未实现极性交叉,当短路一侧绝缘时,两轨道电路中电流极性相反,互相抵消,故测试电压减少。图4.46(b)所示为实现了极性交叉,当短路一侧绝缘时,两轨道电路中电流极性相同,故测试电压增大。

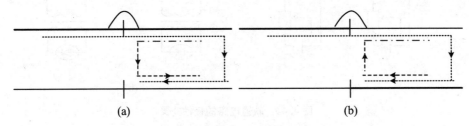

图 4.46 短路法

若短路一侧绝缘而另一侧绝缘处电压无变化,说明被短路侧的绝缘本身已处于短路状态或绝缘节两侧区段的轨道电路过轨电缆配线存在短路等异常情况,需要进行处理。

在电气化区段,由于扼流变压器的存在,当绝缘节单边短路时会引起轨道电路红光带,短路绝缘节的方法不宜采用。此时可采用电压法。

(二)电压法

1. JZXC-480 轨道电路极性交叉的测试与调整

测试方法如图 4.47 所示,先测出两轨面电压 V_1 和 V_2,然后分别将电表跨接在两组绝缘节上,测出绝缘节上电压 V_3 和 V_4。如果 $V_1+V_2=V_3+V_4$,则说明极性交叉正确;如果 $V_1+V_2 \neq V_3+V_4$,则说明极性交叉不正确。

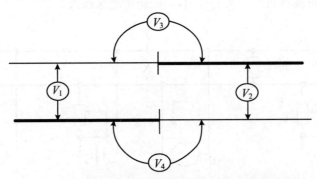

图 4.47 JZXC-480 轨道电路极性交叉测试检查

按照双线轨道电路图的极性交叉,由车站的一个咽喉向另一个咽喉逐步测试极性交叉是否正确。若不正确,调换送端变压器抽头,使之极性交叉。全站测试完毕,在更换变压器时,注意不要把送端的抽头接反,否则将不能实现极性交叉。

2. 25 Hz 相敏轨道电路极性交叉的测试与调整

采用交叉电压测量法进行极性交叉的测试检查,如图 4.48 所示,分别测量 V_1 至 V_6 的电压,若 V_1、V_4 之和约等于 V_2、V_3 之和或 V_1、V_4 电压均大于 V_5、V_6 时,说明实现了极性交叉。也可采用专用的轨道电路极性交叉检查仪直接测试相邻区段是否极性交叉。

调整方法与 JZXC-480 轨道电路相同。但是调换送端变压器抽头位置时,该区段的受端变压器抽头也应调换,否则二元二位继电器不能工作。当极性交叉正确后,在更换变压器时,不要改变送端变压器的抽头位置,以保证极性交叉的正确性。

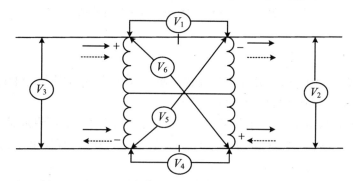

图 4.48　25 Hz 相敏轨道电路极性交叉的测试及调整

任务四　轨道电路检修维护

一、轨道电路测试调整

(一)室外设备测试调整

轨道电路的室外测试项目主要为送受电端轨道变压器的Ⅰ次和Ⅱ次端电压、限流器电压及轨面电压。以 JZXC-480 型轨道电路为例,测试点如图 4.49 所示。

使用万用表交流挡进行测试时,需要注意的是轨道电路送电端Ⅰ次侧电压为 220 V 交流电压,但Ⅱ次侧只有几 V 的交流电压,应改变万用表的挡位。在实际测量时,经常会出现使用低挡位测量高电压烧坏万用表的情况,所以测试时一定要预先判断好电压值,或先选用高量程进行测量,以免烧坏仪表。

测试值不符合需求进行调整时,应注意送电端限流电阻不能为零,受电端变压器的变比应固定不变,可通过调整送电端轨道变压器输出电压和改变受电端电阻的方法进行调整。

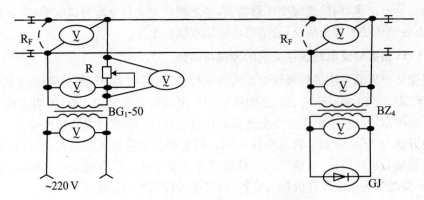

图 4.49 JZXC-480 轨道电路室外测试

(二)室内设备测试调整

室内测试项目为轨道继电器端电压及相位测试,可以使用万用表在继电器线圈上单独测量,也可以使用轨道测试盘集中测量。

JZXC-480 轨道电路需要测试 GJ 交、直流电压,在线圈上单独测量时,交流电压测试点为组合架 GJ 的 73、83 端子,调整状态时电压为 10.5~16 V;直流电压测试点为组合架 GJ 的线圈 3(+)、2(-)端子。

25 Hz 相敏轨道电路需要测试 GJ 端电压、相位角。GJ 端电压单独测量时,在 GJ3-4 线圈上使用交流挡测量,调整状态时线圈上的有效值不小于 15 V(一般不小于 18 V)。具备相位角测试条件的轨道测试盘,可以直接在测试盘上测试出相位角,也可以使用相位表在 GJ 的 1-2 和 3-4 线圈上单独测量。经过钢轨衰耗后的轨道电源,一般不符合局部超前轨道 90°的要求,按照铁路局制定的标准执行(如不小于 60°),若相位差不符合要求,可调节防护盒上使用端子和连接端子进行调整。

(三)分路残压测试

轨道电路为分路状态时,GJ 线圈端电压称为分路残压。测试时,使用标准分路电阻线对钢轨进行分路,在室内轨道继电器线圈或轨道测试盘进行测试。

在轨道电路分路不利处所的轨面上或轨道电路送、受电端轨面上,使用 0.06 Ω 标准分路电阻线分路时,JZXC-480 轨道电路轨道继电器的交流端电压不大于 2.7 V,继电器应可靠落下;97 型 25 Hz 相敏轨道电路,轨道继电器端电压应不大于 7.4 V,继电器应可靠落下;若使用的是电子接收器,电子接收器的轨道接收端电压应不大于 10 V,输出端电压为 0 V,执行继电器可靠落下。

二、轨道电路检修

轨道电路检修包括日常养护和集中检修。日常养护主要对箱盒外部进行检修,集中检修主要对箱盒内部进行检修。轨道电路检修作业程序流程如图 4.50 所示。

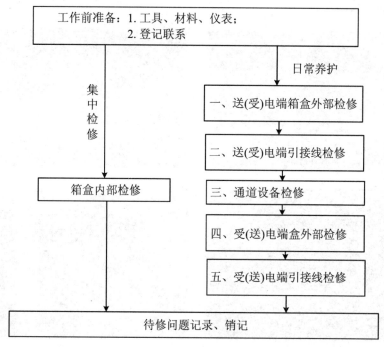

图 4.50　轨道电路检修作业程序

（一）日常养护

1. 送(受)电端箱盒外部检修

工作内容及质量标准：箱盒无破损，加锁装置良好，号码清楚、正确；基础倾斜度不超过 10 mm，箱盒底距地面不小于 150 mm，排水良好；各部螺栓油润、紧固、满帽；硬面整洁无杂物。

2. 送(受)电端引接线检修

工作内容及质量标准：采用双引接线，固定在枕木或其他专用设备上，不得埋于土或石碴中，油润不锈蚀，断股不得超过 1/5；引接线处不得有防爬器和轨距杆等物，穿越钢轨处，距轨底不应小于 30 mm，并进行绝缘防护，不得与可能造成短路的金属件接触；扼流变压器连接线、中心连接板(线)，连接紧固，防混良好，如图 4.51 所示。具体标准如下：

（1）钢丝绳采用全塑封防混钢丝绳，钢丝绳采用膨胀螺栓＋蝴蝶卡固定，要求蝴蝶卡厚度不小于 2 mm，膨胀螺栓采用 10 mm 并加弹簧垫圈。

（2）枕木上用膨胀螺栓＋蝴蝶卡固定。蝴蝶卡的位置和数量：长钢丝绳用 5 个，钢轨底外侧边缘至两侧 150 mm 处各 1 个，线路中心 1 个。两根钢丝绳走向平顺，不缠绕(长钢丝绳在内侧，短钢丝绳在外侧)。

（3）枕木头处固定钢丝绳的水泥墩与硬面化高度水平，且平行于基本轨，水泥墩贴紧轨枕，水泥墩上螺帽固定加弹簧垫圈。

（4）硬面化上钢丝绳采用膨胀螺栓＋蝴蝶卡固定，固定在硬面上白瓷片内边缘。

（5）绝缘接头两端钢丝绳塞钉头按八字方式，向下倾斜 45°角打入。

（6）扼流变中心连接板与钢丝绳交叉处用黑胶皮管防护，并用尼龙扎扣分四处固定，中心连接板加装辅助线。

图 4.51 钢轨引接线标准

3. 通道设备检修

工作内容及质量标准：

(1) 钢轨绝缘应做到钢轨、槽型绝缘、鱼尾板相吻合，轨端绝缘安装应与钢轨接头保持平直，道钉、扣件不得碰绝缘鱼尾板，装有钢轨绝缘处的轨缝应保持在 6～10 mm，两钢轨头部保持水平，高低相差不大于 2 mm，在钢轨绝缘处的轨枕保持坚固，道床捣固良好。

(2) 接续线采用双套，塞钉打入深度与轨腰平，露出不超过 5 mm，塞钉与塞钉孔要全面紧密接触，并涂漆封闭，线条平、紧、直，焊接式接续线焊接牢固，焊接接头的上端端头应低于新钢轨轨面 11 mm，与鱼尾板固定螺母竖向中心线的间距不得小于 10 mm；钢绞线应油润无锈，断股不得超过 1/5，如图 4.52 所示。

图 4.52 钢轨接续线

(3) 轨道电路的道岔跳线应采用双跳线，岔心导电销焊接良好，道岔跳线处不得有防爬器和轨距杆等物，穿越钢轨处，距轨底不应小于 30 mm，并进行绝缘防护，不得与可能造成短路的金属件接触,如图4.53所示。

图4.53 道岔跳线

(4) 轨距杆绝缘外观检查,安装良好。
(5) 带吸上线的空扼流变压器引接线良好。

(二) 集中检修

集中检修主要是箱盒内部检修,工作内容及质量标准如下:
(1) 箱盒内部清洁、防尘、防潮设施良好,铭牌齐全、正确,字迹清楚。
(2) 箱盒内部螺丝紧固,配线良好、整洁、无破皮及混线可能,焊点焊接良好。
(3) 器材类型正确,无过热现象,不超期,印封完整,安装牢固。
(4) 限流电阻辅助线、片作用良好,各制式轨道电路限流电阻阻值符合以下规定:
① 25 Hz相敏轨道电路符合调整表规定;
② 480型轨道电路送端限流电阻(包括引接线电阻),道岔区段不小于2 Ω,在道床不良的到发线上不小于1 Ω。
(5) 25 Hz相敏轨道电路送端电阻、受端轨道变压器变比,均应按参考调整表中的给出值选取,不允许随意调整。
(6) 熔断器有试验标记,并接触良好。
(7) 图纸、资料保存完好,与实物相符,无涂改。
(8) 进行Ⅰ级测试并记录。
(9) 加锁、销记。

项目五　道岔转辙设备原理及维护

任务一　常见转辙机

一、转辙机作用、要求及分类

道岔转辙设备包括转辙机及其外部转辙装置、转换锁闭器等,其中转辙机是道岔转辙系统的核心和主体,外部转辙装置包括各类杆件、安装装置和外锁闭装置(内锁闭方式没有),转换锁闭器是电动液压转辙机配套设备。

1. 转辙机的作用

(1) 可靠地转换道岔。根据需要将道岔转换至定位或反位。

(2) 道岔的尖轨与基本轨密贴后,将道岔锁闭在规定位置,实现机械锁闭,防止外力转换道岔。

(3) 正确地反映道岔的实际位置,道岔的尖轨密贴于基本轨后,给出道岔位置的表示。

(4) 道岔被挤或因故处于"四开"(两侧尖轨均不密贴)位置时,应及时切断道岔表示,并在室内给出报警提示。

2. 对转辙机的基本要求

(1) 作为转换装置,应具有足够大的拉力,以带动尖轨作直线往返运动;当尖轨受阻不能运动到底时,应随时通过操纵使尖轨回复原位。

(2) 作为锁闭装置,当尖轨和基本轨不密贴时,不应进行锁闭;一旦锁闭,应保证不致因车通过道岔时的震动而错误解锁。

(3) 作为监督装置,应能正确地反映道岔的状态。

(4) 道岔被挤后,在未修复前不应再使道岔转换。

3. 转辙机的分类

(1) 按动作能源和传动方式分类,可分为电动转辙机、电动液压转辙机和电空转辙机。

电动转辙机由电动机提供动力,采用机械传动的方式。多数转辙机都是电动转辙机,如 ZD6 系列电动转辙机、S700K 系列电动转辙机和 ZD9 系列电动转辙机。

电动液压转辙机简称电液转辙机,由电动机提供动力,采用液力传动的方式,ZY(J)系列转辙机即为电液转辙机。

电空转辙机由压缩空气作为动力,由电磁换向阀控制,ZK 系列转辙机即为电空转辙机。

(2) 按供电电源种类分类,可分为直流转辙机和交流转辙机。

直流转辙机采用直流电动机,工作电源是直流电。ZD6 系列电动转辙机就是直流转辙机,使用 220 V 直流电。ZY 系列电液转辙机也是直流转辙机,也使用 220 V 直流供电。由于存在换向器和电刷,直流电动机的缺点是易损坏,故障率较高。目前无刷直流电动机已经在直流转辙机上进行试用,如果成功的话,将克服上述缺点。

交流转辙机采用三相交流电源或单相交流电源,由三相异步电动机或单相异步电动机(现大多采用三相异步电动机)作为动力。目前用的 S700K 型电动转辙机和 ZYJ7 型电液转辙机均为交流转辙机。交流转辙机采用交流电动机,不存在换向器和电刷,因此故障率低,而且单芯电缆控制距离比较远。

(3) 按锁闭道岔的方式分类,可分为内锁闭转辙机和外锁闭转辙机。

内锁闭转辙机依靠转辙机内部的锁闭装置锁闭道岔尖轨,是间接锁闭的方式。ZD6 系列等大多数转辙机均采用内锁闭方式。内锁闭方式锁闭可靠程度较差,列车对转辙机的冲击大。

外锁闭转辙机虽然内部也有锁闭装置,但主要依靠转辙机外的外锁闭装置锁闭道岔,将密贴尖轨直接锁于基本轨,斥离尖轨锁于固定位置,是直接锁闭的方式。S700K 型电动转辙机和 ZYJ7 型电液转辙机(包括 SH6 型转换锁闭器)及 ZD9 型电动转辙机均采用外锁闭方式。外锁闭方式锁闭可靠,列车对转辙机几乎无冲击。

(4) 按动作速度分类,可分为普通动作转辙机和快动转辙机。

大多数转辙机转换道岔时间在 3.8 s 以上,属于普通动作转辙机。ZD7 型电动转辙机和 ZK 系列电空转辙机转换道岔时间在 0.8 s 以下,属于快动转辙机。快动转辙机主要用于驼峰调车场,以满足分路道岔快速转换的要求。

(5) 按是否可挤分类,可分为可挤型转辙机和不可挤型转辙机。

可挤型转辙机内设挤岔保护(挤切或挤脱)装置,道岔被挤时,动作杆解锁,达到保护整机的目的。不可挤型转辙机内不设挤岔保护装置,道岔被挤时,挤坏动作杆与整机连接结构,应整机更换。电动转辙机和电液转辙机都有可挤型和不可挤型。

二、ZD6 型电动转辙机

ZD6 系列电动转辙机是我国铁路使用最广泛的电动转辙机,由于 ZD6 型电动转辙机采用内锁闭方式,不适用于提速道岔,所以主要用于非提速区段以及提速区段的侧线上。目前 ZD6 系列电动转辙机主要有 ZD6-A、ZD6-D、ZD6-E、ZD6-F、ZD6-G、ZD6-H、ZD6-J、ZD6-K 几种型号。ZD6-A 型是 ZD6 系列转辙机的基本型,其他型号 ZD6 型转辙机都是以 ZD6-A 型为基础改进、完善而发展起来的。

(一) ZD6-A 型电动转辙机结构

ZD6 型电动转辙机主要由电动机、减速器、摩擦联结器、自动开闭器、主轴、锁闭齿轮、齿条块、挤切销、动作杆、表示杆、移位接触器、安全接点、壳体等组成,如图 5.1 所示。

1. 电动机

电动机是电动转辙机的动力源,要求其具有足够的功率,以获得必要的转矩和转速。

电动机要有较大的起动转矩,以克服尖轨与滑床板之间的静摩擦。道岔需要定、反向转换,要求电动机能够逆转。

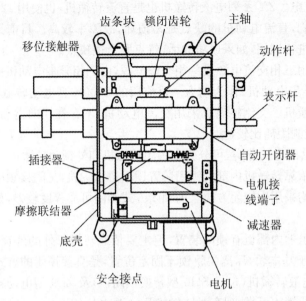

图 5.1　ZD6-A 型电动转辙机结构

ZD6-A 型电动转辙机配用断续工作制直流串激可动电动机,主要由定子绕组、转子绕组、换向器、碳刷、外壳等组成。直流电动机的正转和反转可通过改变定子绕组或转子绕组中的电流方向来实现,如图 5.2 所示。

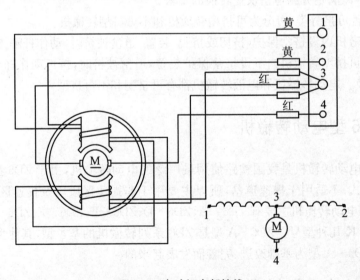

图 5.2　电动机内部接线

两个定子绕组通过公共端子分别与转子绕组串联,电机电路电流流动方向为:从 1 端子到 3 端子,通过碳刷、换向器、碳刷到 4 端子或从 2 端子到 3 端子,通过碳刷、换向器、碳刷到 4 端子。

2. 减速器

减速器的作用是为了减速，即将电动机高速旋转的转速降下来，以获得较大的转矩，从而带动道岔转换。ZD6型电动转辙机所用的减速器为两级减速器，第一级减速器为外啮合齿轮传动，称为齿轮减速器，当电机通电旋转时，安装在电机输出轴上的小齿轮转动，使与之咬合的大齿轮转动，实现减速；第二级减速器为一齿差行星内啮合齿轮传动，称为行星传动式减速器，如图5.3所示。

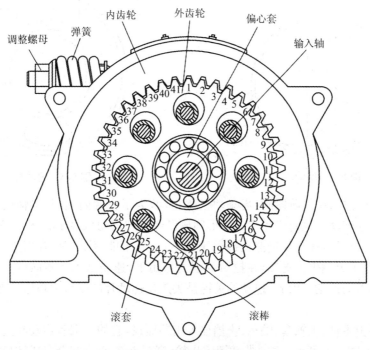

图 5.3 行星传动式减速器

3. 传动装置

(1) 启动片

如图5.4所示，启动片连接减速器的输出轴（输出圆盘）与转辙机主轴，利用其正、反两面互相垂直成"十"字形的沟槽，在旋转时自动补偿两轴不同心的误差。另外，启动片还与速动片相配合，对自动开闭器起控制作用。启动片与输出轴、主轴一起转动，因此能反映锁闭齿轮各个动作阶段(解锁、转换、锁闭)所对应的转角，用它来控制自动开闭器的动作。

启动片上有一梯形凹槽，道岔锁闭后总会有一个速动爪(速动爪上的滚轮)落入其中。道岔解锁时，启动片一方面带动主轴转动，另一方面利用其凹槽的坡面推动速动爪上的滚轮，使速动爪抬起，以断开表示接点。在道岔转换过程中，两个速动爪均抬起。在道岔接近锁闭阶段，启动片的凹槽正好转到应速动断开道岔电机电路的速动爪滚轮下方，与速动片配合，完成自动开闭器的速动。

另外，启动片上有一个拨钉，该拨钉插在速动片的腰形孔内，当启动片转动一定角度后，利用其拨动速动片转动。

(2) 速动片

速动片有一个矩形缺口，缺口对面有一腰形扁孔，如图5.5所示。速动片通过速动衬套套在主轴上。启动片上的拨钉插入速动片的腰形孔中。道岔锁闭后,拨钉总是在腰形孔的一端。转辙机开始动作时,启动片旋转,启动片上的拨钉在腰形孔中空走一段后才拨动速动片一起转动。

速动片套在速动衬套上,速动衬套又卡在自动开闭器接点座上,它不随主轴转动。速动片直径比启动片略大,当主轴转动时,速动片不会跟着转,它的转动只能靠拨钉拨动。

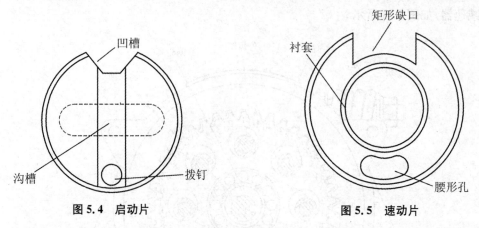

图 5.4 启动片   图 5.5 速动片

在锁闭齿轮进入锁闭阶段时,齿条块已不再动,为了完成内锁闭,主轴还在转动,启动片和速动片也在转动。这时启动片的梯形凹槽已经转到速动爪滚轮的下方,为速动爪的落下准备好条件。但是,速动片仍然支撑着速动爪,使它不能落下。只有当速动片再转过一个角度,使速动爪突然失去支撑,在拉簧的强力作用下,速动爪迅速落向启动片凹槽底部,实现自动开闭器的速动。因此,速动的关键是尖爪从速动片的缺口尖角边突然跌落。

(3) 主轴

主轴主要由主轴、主轴套、轴承、止挡栓等组装而成,它的一端和启动片连接,另一端连接锁闭齿轮,如图 5.6 所示,主轴带动锁闭齿轮,通过与齿条块配合完成转换和锁闭道岔。主轴上的止挡栓用来限制主轴的转角,使锁闭齿轮和齿条块达到规定的锁闭角,并保证每次解锁以后都能使两者保持最佳的啮合状态,使整机动作协调。

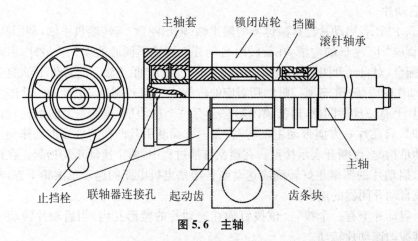

图 5.6 主轴

4. 转换锁闭装置

（1）锁闭齿轮和齿条块

锁闭齿轮和齿条块与动作杆共同组成转换锁闭装置，用来把旋转运动改变为直线运动以带动道岔尖轨位移，并最后完成内部锁闭。

锁闭齿轮如图 5.7(a)所示，共有 7 个齿，其中 1 和 7 是位于中间的启动小齿，在它们之间是锁闭圆弧。齿条块上有 6 个齿、7 个齿槽，如图 5.7(b)所示，中间 4 个是完整的齿，两边的 2 个是中间有缺槽的削尖齿。缺槽是为了锁闭齿轮上的启动小齿能顺利通过而设置的。

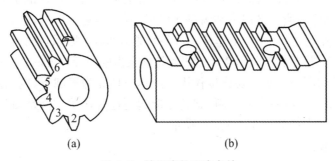

图 5.7 锁闭齿轮和齿条块

当道岔在定位或反位，尖轨与基本轨密贴时，锁闭齿轮的圆弧正好与齿条块的削尖齿弧面重合，如图 5.8 所示。这时如果尖轨受到外力，或列车经过道岔使齿条块受到水平作用力，这些力只能沿锁闭圆弧的半径方向传给锁闭齿轮，它不会转动，齿条块及固定在其圆孔中的动作杆也不会移动，这样就实现了对道岔的锁闭。

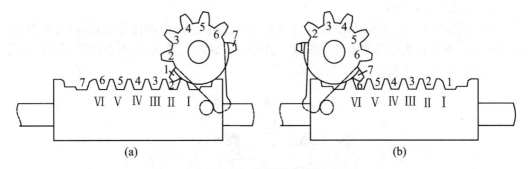

图 5.8 转辙机内锁闭

电动转辙机每转换一次，锁闭齿轮与齿条块要完成解锁、转换、锁闭三个过程。

① 解锁

假设图 5.8(a)所示为定位锁闭状态，若要将道岔转换至反位，电机必须逆时针旋转，输入轴顺时针旋转，使输出轴逆时针旋转，通过启动片带动主轴及锁闭齿轮作逆时针转动。此时，锁闭齿轮的锁闭圆弧面首先在齿条块的削尖齿弧面上滑退，锁闭齿轮上的启动小齿 1 从削尖齿Ⅰ的缺槽经过。当主轴旋转至 32.9°时，锁闭圆弧面全部从削尖齿上滑开，启动小齿 1 与齿条块齿槽 1 的右侧接触，解锁完毕。

② 转换

启动小齿拨动齿条块齿槽 1 的右侧，锁闭齿轮带动齿条块移动，即将旋转运动变为直线运动。锁闭齿轮转至306.1°时,齿条块及动作杆向右移动了165 mm,使原斥离尖轨转换到反位,与另一基本轨密贴。

③ 锁闭

道岔转换完毕必须进行锁闭,否则齿条块及动作杆在外力作用下可倒退,造成"四开"的危险。道岔转换完毕后,锁闭齿轮继续转动到339°,锁闭齿轮的启动小齿7在削尖齿Ⅵ的齿槽经过,锁闭齿轮上的圆弧面与齿条块削尖齿弧面重合,实现了锁闭,如图5.8(b)所示。此时,止挡栓碰到底壳上的止挡桩,锁闭齿轮即停止转动。

(2) 动作杆

动作杆是转辙机转换道岔的最后执行部件。动作杆一端与道岔的密贴调整杆相连接,带动尖轨运动。动作杆通过挤切销和齿条块联成一体,正常工作时,它们一起运动。之所以用挤切销连接,是为了挤岔时,动作杆和齿条块能迅速脱离联系,使转辙机内部机件不受损坏。挤切销分主销和副销,分别装于锁闭齿轮削尖齿中间开口处的挤切孔内。主销挤切孔为圆形,主销能顺利插入起主要连接作用。副销挤切孔为扁圆形,副销插入起备用连接作用。如果是非挤岔原因使主销折断,副销还能起到连接作用。这是因为,副销挤切孔为扁圆形,齿条块在动作杆上有3 mm的窜动量。

5. 自动开闭器

ZD6系列电动转辙机所用的自动开闭器是整体式结构,可以独立拆卸而不影响其他部分。它与表示杆(或锁闭杆)配合,利用接点的通断,可以反映道岔尖轨的位置状态,也可以完成控制电动机和挤岔表示的功能。

在解锁过程中,由自动开闭器接点断开原表示电路,接通准备反转的动作电路;锁闭后,由自动开闭器接点自动断开电动机动作电路,接通表示电路。

(1) 自动开闭器组成

自动开闭器分为接点部分、动接点传动部分及控制部分,由四排静接点、两排动接点、两个速动爪、两个检查柱及速动片等组成。静接点、动接点、速动爪、检查柱分别对称地装于主轴的两侧,是一个整体,如图5.9所示。

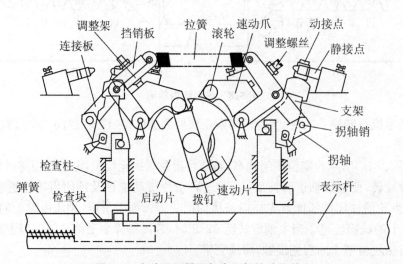

图5.9 自动开闭器及与表示杆的动作关系

接点部分包括动接点、静接点、接点座等。静接点左右对称地安装在接点座上。两组动接点分别安装在左、右拐轴上，拐轴以接点座为支撑。动接点可以在拐轴转动时改变对静接点组的接通位置。

动接点传动部分包括速动爪及其爪尖上的滚轮、接点调整架、连接板和拐轴，这些部件左、右各有一套。调整接点调整架上的螺钉可以改变动接点插入静接点的深度。

控制部分由拉簧、检查柱、速动片（还应包括启动片）组成。拉簧连接两边的调整架，将两边的动接点拉向内侧，为动接点速动提供动力。检查柱在道岔正常转换时，对表示杆缺口起探测作用。道岔不密贴，缺口位置不对，检查柱不会落下，它阻止动接点块动作，不能构成道岔表示电路。挤岔时，检查柱被表示杆顶起，迫使动接点转向外方，断开道岔表示电路。

(2) 自动开闭器接点

自动开闭器有两排动接点，四排静接点。它们的编号是，站在电动机处观察，自右至左分别为第1排、第2排、第3排、第4排接点，如图5.10所示。每排接点有三组接点，自远而近按顺序编号，第1排接点为11-12、13-14、15-16，其他排接点以此类推。

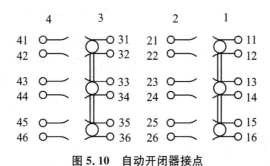

图 5.10　自动开闭器接点

若转辙机定位时1、3排接点闭合，则转辙机向反位动作，解锁时，左动接点先动作，断开第3排接点，切断道岔定位表示电路；接通第4排接点，为回转做好准备。转换至反位后，右动接点动作，断开第1排接点，切断电动机动作电路；接通第2排接点，沟通道岔反位表示电路。

若转辙机定位时2、4排接点闭合，则转向反位时，右动接点先动作，断开第2排接点，接通第1排接点；转换到反位时，左动接点动作，断开第4排接点，接通第3排接点。

从反位转向定位时，接点动作情况与上述相反。

6. 表示杆

电动转辙机的表示杆与道岔的表示连接杆相连随道岔动作，用来检查尖轨是否密贴，以及道岔处于定位还是反位。

表示杆由前表示杆、后表示杆及两个检查块组成，如图5.11所示。两杆通过并紧螺栓和调整螺母固定在一起。前表示杆的前伸端设有连接头，用来和道岔的表示连接杆相连。

并紧螺栓装在后表示杆的长孔与相对应的前表示杆圆孔里。前表示杆后端有横穿后表示杆的调整螺母，后表示杆末端有一轴向长孔，内穿一根调整螺杆并拧入调整螺母内，在调整螺杆颈部用销子将它与后表示杆连成一体。松开并紧螺栓，拧动调整螺杆时，它带动后表示杆在调整螺母前后移动。由于后表示杆前端与并紧螺栓相连的是一长孔，所以调整范围较大，为86～167 mm，以满足不同道岔开程的需要。为检查道岔是否密贴，在前后表

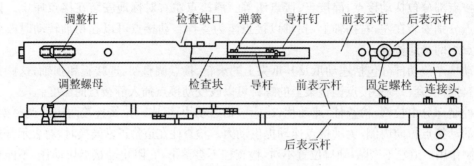

图 5.11　ZD6-A 型电动转辙机表示杆

示杆的腹部空腔内分别设一个检查块。每个检查块上有一个缺口,道岔转换到位并密贴后自动开闭器所带的检查柱落入缺口,使自动开闭器动作。设两个检查块是为了满足道岔定位和反位检查的需要。若左侧检查柱落在后表示杆缺口中,则右侧检查柱将落在前表示杆缺口中,如图 5.12 所示。检查柱落入表示杆缺口时,两侧应各有 1.5 mm 的空隙。

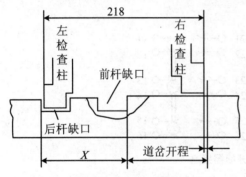

图 5.12　检查柱与表示杆缺口示意图

7. 摩擦联结器

摩擦联结器的作用是用来保护电动机和吸收转动惯量的联结装置。它主要由减速壳、摩擦制动板、摩擦带、弹簧、调整螺母等构成,如图 5.13 所示。当道岔因故转不到位时,电机电路不能断开,电机将接着旋转,但此时道岔已经不能动作,电机将突然停转,电动机会因电流过大而受损。另外,在正常使用中,道岔转换到位,电动机的惯性将使内部机件受到撞击而毁坏。为防止上述情况发生,同时还要在正常情况下能带动道岔转换,就要求机械传动装置不能采用硬性联结而必须采用摩擦联结。所以 ZD6 型电动转辙机在行星减速器的内齿轮上安装了摩擦联结器。

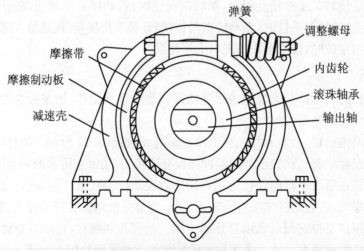

图 5.13　摩擦联结器的结构

摩擦联结器的摩擦力要调整适当,过紧会失去摩擦联结作用,损坏电动机和机件;过松不能正常带动道岔转换。摩擦联结器的松紧用调整螺母、调整弹簧压力来实现。一般情况下,额定摩擦电流应为额定动作电流的1.3~1.5倍。

8. 挤切装置

挤切装置包括挤切销和移位接触器,用来进行挤岔保护,并切断表示电路。

(1) 挤切销

两个挤切销(主销和副销)把动作杆与齿条块联结在一起,如图5.14所示。道岔在定位或反位时,齿条块被锁闭齿轮锁住,齿条块、动作杆不能动作,道岔也就被锁住。当发生挤岔时,来自尖轨的挤岔力推动动作杆,当此力超过挤切销能承受的机械力时,主、副挤切销先后被挤断,动作杆在齿条块内移动,道岔即与电动转辙机脱离机械联系,保护转辙机主要机件和尖轨不被损坏。一般情况下,挤岔后,只要更换挤切销即可恢复使用。

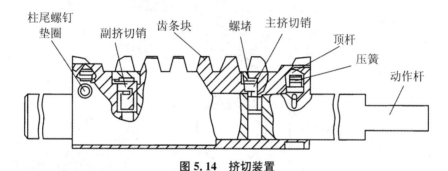

图5.14 挤切装置

(2) 移位接触器

自动开闭器检查柱和表示杆中段特制了斜面,挤岔时表示杆随道岔动作,表示杆中段的斜面顺着检查柱的斜面移动,将检查柱顶起,使自动开闭器的第2排或第3排动接点离开静接点组,从而断开了表示电路。若挤岔时表示杆无动程或动程不足,检查柱没有顶起来,表示电路断不开,这将十分危险。为了确保断开表示电路,ZD6型转辙机设有移位接触器。

移位接触器安装于机壳内侧,处于动作杆、齿条块的上方。它由触头、弹簧、顶销、接点等组成,如图5.15所示。它受齿条块内两端的顶杆控制。平时顶杆受弹簧弹力,顶杆下端圆头进入动作杆上的圆坑内。当挤岔时齿条块不动,挤切销被挤断,动作杆在齿条块内产生位移,顶杆下端被挤出圆坑,使顶杆上升,将移位接触器的顶销顶起,断开它的接点,从而断开道岔表示电路。移位接触器上部有一按钮,挤岔后恢复时,可按下此按钮,使移位接触器再次接通。

(二) ZD6-A型电动转辙机动作过程

图5.16所示为ZD6-A型电动转辙机的传动原理图。假定原道岔为1、3闭合定位,从定位到反位的传动过程如下:

当电动机通以规定方向的道岔控制电流时,电动机轴按逆时针方向旋转。电动机通过齿轮带动减速器,这时输入轴按顺时针方向旋转,输出轴按逆时针方向旋转。输出轴通过启动片带动主轴,按逆时针方向旋转。锁闭齿轮随主轴逆时针方向旋转,锁闭齿轮在旋转中完成解锁、转换、锁闭三个过程,拨动齿条块,使动作杆带动道岔尖轨向反位移动,密贴并锁闭。同时通过启动片、速动片、速动爪带动自动开闭器的动接点动作,与表示杆配合,断开第1、3排接点,接通第2、4排接点。完成电动转辙机转换、锁闭及给出道岔表示的任务。

手动摇动转辙机时,先用钥匙打开盖,露出摇把插孔。将摇把插入减速大齿轮轴,摇动转辙机至所需位置。此后虽抽出摇把,但因安全接点被断开,必须打开机盖,合上安全接点,转辙机才能复原。

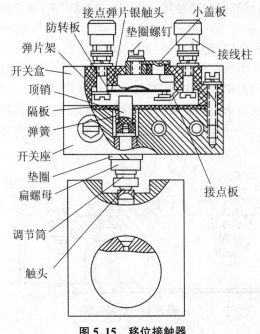

图 5.15 移位接触器

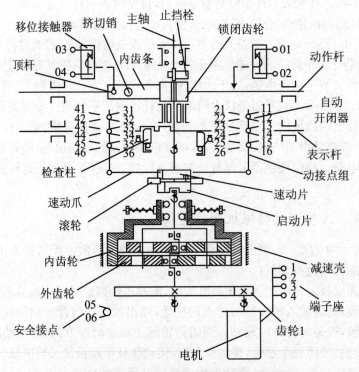

图 5.16 ZD6-A 型电动转辙机传动原理图

电动转辙机在转换过程中转换锁闭装置和自动开闭器的动作过程如表 5.1 所示。

表 5.1　ZD6 型电动转辙机动作过程

道岔状态	主轴转角	手摇圈数	转换锁闭装置动作	自动开闭器动作
定位锁闭	0°			右检查柱落入后表示杆缺口接通 1、3 排接点
解锁	7.5°	0.85	启动片带动主轴转动,使锁闭齿轮的锁闭圆弧,从削尖齿上退转 7.5°开始解锁	左侧速动爪上的滚轮在启动片凹槽中滚动
解锁	10.2°	1.2		启动片坡面推动滚轮,使左速动爪抬高,第 3 排接点断开,左侧检查柱开始抬高
解锁	19°	2.2		启动片坡面继续推滚轮,动接点开始接通第 4 排静接点,为电动机反转准备条件
解锁	26.5°	3		左速动爪完全爬上启动片弧面,动接点完全插入第 4 排静接点,左侧检查柱完全退出表示杆缺口
解锁	28.7°	3.3		启动片上拨钉片开始拨动速动片
解锁	32.9°	3.7	锁闭圆弧完全退出削尖齿,解锁完成	
转换	306.1°	34.9	锁闭齿轮拨动齿条块,使动作杆右移 165+2 mm,尖轨运动至反位,锁闭齿轮的凸弧开始进入另一削尖齿,开始锁闭	动接点接向外侧 1、4 排接点,两个速动爪滚轮均在启动片和速动片上滚动
反位锁闭	335.6°	36.4	锁闭圆弧对齿轮条已达 29.6°锁闭角	表示杆反位缺口已运动至右侧检查柱下方,右侧速动爪滚轮离开启动片弧面,速动爪完全由速动片承托。稍后,右侧速动爪突然跌落,右侧检查柱落入表示杆反位缺口,迅速断开第 1 排接点,切断电动机电路,接通第 2 排接点,接通反位表示电路
反位锁闭	339°	38.4	锁闭圆弧与削尖齿之间完成同心圆弧面重合 32.9°的锁闭角	

三、S700K 型电动转辙机

S700K 型电动转辙机是由于提速需要,从德国西门子公司引进的设备,经改进后,迅速在全路主要干线推广运用。

S700K 型电动转辙机的产品代号来自德文"Simens - 700 - Kugelgewinde",其含义为"西门子-具有 6 860 N(700 kgf)保持力-带有滚珠丝杠"的电动转辙机。

S700K 型电动转辙机规格齐全,不仅能满足道岔尖轨、可动心轨的单机牵引,而且还能满足双机、多机牵引的需要。根据安装方式不同,每一种类又分为左装、右装两种。左装(面对尖轨或心轨,转辙机安装在线路左侧)的转辙机型号用字母 A 加上奇数表示,如 A13、A15。右装(面对尖轨或心轨,转辙机安装在线路右侧)的转辙机型号用字母 A 加上偶数表示,如 A14、A16 等。不同种类的 S700K 型电动转辙机不能通用。

(一)S700K 型电动转辙机结构

S700K 型电动转辙机主要由外壳、三相交流电动机、齿轮组、摩擦联结器、滚珠丝杠、保持联结器、动作杆、操纵板、锁舌、锁闭块、检测杆、指示标、速动开关组、安全接点座、开关锁等组成,其结构如图 5.17 所示。

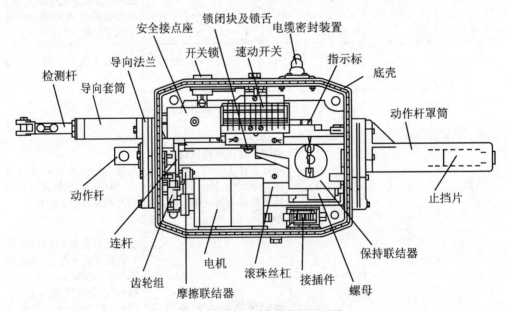

图 5.17 S700K 型电动转辙机结构

1. 三相交流电动机

三相交流电动机为转辙机提供动力。定子三个绕组采用星形接法,其星形汇接点在安全接点座第 61、71、81 端子上,由跨接片跨接。有的转辙机接在插件(万可端子)上。

为了保证道岔能由定位转换至反位,或由反位转换至定位,要求三相交流电动机既能向顺时针方向转换,又能向逆时针方向转换。对于三相交流电动机,通过改变通向电动机三相交流电的相序就可以改变电动机的旋转方向。

2. 齿轮组

齿轮组由摇把齿轮、电机齿轮、中间齿轮及摩擦联结器齿轮组成,其中摇把齿轮与电机齿轮是一个传递系统,使得能用摇把对转辙机进行人工操纵;电机齿轮、中间齿轮、摩擦联结器齿轮是一个传递系统,将电机的旋转驱动力传递到摩擦联结器上,并将电动机的高速转动降速,以增大旋转驱动力,适应道岔转换的需要,这是转辙机的第一级降速。

3. 摩擦联结器

摩擦联结器将齿轮组变速后的旋转力传递给滚珠丝杠,摩擦联结器内有三对主(被)金属摩擦片,分别固定在外壳和滚珠丝杠上,摩擦片的端面有若干压力弹簧,通过调整弹簧压力,可以使主被摩擦片之间的摩擦结合力大小发生变化,从而实现电动机和传动机之间的软联结。这样,就可消耗因电动机转动惯性带来的电动机动作电路断开后的剩余动力,在尖轨转换中途受阻不能继续转换时不使电动机被烧毁,即当作用于滚珠丝杠上的转换阻力大于摩擦结合力时,主被摩擦片之间相对打滑空转,从而保护了电动机。

摩擦联结器的摩擦力必须能调节,使道岔在正常工作情况下,电动机能够带动转辙机工作,在道岔转换终了或尖轨被阻时,使电动机能克服摩擦联结器的压力而空转,以保证电动机不致被烧毁。

对于交流转辙机来说,其动作电流不能直观地反映转辙机的拉力,现场维修人员不能像对直流转辙机那样,通过测试动作电流来对摩擦力进行监测,必须由专业人员用专业器材才能进行这一调整。转辙机在出厂时已对摩擦力进行标准化测试调整,所以现场维修人员不得随意调整摩擦力。

4. 滚珠丝杠

滚珠丝杠相当于一个直径 32 mm 的螺栓和螺母,如图 5.18 所示。当滚珠丝杠正向或反向旋转一周时,螺母前进或后退一个螺距。它一方面将电动机的旋转运动变成丝杠的直线运动;另一方面起到减速作用。

在转辙机正常动作时,滚珠丝杠上的螺母空动一定距离后才顶住保持联结器,使动作杆随保持联结器动作而作直线运动。空动的目的是使锁闭块及锁舌正常缩入,完成机内解锁及使速动开关的第 2 排或第 3 排接点断开,切断表示电路,接通向回转换的电路。

5. 保持联结器

保持联结器是转辙机的挤脱装置,利用弹簧的压力通过槽口式结构将滚珠丝杠与动作杆联结在一起,如图 5.19 所示。当道岔的挤岔力超过弹簧压力时,动作杆滑脱,起到整机不被损坏的保护作用,相当于 ZD6 型电动转辙机的挤岔装置。

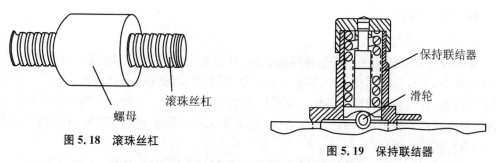

图 5.18 滚珠丝杠

图 5.19 保持联结器

根据现场实际需要,保持联结器可采用可挤型和不可挤型。可挤型是指保持联结器利用其内部弹簧的压力将滚珠丝杠和动作杆联结在一起,弹簧的挤岔阻力可分别设定为 9 kN、16 kN、24 kN、30 kN 等,当道岔的挤岔阻力超过弹簧设定压力时,动作杆滑脱,实现挤岔时的整机保护。不可挤型是工厂将保持联结器内部的弹簧取消,放一个止挡环,用于阻止与动作杆相连的保持栓的移动,成为硬连接结构。挤岔锁定力为 90 kN,当道岔挤岔阻力超过 90 kN 时,挤坏硬连接结构的保持联结器,需整机送回工厂修理。保持联结器的顶盖是加铅封的,维修人员不得随意打开。

6. 动作杆

动作杆和保持联结器联结在一起,随保持联结器的动作而动作。它的一端通过联结铁和外锁闭装置联结在一起。另外,动作杆上设有圆弧缺口,设置该缺口的目的是道岔转换到规定位置时,保证锁闭舌及锁闭块的正常弹出。

7. 操纵板

操纵板和滚珠丝杠的螺母联结在一起,在转辙机刚启动螺母空动时,利用操纵板的动作将锁闭块顶入,通过锁闭块的缩入,将锁舌拉入,完成机内的机械解锁。

8. 锁闭块和锁舌

道岔在终端位置时,当检测杆指示缺口与指示标对准,即锁闭块凸块对准检测杆的缺口时,锁闭块及锁舌应能正常弹出。锁闭块的正常弹出使速动开关的有关启动接点断开及表示接点接通。

锁舌的正常弹出用于阻挡转辙机的保持联结器的移动,实现转辙机的内部锁闭。锁舌的伸出量一般大于或等于 10 mm,但最小伸出量不得小于 9 mm。

转辙机开始动作后,锁舌在锁闭块的带动作用下应能正常缩入。锁闭块的缩入,应可靠地断开表示接点。锁舌的缩入,应完成转辙机的内部解锁。

9. 检测杆

检测杆随尖轨或心轨转换而移动,用来监督道岔在终端位置时的状态。检测杆有上、下两层,上层检测杆用于监督拉入密贴的尖轨或心轨拉入时的工作状态,下层检测杆用于监督伸出密贴的尖轨或心轨伸出时的工作状态,两根检测杆各有一个大、小缺口。上、下层检测杆之间没有连接或调整装置,外接两根表示杆,分别调整。道岔转换时,由尖轨或心轨带动检测杆运动。当密贴尖轨或心轨密贴,斥离尖轨或心轨到达规定位置,上、下层检测杆的大小缺口对准转辙机的锁闭块时,锁闭块才能弹出。就是说,密贴尖轨或心轨,斥离尖轨或心轨到达规定位置时,才能给出有关表示。

10. 速动开关

(1) TS-1 型接点系统

S700K 型转辙机原采用莎尔特堡接点组,其体积小,结构单薄,抗震能力明显不足,在使用过程中,接点接触不良、接点螺丝滑扣松动、虚焊等故障逐年上升。由于该接点在转换过程中没有动作扫程,遇特定条件会出现接点冰冻黏结故障。该种接点的封闭结构给查找故障、更换接点带来不便。为了减少故障,提高设备运用质量,研制了 TS-1 型新型接点系统,以取代莎尔特堡接点。

TS-1 型接点系统由开关盒、转换驱动机械、插接件等组成,如图 5.20(a)所示。

相比莎尔特堡接点,该接点组将动、静接点由水平方向的上下接触改为垂直方向的左右接触,减少了列车振动对接点的损伤;增设了扫程,防止冰冻黏结;增大了接点接触压力,提高了接触可靠性。

接点组壳体透明敞开,方便检查,且其为可拆卸式,可快速更换。站在开关锁处看该接点组,排列方式如图 5.20(b)所示。

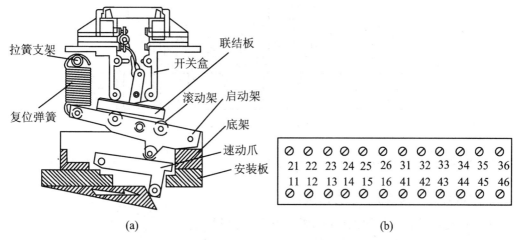

图 5.20　TS-1 型接点系统

(2) 小型密封速动开关组

该接点组的组成形式基本同 TS-1 型,如图 5.21 所示,不同的是,动、静接点为上下接触方式,分为两层,并且是密封的。维修时,只能在万可端子上进行测试,速动开关组故障时,只能整体更换,不能对接点进行直接测试检查,检查接点好坏,只能在万可端子上进行。

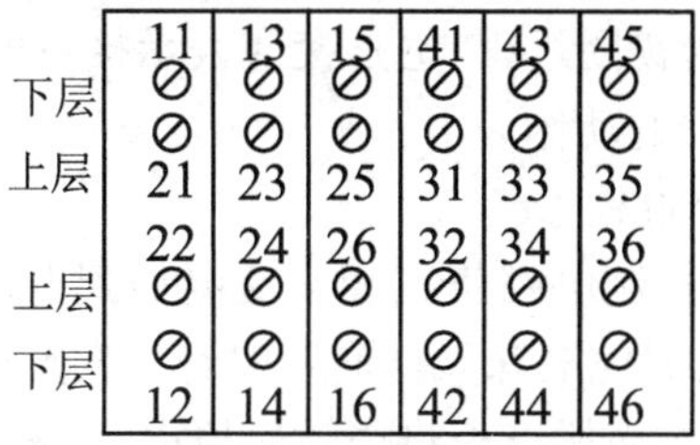

图 5.21　小型密封速动开关

11. 开关锁与安全接点座

开关锁是操纵遮断开关闭合和断开的机构,在检修人员打开电动转辙机机盖进行检修作业或车务人员插入摇把转换道岔时,能用其可靠断开电动机动作电路,以防止电动机误动,保证人身安全。当钥匙立着插入并逆时针转动 90°时,遮断开关被可靠断开。恢复时须提起开关锁上的锁闭销,同时将插入的钥匙顺时针转动 90°,遮断开关被可靠接通。

遮断开关接通时,摇把挡板能有效阻挡摇把插入摇把齿轮,防止用钥匙打开电动转辙机机盖。断开遮断开关时,摇把能顺利插入摇把齿轮或用钥匙打开电动转辙机机盖,此时电动机的动作电源将被可靠地切断,如不经人工操纵和确认,便不能恢复接通。

安全接点座如图 5.22 所示。安全接点 11-12 是遮断开关,它在开关锁的直接操纵下闭合和断开,需要进行内部检修或人工断开动作电路时,用钥匙打开开关锁,断开安全接点,切断电机电路,起到保护作用。人工摇动道岔时,打开摇把孔板,也断开安全接点,可防止在手摇道岔时室内扳动道岔使其误动。端子 31、41 为安全接点 11-12、电动机引线 U、速动开关接点 25、26 的汇流排。端子 61、71、81 为三相交流电动机星形节点的汇流排。

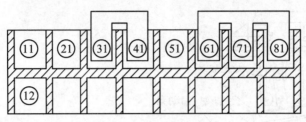

图 5.22 安全接点座

(二) S700K 型电动转辙机的动作原理

1. S700K 型电动转辙机的传动过程

S700K 型电动转辙机的机械传动机构按如下过程工作:
(1) 电动机的转动通过减速齿轮组,传递给摩擦联结器;
(2) 摩擦联结器带动滚珠丝杠转动;
(3) 滚珠丝杠的转动带动丝杠上的螺母水平移动;
(4) 螺母通过保持联结器经动作杆、外锁闭杆带动道岔转换;
(5) 道岔的尖轨或可动心轨经外表示杆带动检测杆移动。

2. S700K 型电动转辙机的动作过程

S700K 型电动转辙机的动作可分为三个过程:第一为解锁过程,也是断开表示接点的过程;第二为转换过程;第三为锁闭过程,也是接通表示接点的过程。现以 220 mm 动程转辙机定位拉入为例说明各过程的动作。

(1) 解锁及断开表示接点过程

当操纵道岔时,通过道岔控制电路将三相交流电加到电动机上,使电动机按顺时针方向旋转,经齿轮组及摩擦联结器使滚珠丝杠向顺时针方向旋转,从而使丝杠上的螺母向左侧做水平运动。在运动过程中,由操纵板将锁闭块顶进,使表示接点断开,同时带动左锁舌向缩进方向运动,直至左锁舌完全缩进,即可实现机内机械解锁。

(2) 转换过程

在转辙机机内解锁后,由于三相电动机继续转动,故滚珠丝杠上的螺母继续向左运动,带动保持联结器向左运动,由于保持联结器与动作杆固定为一体,使动作杆向左侧(伸出方向)运动,带动道岔尖轨或可动心轨进行转换,当动作杆运动 220 mm 时,即完成了转换过程。

(3) 锁闭及接通表示接点过程

当动作杆向左侧运动了 220 mm 时,检测杆在尖轨带动下运动了 160 mm 或在可动心轨带动下运动了 117 mm,这时右锁闭块弹出,接通表示接点,同时锁舌也弹出,锁住保持联结器,使动作杆不得随意窜动。

四、ZD(J)9型电动转辙机

ZD(J)9系列电动转辙机是为满足我国铁路提速的需要而研制的。它是借鉴国内外成熟的先进技术,结合我国铁路线路和道岔的实际情况进行优化设计,并根据道岔的不同转换动程和转换力以及交流、直流不同供电方式开发的系列产品,具有转换力大、效率高等特点,既适用于多点牵引分动外锁闭道岔的转换,也适用于尖轨联动的内锁闭道岔的转换。

ZD(J)9型电动转辙机分成ZDJ9型交流系列和ZD9型直流系列,两者的区别仅在于分别用交流电动机和直流电动机。交流转辙机电源电压为AC 380 V,直流转辙机电源电压为DC 220 V。ZDJ9型和ZD9型转辙机又分为A、B、C、D、E、F不同的派生型号,其中A、B为分动外锁闭道岔所用,分别用于第一、第二牵引点;C、D为联动内锁道岔所用,分别用于第一、第二牵引点;E用于非提速区段第二牵引点;F用于单机牵引的道岔。

(一) ZD(J)9型电动转辙机的结构

ZD(J)9型电动转辙机结构如图5.23所示,它由底壳、盖、电机、减速器、摩擦联结器、滚珠丝杠、推板套、动作板、锁块、锁闭铁、接点组、动作杆、锁闭(表示)杆、安全开关组、挤脱器(不可挤的不设)、接线端子等组成。其结构采用模块化设计,便于维护和维修。

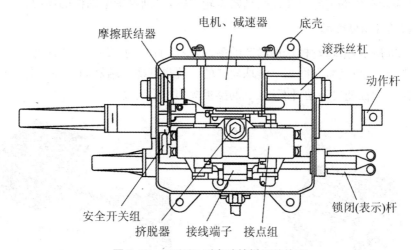

图5.23 ZD(J)9型电动转辙机结构图

1. 电动机

电动机是给转辙机提供动力的,有交流电动机和直流电动机两种类型。如图5.24所示,电动机可根据需要直接更换成交流电动机或者直流电动机,更换方便。

(1) 交流电动机

交流电动机为ZDJ802-4型专用交流电动机,额定输出功率为0.4 kW,当电源电压为三相380 V、单相电阻为54 Ω时,额定转矩为2 N·m,转速≥1 330 r/min。

图5.24 电动机、减速器齿轮箱

（2）直流电动机

直流电动机的额定电压为 160 V，额定转矩为 2 N·m，转速≥980 r/min。

2. 减速器

减速器的作用是将电动机的高速转速降下来，以提高转动力矩。减速器分为两级减速，第一级减速器为齿轮减速，它以齿轮箱的形式与电动机结合在一起，如图 5.24 所示，齿轮箱中有摇把齿轮、电动机输出小齿轮、中间齿轮，中间齿轮咬合于摩擦联结器齿轮上，摇把齿轮用于手摇转辙机。第二级减速由滚珠丝杠、螺母及推板套完成，它除了具有减速作用外，还将旋转运动变为推板套的水平动作，以便间接使动作杆作水平运动，原理同 S700K 型电动转辙机。ZD(J)9-A 型第一级速比为 38/26，第二级速比为 46/18，总速比为 3.74。ZD(J)9-B 型第一级速比为 44/20，第二级速比为 46/18，总速比为 5.63。

3. 摩擦联结器

摩擦联结器采用片式粉末冶金摩擦方式，主动片是 4 片外摩擦片，用钢带加工，被动片为 3 片内摩擦片，用 12 个弹簧加压，将摩擦联结器齿轮与滚珠丝杠固定在一起，如图 5.25 所示。在正常情况下，摩擦联结器可以保证转换力的稳定，通过摩擦联结器中的内外摩擦片的摩擦作用，将摩擦联结器齿轮的旋转运动传递到滚珠丝杠上，滚珠丝杠把传动齿轮的旋转运动转换成与丝杠联结的推板套的水平运动。当道岔受阻，滚珠丝杠不能转动时，电动机将带动齿轮箱中的齿轮及摩擦联结器齿轮空转，起到保护电动机的作用。

4. 滚珠丝杠和推板套

如图 5.26 所示，滚珠丝杠选用国产的磨削丝杠，直径为 32 mm，导程为 10 mm。由于导程大，滚珠也大，故其可靠性高。滚珠丝杠的一端与摩擦联结器固定在一起，当摩擦联结器转动时，滚珠丝杠随之转动，使丝杠上的推板套作水平运动。

图 5.25 摩擦联结器

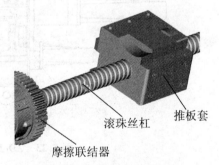

图 5.26 滚珠丝杠和推板套

5. 锁块、锁闭铁和动作杆

如图 5.27 所示，锁闭铁固定在机壳底部（如果是可挤转辙机，锁闭铁通过挤脱器固定），两个锁块通过销轴联结在动作杆上，锁块可围绕销轴转动。

当滚珠丝杠转动，推板套作水平运动，推动安装在动作杆上的锁块，在锁闭铁的辅助下使动作杆做水平运动，完成解锁、转换、锁闭的功能。其机械动作原理同 ZYJ7 型电液转辙机的机械动作原理。

ZD(J)9 型转辙机有着安全、可靠的内锁功能，在两个终点位置时锁块在推板套和锁闭铁的共同作用下实现转辙机对道岔的锁闭。

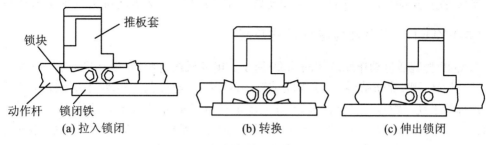

图 5.27 内锁闭及动作原理图

6. 动作板

如图 5.28 所示,动作板是固定在推板套面上的钢板,有高、低两个层面,高面两端有斜面,低面两端设有两个可窜动(弹簧弹力)的速动片。推板套动作时,动作板随之动作,接点座上的滚轮会慢慢抬起,切断表示,同时接通下一转换方向的动作接点;当动作到位时,滚轮从动作板滑动面落下,动作接点断开,同时表示接点接通,给出道岔表示。

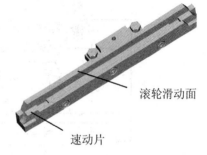

图 5.28 动作板

7. 动作杆与锁闭杆

动作杆上装设两个活动锁块,与推板配合工作。动作杆外侧有圆孔,用销子和外锁闭杆联结。转换道岔时,推板推动锁块,锁块通过轴销与动作杆相连。道岔转换至锁闭位置时,推板将动作杆上的锁块挤于锁闭铁斜面上。

转辙机的伸出与拉入位置各设一根锁闭杆,外端通过外表示杆与尖轨相连。

8. 接点组

接点组与 ZD6 型相同,只是将动接点支架改进成为有两处压嵌联结的结构,因此左右调整板设在同侧,缩小了接点组尺寸,减少了零件品种。另外,静接点片用铍青铜制造,动接点环用铜钨合金制造,使用寿命可达 100 万次以上。

9. 挤脱器

挤脱器由调整螺母、调整垫、碟簧、挤脱柱等组成,正常情况下,靠碟簧的弹力,挤脱柱顶住锁闭铁,使锁闭铁固定不动。挤岔时,当挤脱器中的锁闭铁在动作杆上的锁块作用下脱开挤脱柱,在锁闭铁上的凹槽推动水平顶杆,水平顶杆推动竖顶杆,竖顶杆推动动接点支架,从而切断表示,非经人工恢复锁闭铁,不可能再接通表示。

10. 安全开关组

安全开关组由安全开关、连接杆和电机轴端连扳组成,安全开关采用莎尔特堡开关。手动时,由于安全开关通过连接杆与电机轴端的连板相连,因此必须打开安全开关手摇把才能插入。

11. 接线端子

接线端子采用免维护的万可公司的 280-901 型端子,由于该接线端子的零件没有螺纹连接件,能抗振动和冲击,同时又不损及导线,耐振动 X、Y、Z 方向可达 2 000 Hz,100 g。

(二) ZD(J)9 型电动转辙机动作原理

ZD(J)9 型转辙机动作原理如图 5.29 所示。电动机通电旋转,电动机的驱动力矩经减速器减速后传到摩擦联结器,由摩擦联结器的内摩擦片通过花键转动滚珠丝杠,将转动转换为螺母的平动。螺母外套有推板套,其上固定有动作板,推板套推动动作杆上的锁块,在锁闭铁作用下,形成了转辙机的解锁、转换、锁闭过程。ZD(J)9-A 型的锁闭铁直接固定在底壳上。ZD(J)9-B 型的锁闭铁被挤脱器固定在底壳上,挤脱力为 28±2 kN。

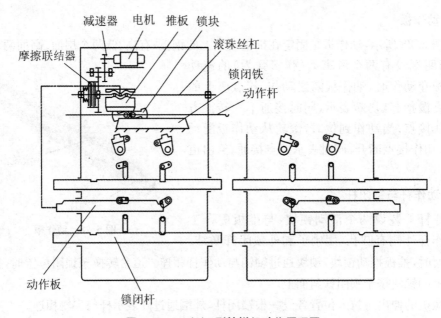

图 5.29 ZD(J)9 型转辙机动作原理图

ZD(J)9-A 型的左右锁闭杆分别与第一牵引点两根分动的尖轨相连,在动作杆上的锁块被推板套锁闭在锁闭铁上,与密贴尖轨相连的锁闭杆被锁闭柱锁在密贴位置,这样就形成了双杠锁闭。一根锁闭杆上锁闭用的直缺口和挤岔表示用的斜缺口的距离与尖轨动程有关,只能适用于 160±6 mm 的动程。超过此动程范围需另配锁闭杆。锁闭杆断面为 20 mm×50 mm,其弯曲程度为 ZD6 型表示杆的 3.7 倍,保证了第二锁闭的可靠性。

ZD(J)9-B 型的左右表示杆与第二牵引点的两根分动的尖轨相连,表示杆内检查块的结构、密贴检查和挤岔断表示原理均与 ZD6 型相同。其仅在动作杆上有锁闭,故为单杆锁闭。挤岔时,通过斥离尖轨的动作,使表示杆的斜面推动检查柱断开表示接点,给出挤岔表示。

同时斥离尖轨推动外锁闭杆,进而推动动作杆,当动作杆上的挤岔力超过挤脱力时,锁闭铁就脱开挤脱柱,动作杆解锁。此时,锁闭铁移动 8 mm,锁闭铁上凹槽推动水平顶杆,再推动竖顶杆、动接点支架,从而断开表示。非经人工恢复锁闭铁,其不能再接通表示。

为防止惯性反弹,在推板套与动作杆间加有阻尼机构。当推板套推动锁块进入锁闭位时,动作杆停止不动,推板套继续前进;到动作板使电动机电源断开时,推板套因惯性继续前进,推板套与动作杆间有相对移动,推板套内的弹簧在动作杆槽的斜面上压缩,弹力使摩擦块在动作杆侧面上摩擦而吸收惯性,即防止了惯性反弹。

五、ZYJ7 型电液转辙机

电动液压转辙机(以下简称电液转辙机)是采用电动机驱动、液压传动方式来转换道岔的一种转辙装置。液压式转辙机取消了齿轮传动和减速器,简化了机械结构,将机械磨损降至最低程度,减少了维修工作量,且适用于提速道岔。但液压传动对液压介质要求较高,对元件要求也高,传动效率较低。

ZY 系列电液压转辙机分为普通型和快速型,普通型电液转辙机又分为直流电液转辙机和交流电液转辙机。普通电液转辙机有 ZY(J)1、ZY(J)2、ZY(J)3、ZY(J)4、ZY(J)5、ZY(J)6、ZYJ7 型,有 J 字的是交流转辙机,其中 ZY(J)1、ZY(J)2、ZY(J)3 和 ZYJ7 型是整体式,ZY(J)4、ZY(J)5、ZY(J)6 型是分体式(液压站和转辙机主机分设),ZYK 是快速型。

ZYJ4、ZYJ7 型分别与 SH5、SH6 型转换锁闭器配套,用于多点牵引道岔上(也可多机多点牵引),ZYJ5 型为挤岔保护型,ZYJ6 型为挤岔断表示型。目前使用较多是 ZYJ4、ZYJ6 和 ZYJ7 型。

(一) ZYJ7 型电液转辙机结构

ZYJ7 型电液转辙机由主机和 SH6 型转换锁闭器两部分组成,分别用于第一牵引点和第二牵引点。ZYJ7 型电液转辙机结构如图 5.30 所示。SH6 型转换锁闭器结构如图 5.31 所示。

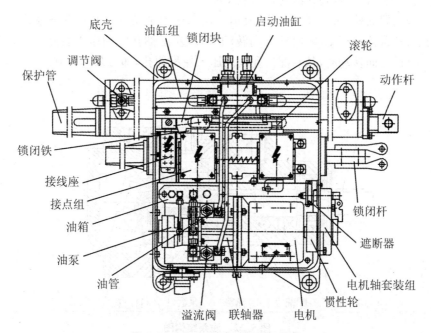

图 5.30 ZYJ7 型电液转辙机结构

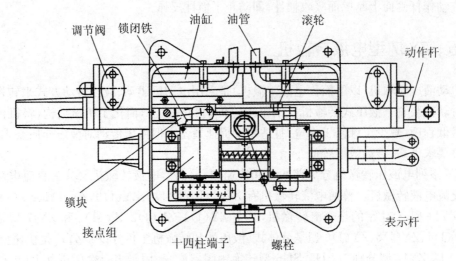

图 5.31　SH6 型转换锁闭器结构

1. 电动机

采用交流三相异步电动机，额定电压为 380 V。电动机将电能变为机械能，为整机提供动力。该电动机增加惯性轮（惰性轮），能防止电机停止时的瞬间反转，保证转辙机转换到位后开闭器接点不颤动。

2. 油泵

油泵的作用是将电机旋转能转化为液压能。

ZYJ7 采用斜盘柱塞泵，如图 5.32 所示。柱塞在轴带动下在密贴配油盘面上转动，在斜盘作用下，柱塞往复运动，顺时针方向转动时，从左配油孔吸油压入右配油孔，即可泵出液压油；逆时针方向转动时，从右配油孔吸油压入左配油孔，即可泵出反方向液压油。

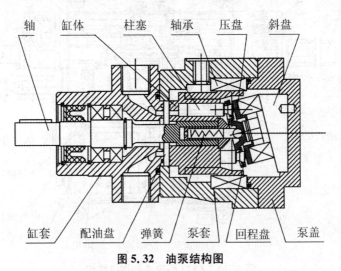

图 5.32　油泵结构图

3. 油缸

油缸是将液压能转变为机械能的转换装置。

油缸由活塞杆、缸座、缸筒、缸套、接头体、连接螺栓和密封圈组成,如图 5.33 所示。活塞杆通过连接螺栓、杆架连在机体外壳上,这样就使得活塞杆固定,用缸筒运动来推动道岔转换(油缸上镶嵌推板和动作板)。活塞杆中部有孔管,端部接头体连油管,活塞四周有小孔,液压油从小孔进入油缸腔。油泵向油缸左腔注入液压油,从右腔吸出液压油时左腔压力增大,油缸向左移动,反之向右移动。

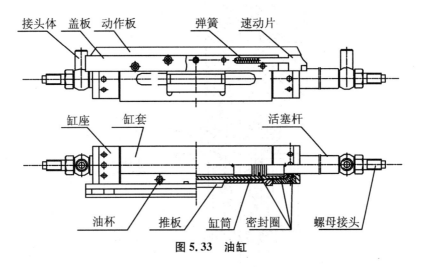

图 5.33 油缸

4. 启动油缸

启动油缸的作用是在电机刚启动时先给一个小负载,待转速提高、力矩增大时再带动负载,克服交流电机启动力矩的不足。

启动油缸如图 5.34 所示,由缸体、缸筒、柱塞、垫块、螺塞及 O 形密封圈组成。启动油缸用两个接头阀将油路板与缸体上的两个孔连接起来,使其在油路中与油缸并联。

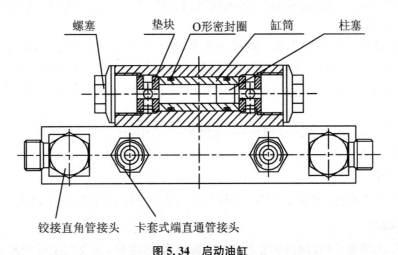

图 5.34 启动油缸

当电机刚启动时,若油泵右侧为高压油,则启动油缸右孔为高压,高压油先推动柱塞向左移动,由于柱塞力很小,使电机顺利启动。电机启动后力矩增大,启动油缸也已被充满,液压油再充入油缸,推动油缸动作带动道岔转换。若油泵左侧为高压油,原理相同。

5. 单向阀

如图 5.35 所示,单向阀由阀体、空心螺栓、钢球等组成。单向阀可使液压油从空心螺栓底部掀起钢球顺利进入,此时另一端的单向阀被返回油流冲击而使钢球堵在空心螺栓的圆槽内,封住油口。这样就有效地保证了油流单方向通过。

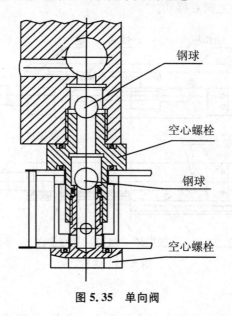

图 5.35 单向阀

6. 溢流阀

溢流阀主要由阀体和阀芯等组成,如图 5.36 所示。正常转换道岔油压不足以克服溢流阀的弹簧弹力,从而使液压油进入油缸。道岔受阻或转换到位电动机还没断开电源时,油压升高到大于溢流阀设定压力时,溢流阀阀门开启,液压油进入油箱。它相当于 ZD6 转辙机的摩擦联结器。

定、反位各设一个溢流阀,调整时需松开紧固螺母,转动六角调整帽,顺时针方向调整可使溢流压力增大,逆时针方向调整使溢流压力变小。应该注意的问题:溢流阀溢流压力大时,道岔受阻时的牵引力大;溢流阀溢流压力小时,道岔受阻牵引力小,但过大容易导致系统液压油渗漏。

系统排气问题:通过手摇转辙机,反复松紧溢流阀排除系统空气,尤其在刚安装调试时,需注意此问题。

7. 调节阀

调节阀(调节螺柱)用来改善副机油缸与主机油缸在转换道岔时的同步性。

8. 节流阀

如图 5.37 所示,节流阀由调整杆、密封圈、挡圈等组成,它设在主机油缸活塞杆的两端,完成油管与活塞杆的油路连接。它的作用是:调节进入主机油缸液压油的流速(量),即改变转辙机转换的速度。通过调节调整杆改变管道通径,从而改变流量,实现一、二动同步(顺时针方向拧进流量减少速度变慢,逆时针方向拧出流量增大速度变快)。

9. 滤清器

滤清器也称滤芯，用来防止杂物进入溢流阀及油缸，造成油路卡阻，以保证油路系统的可靠性。

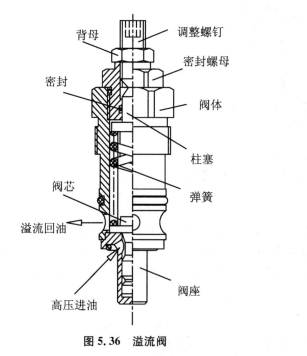

图 5.36　溢流阀

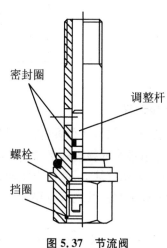

图 5.37　节流阀

10. 推板

推板是嵌在油缸套上的矩形钢板，两端斜面凸起露在缸套外，凸起面动作时推动锁块使动作杆运动。凸起面与锁块燕尾吻合。

11. 动作杆

方型动作杆上装设两个活动锁块，与油缸侧面的推板配合工作。动作杆外侧有圆孔，用销子和外锁闭杆连接。转换道岔时，油缸带动推板，推板推动锁块，锁块通过轴销与动作杆相连。道岔转换至锁闭位置时，推板将动作杆上的锁块挤于锁闭铁斜面上。

12. 锁闭杆

如图 5.38、图 5.39 所示，主机的伸出与拉入位置各设一根锁闭杆，外端通过外表示杆与尖轨相连，内方开有方槽，与接点组系统的锁闭柱方棒相配合。当尖轨转换到位锁闭后，

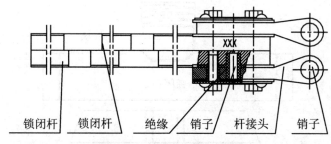

图 5.38　锁闭杆结构示意图

锁闭柱落入锁闭杆上的方槽内,使接点接通相应的表示电路。由于锁闭杆上方槽为矩形,锁闭柱下端也为矩形,所以具有锁闭作用。两锁闭杆分别连接在两尖轨上,一根作为锁闭杆,另一根即作为斥离尖轨的表示杆。

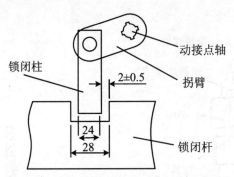

图 5.39　锁闭柱与锁闭杆关系示意图

13. 表示杆

副机的伸出与拉入位置各设一根表示杆,外端通过外表示杆与尖轨连接,内方开有斜槽,与接点组系统的检查柱下端斜角相配合,检查道岔位置。当尖轨转换到位锁闭时,检查柱下端落入表示杆缺口,使接点接通相应位置的表示电路。副机表示杆不起锁闭作用。挤岔时,检查柱上提断开表示电路,如图 5.40 所示。

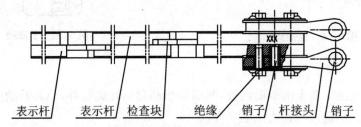

图 5.40　表示杆结构示意图

14. 挤脱装置

挤脱装置安装在 SH6 型转换锁闭器上。它与锁闭铁经定力机构与机壳连在一起。当道岔被挤时,锁闭铁位移,转换接点组断开表示电路,及时给出挤岔表示。

挤脱装置由机壳上立柱形的固定桩与动作杆连接的锁闭铁靠凹凸槽吻合连接。固定桩内装有弹簧,经紧固后将锁闭铁与机壳连接起来,如图 5.41 所示。

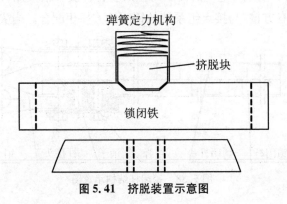

图 5.41　挤脱装置示意图

如果道岔被挤,动作杆带动锁闭铁挤出凹槽,启动片随之移动,斜面带动拐臂轴上的小滚轮抬起,使动接点退出,断开表示电路。此时动作杆连接的锁闭铁与机壳上的固定桩失去连接,起到了挤岔保护的作用。

(二) ZYJ7 型电液转辙机动作原理

1. 油路系统

(1) 组成

如图 5.42 所示,电液转辙机的油路系统为闭式系统,液压传动是借助于处于密封容器内液体的压力来传递能量和压力的。它由油泵、流量调节阀、溢流阀、单向阀、滤清器及各部接头、油管、溢流板体组成。

油泵是整个系统的动力源,用来将机械能变为液体的压力能。流量调节阀、溢流阀、单向阀等组成操纵控制装置,用以调节控制液压油的流向、流量和压力,实现不同的工作循环。油缸是系统执行机构,它把液压能变换成机械能。滤清器、油池等是辅助装置。

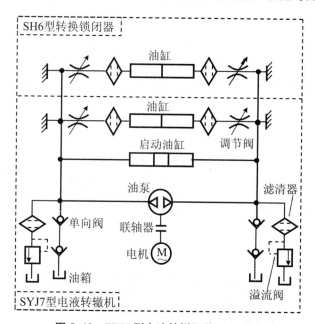

图 5.42 ZYJ7 型电液转辙机的油路系统

(2) 动作原理

当电动机带动油泵逆时针方向旋转时,油泵从油缸右侧腔内吸出油,泵出的液压油经活塞杆中心圆孔注入油缸的左腔,即左腔内为高油,由于活塞杆固定不动,所以高压油推动油缸向左移动。当油缸动作到位时,油泵从右边的单向阀吸出油,泵出的液压油经左侧的滤清器和溢流阀回到油池。

电动机带动油泵按顺时针方向旋转时,油泵从油缸左侧腔内吸入油,泵出的高压油通过活塞空腔进入油缸右侧,使油缸右腔为高压,此时油缸向右移动。

2. 机械动作原理

ZYJ7 型电液转辙机的解锁、转换锁闭作用原理如图 5.43 所示。

当道岔转换至定位位置时(例如拉入),推板的拉入锁闭面与拉入锁块的锁闭面相吻合,使锁块不能移动,拉入锁块的斜锁闭面与锁闭铁拉入锁闭面相互吻合,使锁块和动作杆不能伸出,此时称为转辙机拉入锁闭状态,如图5.43(a)所示。

电动机启动,泵出的高压油推动油缸向伸出方向移动时,推板随油缸移动,移动25 mm推板拉入锁闭面全部退出拉入锁块的锁闭面。此时,转辙机为解锁状态。

推板继续移动,即带动伸出锁块、销轴、动作杆移动,动作杆又带动拉入锁块离开锁闭铁拉入锁闭面,迫使拉入锁块移动,拉入锁块动作面跟随推板拉入动作面。这时转辙机进入了转换状态,如图5.43(b)所示。

油缸和推板继续移动至伸出锁块锁闭面要与锁闭铁伸出锁闭面接触时,则进入增力状态。这时伸出锁块与推板伸出动作面和锁闭铁伸出锁闭面接触。此后推板再向前移动15.2 mm(动作杆相应动作7.6 mm),即为增力阶段。推板继续移动9.8 mm(从两面开始接触,共移动25 mm),伸出锁块斜锁闭面与锁闭铁伸出锁闭面完全密贴吻合,转辙机为伸出锁闭状态,如图5.43(c)所示。

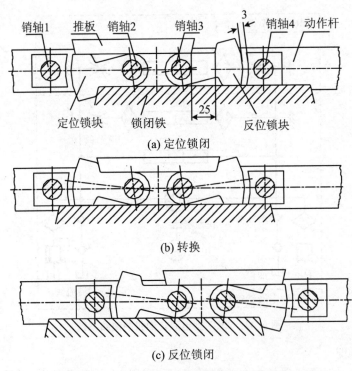

图5.43 ZYJ型电液转辙机机械动作原理图

3. 检查和表示

ZYJ7型电液转辙机的检查和表示装置由固定座、拐臂、锁闭检查柱、轴承座、传动杆及齿轮、动作板、速动片、弹簧、接点组和内外表示杆组成。

转辙机处于拉入位置时,锁闭检查柱与内表示杆的主锁闭缺口对应,只有缺口对准,锁闭检查柱方可落入检查口。用此来检查道岔尖轨密贴,并通过拐臂带动接点组构成表示电路。

转辙机在伸出位置时,锁闭检查柱与副锁闭杆缺口对应,即检查此时尖轨的密贴。

接点组与动作板、速动片、启动片的动作关系如图 5.44 所示。

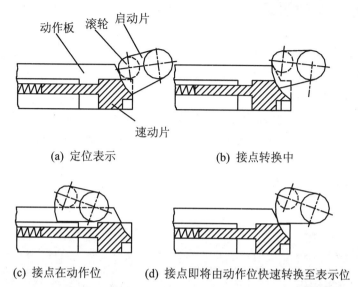

图 5.44 接点组与动作板、速动片、启动片的动作关系

当油缸侧面上的动作板向左移动 1.4 mm 时,动作板的斜面开始推动接点组的滚轮。油缸移动 17.4 mm 时,动接点组转换,断开原表示接点。油缸移动 25 mm 时,油缸侧面的推板刚接触反位锁块的锁闭面,推板将定位锁块解锁,油缸解锁动程结束。道岔尖轨转换,当尖轨与基本轨密贴时,油缸走完了转换动程,油缸侧面的推板动作面进入反位锁块的锁闭面,动作杆不再动作,油缸继续移动的锁闭动程为 17.4 mm。当锁闭动程为 23.6 mm 时,接点组的启动片在弹簧的作用下,快速落入动作板上速动片圆弧内,即快速地断开电动机电源,接通现表示电路。

任务二 道岔锁闭转换装置

道岔的锁闭是把尖轨或可动心轨等可动部分固定在某个开通位置,当列车通过时不受外力作用而改变。

道岔锁闭方式分为内锁闭方式和外锁闭方式。

道岔内锁闭是通过转辙机杆件实施道岔尖轨、心轨锁闭的方式。目前,我国使用的 ZD6 系列转辙机与 ZYJ4 系列转辙机采用的是内锁闭方式,主要应用于侧线。

道岔外锁闭是指道岔由转辙机带动转换特定位置后,通过本身所依附的锁闭装置,将道岔尖轨与基本轨、心轨与翼轨密贴并固定。目前,我国使用的提速道岔多采用外锁闭方式,主要应用于正线。

一、内锁闭转换装置

1. 内锁闭转换装置组成

内锁闭转换装置包括第一连接杆、密贴调整杆、尖端杆和表示连接杆,如图 5.45 所示。

第一连接杆固定在两根尖轨之间,保持尖轨间距。尖端杆固定在两根尖轨之间,密贴调整杆通过立式杆架连接在第一连接杆上,另一端连接转辙机动作杆,用来调整道岔的密贴。

表示连接杆通过舌铁尖端杆连接,另一端连接转辙机表示杆,用来调整转辙机的表示缺口大小。

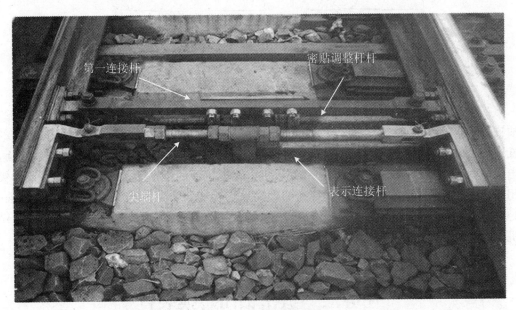

图 5.45　内锁闭转换装置

2. 内锁闭转换设备特点

(1) 结构简单,便于日常维护保养,且转换比较平稳,属定力锁闭。

(2) 道岔的两根尖轨由若干根连接杆组成框架结构,使尖轨部分的整体刚性较高,而且框式结构造成的反弹力和抗劲较大。

(3) 由于两尖轨由杆件连接,当杆件受到外力冲击时,如发生弯曲变形,会使密贴尖轨与基本轨分离,严重威胁行车安全。

(4) 当列车通过道岔产生冲击时,其冲击力经过杆件将直接作用于转辙机内部,使转辙机部件易于受损,挤切销折断,移位接触器跳开等。

因此,内锁闭方式已不能满足提速道岔的需要,必须采用外锁闭道岔转换设备。

二、钩式外锁闭转换装置

外锁闭装置直接把尖轨与基本轨锁住,大大提高了道岔及转换设备工作的可靠性,降低了维修工作量,延长了使用寿命。

外锁闭装置一般由 S700K 型电动转辙机、ZDJ9 型电动转辙机或 ZYJ7 型电液转辙机带动。外锁闭装置分为燕尾式和钩式两种,其中燕尾式外锁闭装置已经逐步被钩式外锁闭装置取代。

钩式外锁闭装置分为分动尖轨用和可动心轨用两种。

(一)分动尖轨用钩式外锁闭装置

1. 分动尖轨用钩式外锁闭的结构

分动尖轨用钩式外锁闭装置由锁闭杆、锁钩、锁闭框、尖轨连接铁、销轴、锁闭铁组成,如图 5.46 所示。

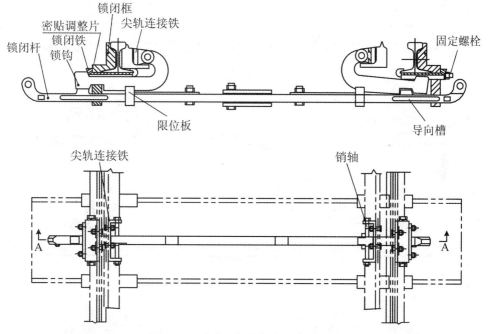

图 5.46 分动尖轨用钩式外锁闭装置

尖轨连接铁用螺栓固定在尖轨上,并用销轴与锁钩连接。锁闭框与基本轨连接,锁闭铁插入锁闭框方孔内,用螺栓紧固。

锁闭杆的作用是通过安装装置与转辙机动作杆相连,锁闭杆上对应每一尖轨的下面有一块向上凸起的锁闭块。锁钩与锁闭杆上下排列被限制在锁闭框内,锁钩下部缺口与锁闭杆凸台作用,通过连接铁带动尖轨运动。

2. 分动尖轨用钩式外锁闭装置的动作原理

当操纵道岔时,转辙机的动作杆动作,通过连接杆带动外锁闭装置的锁闭杆动作,实现道岔的解锁、转换和锁闭过程,如图 5.47 所示。

(1) 锁闭。密贴侧的锁钩被锁闭杆凸起的锁闭块顶起,使锁钩尾端的斜面与锁闭铁的斜面贴紧,尖轨被牢牢地锁住。斥离侧,由于锁钩下落进入锁闭框内,使锁钩底侧的缺口与锁闭杆向上凸起的锁闭块交错重合,这样斥离侧的尖轨也不能移动,即锁闭了该尖轨。

(2) 解锁。道岔转换时,电动转辙机转动,动作杆移动,使锁闭杆沿导槽移动,利用锁闭杆凸起的锁闭块推动斥离侧锁钩移动,使斥离侧的尖轨先开始动作。此时,密贴侧尖轨下面的锁闭杆先是空动,使锁闭杆上凸起的锁闭块向锁闭框内移动,而后锁钩尾端整体下落到钢轨下方,锁钩底侧的缺口与锁闭杆向上凸起的锁闭块交错重合,这时原来密贴的尖轨才真正解锁。

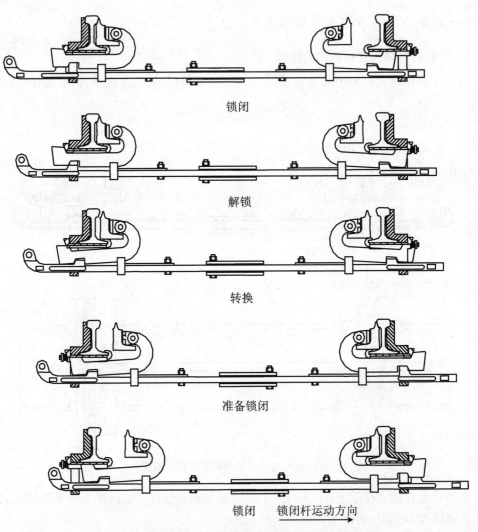

图 5.47 分动尖轨钩式外锁闭装置的动作过程示意图

(3) 转换。解锁后,锁闭杆的两个凸起的锁闭块都已落入对应的锁钩的凹槽当中,锁闭杆继续移动,带动两个锁钩同时移动,两个锁钩带动对应的尖轨同时转换。

(4) 锁闭。原斥离的尖轨密贴以后,锁闭杆继续移动,其向上凸起的锁闭块推动锁钩的尾端上升,使锁钩尾端的斜面与锁闭铁的斜面贴紧,该尖轨锁闭。此时,原密贴尖轨继续移动,直至原斥离的尖轨锁闭后停止动作。

(二)可动心轨用钩式外锁闭装置

1. 可动心轨用钩式外锁闭装置的结构

可动心轨用钩式外锁闭装置由锁闭杆、钩锁、锁闭框、锁闭铁组成,如图5.48所示。但锁闭杆的尺寸、锁钩的外形与尖轨所用的完全不同。锁闭框安装在翼轨补强板上,直接与翼轨相连,心轨的凸缘插在锁钩的楔形槽内,心轨在槽内可前后伸缩,通过锁闭杆的横向运动牵引心轨转换并锁闭。

图 5.48 可动心轨用钩式外锁闭装置实物图(与左侧翼轨密贴)

2. 可动心轨用钩式外锁闭装置的动作原理

可动心轨用第一、二牵引点钩式外锁闭装置的动作过程分为解锁、转换、锁闭三个阶段,如图5.49所示,图中可动心轨原密贴于右侧翼轨。锁闭杆向左移动,锁钩转动解锁。锁闭杆向左继续移动,锁闭杆带动锁钩,进而带动心轨转换至左侧翼轨。尖轨与翼轨密贴后,锁闭杆继续移动,直到锁钩转动锁闭。

30号及以上道岔岔心的第一、二牵引点及18号道岔岔心的两个牵引点的锁钩并未与钢轨相连,锁钩与锁闭杆一起被限制在锁闭框内。当道岔转换时,锁闭杆移动通过锁闭块带动锁钩移动,锁钩向上的缺口带动心轨移动,其锁闭解锁与尖轨类似。30号及以上道岔的第三牵引点采用两个锁钩,结构和动作与岔尖基本相同。

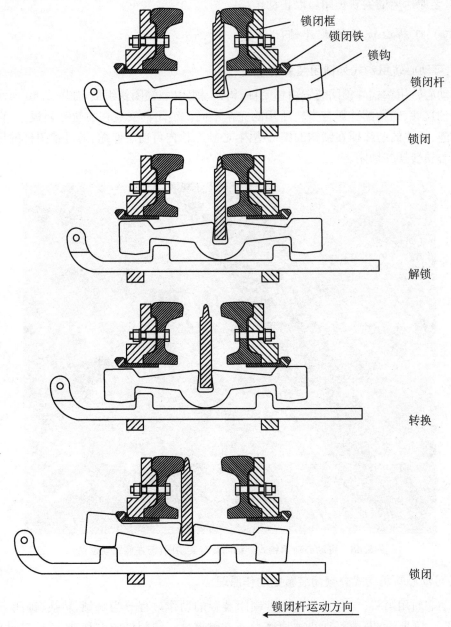

图 5.49 可动心轨用第一、二牵引点钩式外锁闭装置及动作示意图

任务三 道岔控制电路

道岔控制电路由道岔启动电路和道岔表示电路组成。道岔启动电路的作用是根据操作意图接通电机电路,带动道岔转换至规定位置;道岔表示电路的作用是道岔转换完毕并锁闭后,给出道岔的实际位置表示。

为了保证行车安全,道岔启动电路必须满足以下技术要求:

(1) 道岔区段有车占用,或道岔区段轨道电路发生故障时,该区段内道岔不能转换,此种锁闭称为区段锁闭。

(2) 进路在锁闭状态时,进路上的道岔不能再转换,此种锁闭称为进路锁闭。

(3) 道岔一经启动,就应转换到底,不受车辆进入影响,也不受车站值班员的控制。否则,车辆进入道岔区段时,若道岔停转或受车站值班员控制而回转,都可能造成脱轨或挤岔事故。

(4) 道岔启动电路接通后,由于电路故障(如自动开闭器接点、电动机炭刷接触不良)使道岔未转动,应能自动断开启动电路,以免由于邻线列车震动等原因使故障消除后造成道岔自行转换。

(5) 道岔转换途中受阻(如尖轨与基本轨的轨缝夹有道砟等)使道岔不能转换到底时,应保证经车站值班员操纵能使道岔转回原位。

(6) 道岔转换完毕应能自动断开启动电路。

上述的技术条件可以简单概括为:有车不能转、解锁才能转、要转转到底、不转就别转、遇阻向回转、转完切电源。

道岔表示电路必须是故障-安全电路,应满足以下技术要求:

(1) 用道岔表示继电器的吸起状态和道岔的正确位置相对应,不允许用一个继电器的吸起和落下表示道岔的两种位置,即只能用 DBJ 的吸起表示道岔在定位,用 FBJ 的吸起表示道岔在反位。

(2) 当电路发生混线或混入其他电源时,必须保证不使 DBJ 和 FBJ 错误励磁。

(3) 当道岔在转换过程中,或发生挤岔、停电、断线等故障时,应保证 DBJ 和 FBJ 落下。

按照连接室内外的道岔控制线数量来分,道岔控制电路分为四线制、五线制和六线制。通常普速道岔采用四线制和六线制,提速道岔采用五线制。下面以使用最广泛的四线制和五线制为例进行介绍。

一、四线制道岔控制电路

(一) 道岔控制电路设备认知

道岔控制电路设备按位置分为室内设备和室外设备。室内设备为道岔组合;室外设备由转辙机自动开闭器接点组、安全接点、移位接触器、接线端子、二极管、电缆盒等组成。

1. 室内设备

道岔组合为定型组合,同类道岔使用的道岔组合相同,例如,单动道岔采用 DD 组合,双动道岔采用 SDZ 和 SDF 组合。下面以 ZD6 型单动道岔为例,其组合设备排列及名称规格如表 5.2 所示,DD 单动道岔组合设备名称如表 5.3 所示。

表 5.2　DD 组合设备排列及规格

组合类型	0	1	2	3	4	5	6	7	8	9	10
DD	$\dfrac{D_1D_2R}{2CP_{21}RX}$ YC-40-1000-1 $\dfrac{D_2D_4R}{2CP_{21}CZ}$ M-L-4-400	3A　5A 3A　0.5A	BB BD-10	1DQJ JWJXC-H 125/0.44	SJ JWXC-1700	2DQJ JYJXC-135 220	AJ JWXC-1700	DCJ JWXC-1700	FCJ JWXC-1700	DBJ JPXC-1000	FBJ JPXC-1000

表 5.3　DD 单动道岔组合设备名称

序号	缩写	名称	序号	缩写	名称
1	BB	表示变压器	6	DCJ	定位操纵继电器
2	1DQJ	第一启动继电器	7	FCJ	反位操纵继电器
3	SJ	锁闭继电器	8	DBJ	定位表示继电器
4	2DQJ	第二启动继电器	9	FBJ	反位表示继电器
5	AJ	单独操纵按钮继电器			

2. 室外设备

室外设备由转辙机自动开闭器接点组、安全接点、移位接触器、接线端子、二极管、电缆盒等组成。分别放置在 HZ24 电缆盒和转辙机内。HZ24 电缆盒如图 5.50 所示,转辙机如图 5.51 所示。

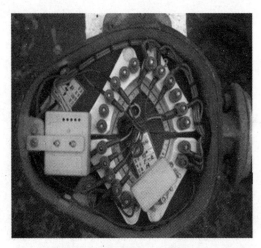

图 5.50　HZ24 电缆盒

图 5.51　ZD6 型转辙机内部

（1）HZ24 电缆盒

一般来说每台转辙机应设置一个 HZ24 电缆盒,从机械室内送出的道岔控制线经电缆盒接至转辙机,另外控制电路中的二极管也固定在电缆盒内。电缆盒内有 24 个接线端子,从电缆盒的基础侧开始,按顺时针方向编号,分别为 1,2,…,24。

(2) 转辙机内部

① 转辙机自动开闭器接点组

ZD6 型转辙机自动开闭器接点组沟通道岔的启动和表示电路,自动开闭器接点排列规则:面向尖轨,站在电机侧,从右至左为第 1 排、第 2 排、第 3 排、第 4 排,每排共 3 组接点,有 6 个接线端子,从电机远侧开始编号,分别为 1,2,…,6,其中 1 和 2 为第一组接点,3 和 4 为第二组接点,5 和 6 为第三组接点。因此,第 1 排接线端子分别为 11、12、13、14、15、16,其他以此类推。

② 安全接点组

安全接点主要用于维护人员检修作业、行车人员手摇转换道岔时切断道岔启动电路,保证人身安全。安全接点编号为 05 和 06,远离箱壁侧为 05,近箱壁侧为 06。

③ 移位接触器

移位接触器有定位和反位两组接点,分别接在定、反位表示电路中。道岔挤岔时,移位接触器接点断开,切断道岔表示电路。移位接触器编号原则:电机侧为 01 和 02,近箱壁侧为 01,远离箱壁侧为 02;非电机侧为 03 和 04,近箱壁侧为 03,远离箱壁侧为 04。

④ 电机线圈

电机的定子和转子线圈分别为 1、2 和 3、4,有 4 个接线端子。编号原则为:从远离电机侧开始,依次为 1、2、3、4。

(二) 道岔控制电路识读

下面以单动道岔 1、3 闭合定位的道岔控制电路为例进行识读,如图 5.52 所示。

1. 1DQJ 励磁电路

1DQJ 选用 JWJXC-H125/0.44 型,其 3-4 线圈电阻值较大,用于检查联锁条件,其 1-2 线圈电阻值很小,与电动机串联,监督电动机的动作。1DQJ 从励磁电路转换为自闭电路过程中有瞬间断电,为保证 1DQJ 可靠自闭,故选用缓放型。

第一启动继电器 1DQJ 励磁方式有进路操纵和单独操纵两种。进路操纵是通过办理进路,使定位操纵继电器 DCJ 或反位操纵继电器 FCJ 吸起,沟通 1DQJ 励磁电路;单独操纵是通过人工扳动,按下道岔按钮和总定位按钮 ZDA(或总反位按钮 ZFA),使道岔按钮继电器 AJ 和总定位继电器 ZDJ 吸起(或总反位继电器 ZFJ 吸起),沟通 1DQJ 励磁电路。

(1) 定位转向反位

道岔动作前,道岔处于定位位置,2DQJ 处于定位状态(吸起)。

进路操纵时励磁电路:

$$KZ—CA_{61-63}—SJ_{81-82}—1DQJ_{3-4}—2DQJ_{141-142}—AJ_{11-13}—FCJ_{61-62}—KF$$

单独操纵时励磁电路:

$$KZ—CA_{61-63}—SJ_{81-82}—1DQJ_{3-4}—2DQJ_{141-142}—AJ_{11-12}—KF—ZFJ$$

(2) 反位转向定位

道岔动作前,道岔处于反位位置,2DQJ 处于反位状态(落下)。

进路操纵时励磁电路:

$$KZ—CA_{61-63}—SJ_{81-82}—1DQJ_{3-4}—2DQJ_{141-143}—AJ_{11-13}—DCJ_{61-62}—KF$$

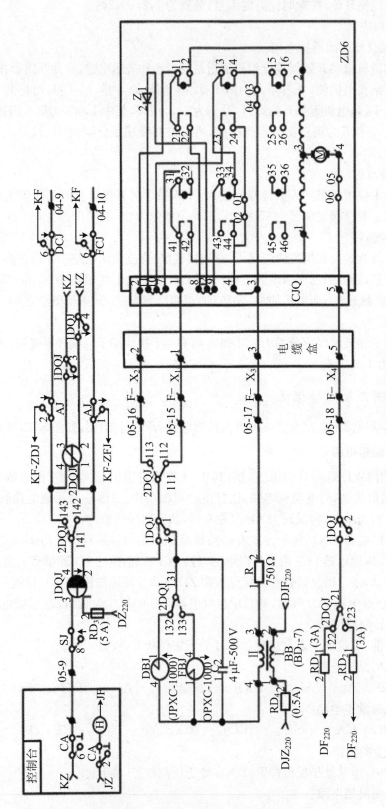

图 5.52 四线制单动道岔控制电路

单独操纵时励磁电路：
$$KZ—CA_{61-63}—SJ_{81-82}—1DQJ_{3-4}—2DQJ_{141-143}—AJ_{21-22}—KF—ZDJ$$

1DQJ 励磁电路中的 SJ 采用 JWXC-1700 无极继电器，主要作用是检查区段空闲情况，起防护作用。单独操纵道岔按钮 CA_{61-63} 接点，在维修电动转辙机或轨道电路区段故障时，拉出该按钮，断开道岔启动电路，对道岔实行单独锁闭。

2. 2DQJ 转极电路

2DQJ 选用 JYJXC-135/220 型有极继电器。其两线圈分开使用，有利于构成接收道岔转换的两种控制命令，3-4 线圈接通正向电流，接收向定位转换的命令，1-2 线圈接通反向电流，接收向反位转换的命令。

（1）定位转向反位

道岔处于定位时，2DQJ 处于定位状态（吸起），在继电器的 1-2 线圈中送入反极性电源（2+、1−），2DQJ 转极落下。

进路操纵时转极电路：
$$KZ—1DQJ_{41-42}—2DQJ_{2-1}—AJ_{11-13}—FCJ_{61-62}—KF$$
单独操纵时转极电路：
$$KZ—1DQJ_{41-42}—2DQJ_{2-1}—AJ_{11-12}—KF—ZFJ$$

（2）反位转向定位

道岔处于反位时，2DQJ 处于反位状态（落下），在继电器的 3-4 线圈中送入正极性电源（3+、4−），2DQJ 转极吸起。

进路操纵时转极电路：
$$KZ—1DQJ_{31-32}—2DQJ_{3-4}—AJ_{21-23}—DCJ_{61-62}—KF$$
单独操纵时转极电路：
$$KZ—1DQJ_{31-32}—2DQJ_{3-4}—AJ_{21-22}—KF—ZDJ$$

3. 1DQJ 自闭电路（电动机电路）

1DQJ 的 1-2 线圈和电动机的定子、转子绕组串接在 1DQJ 自闭电路中，1DQJ 自闭电路即是电动机电路，如图 5.53 所示。使用 2DQJ 接点控制电动机的旋转方向，将道岔转换至定位或反位位置。在电动机电路中接入遮断接点（安全接点），有利于维修人员的安全。当维修人员打开转辙机机盖时，遮断接点 05-06 断开电动机电路，防止维修、清扫转辙机时电动机转动。

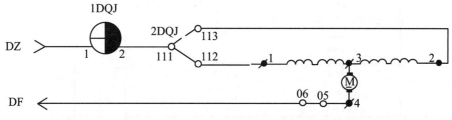

图 5.53 电动机电路简化图

（1）定位转向反位

道岔由定位转向反位时，1DQJ 吸起后使 2DQJ 由定位（吸起）转极到反位（落下）。此时室外转辙机尚未动作,自动开闭器接点仍处于原来的定位位置,图 5.52 所示为 1、3 闭合定位,即第 1 排和第 3 排接点沟通。电动机开始转动,转辙机第 3 排接点断开,切断定位表示电路,接通第 4 排接点。

1DQJ 自闭电路:

DZ_{220}—RD_3—$1DQJ_{1-2}$—$1DQJ_{12-11}$—$2DQJ_{111-113}$—X2— 自动开闭器 11-12— 电动机定子绕组 2-3— 电动机转子绕组 3-4— 安全接点 05-06—X4—$1DQJ_{21-22}$—$2DQJ_{121-123}$—RD2—DF_{220}

(2) 反位转向定位

道岔由反位转向定位时,1DQJ 吸起后使 2DQJ 由反位(落下)转极到定位(吸起)。此时室外转辙机尚未动作,自动开闭器接点仍处于原来的反位位置,即第 2 排和第 4 排接点沟通。电动机开始转动,转辙机第 2 排接点断开,切断反位表示电路,接通第 1 排接点。

1DQJ 自闭电路:

DZ_{220}—RD_3—$1DQJ_{1-2}$—$1DQJ_{12-11}$—$2DQJ_{111-112}$—X1— 自动开闭器 41-42— 电动机定子绕组 1-3— 电动机转子绕组 3-4— 安全接点 05-06—X4—$1DQJ_{21-22}$—$2DQJ_{121-122}$—RD1—DF_{220}

在 DF_{220} 电源处分别设有定位熔丝 RD1(3A)和反位熔丝 RD2(3A)。一旦道岔转换途中遇有障碍物受阻,电动机空转熔断一处熔丝,仍能保证电动机转回原位。

4. 道岔表示电路

道岔启动电路动作完毕,应接通道岔表示电路,将道岔的实际位置反映到信号楼内,以便于车站值班员对信号设备进行控制和监督。道岔的实际位置通过电动转辙机自动开闭器的接点来反映,用定位表示接点接通道岔定位表示继电器 DBJ 电路,用反位表示接点接通道岔反位表示继电器 FBJ 电路。图 5.52 中自动开闭器的第 1、3 排接点闭合反映道岔处于定位位置,第 2、4 排接点闭合反映道岔处于反位位置。

道岔表示电路简化图如图 5.54 所示。道岔表示继电器 DBJ 和 FBJ 均采用 JPXC-1000 型偏极继电器,只有通过规定方向的电流时(1+、4-),继电器才吸起,而电流方向相反时,继电器不动作。

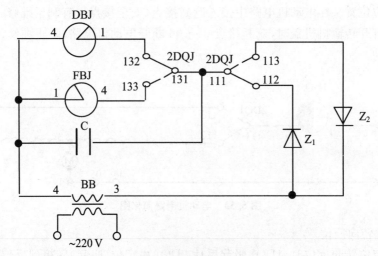

图 5.54 道岔表示电路简化图

道岔表示电路所用电源由变压器 BB 供给,该变压器是变压比为 2∶1 的 BD1-7 型道岔表示变压器。其初级输入电压为交流 220 V,次级输出电压为 110 V。供 DBJ 和 FBJ 励磁吸起的直流电源是通过二极管半波整流得到的,在交流电的负半周,由于 DBJ 和 FBJ 线圈并联有 4 μF 500 V 的电容器 C,依靠电容放电使 DBJ 和 FBJ 保持吸起。

DBJ 励磁电路:

$$BB_3 — 二极管 Z_1 — 2DQJ_{112-111} — 2DQJ_{131-132} — DBJ_{1-4} — BB_4$$

FBJ 励磁电路:

$$BB_3 — 二极管 Z_2 — 2DQJ_{113-111} — 2DQJ_{131-133} — FBJ_{4-1} — BB_4$$

图 5.54 中仅用一个二极管就实现了定反位表示电路的整流,是利用自动开闭器的接点转换来完成的。

(1) 道岔定位表示电路

道岔往定位扳动,道岔控制电路的动作过程:

1DQJ↑→2DQJ 转极(吸起)→1DQJ 自闭电路沟通,电机动作将道岔转换到定位并锁闭→自动开闭器第 1、3 排接点闭合,第 2、4 排接点断开→切断电动机电路,1DQJ↓。

1DQJ 落下,自动开闭器 1、3 排接点闭合后,沟通道岔定位表示电路:

$BB_3 — R_{1-2} — X3 —$ 移位接触器 04-03— 自动开闭器 14-13— 自动开闭器 34-33 — 二极管 Z_{1-2} — 自动开闭器 32-31— 自动开闭器 41—X1—$2DQJ_{112-111}$ —$1DQJ_{11-13}$ —$2DQJ_{131-132}$ —DBJ_{1-4} —BB_4

(2) 道岔反位表示电路

道岔往反位扳动,道岔控制电路的动作过程:

1DQJ↑→2DQJ 转极(落下)→1DQJ 自闭电路沟通,电机动作将道岔转换到反位并锁闭→自动开闭器第 2、4 排接点闭合,第 1、3 排接点断开→切断电动机电路,1DQJ↓。

1DQJ 落下,自动开闭器 2、4 排接点闭合后,沟通道岔反位表示电路:

$BB_3 — R_{1-2} — X3 —$ 自动开闭器 44-43— 移位接触器 02-01— 自动开闭器 24-23 — 二极管 Z_{2-1} — 自动开闭器 22-21— 自动开闭器 11—X2—$2DQJ_{113-111}$ —$1DQJ_{11-13}$ —$2DQJ_{131-133}$ —FBJ_{4-1} —BB_4

二、五线制道岔控制电路

(一) 道岔控制电路设备认知

为满足列车提速后对安全的要求,在车站正线改换为提速道岔后,道岔的转换采用 S700K、ZDJ9 和 ZYJ7 型电动转辙机,均以三相交流电动机作为动力,控制电路基本原理相同。道岔控制电路设备按处所分为室内设备和室外设备两部分。

1. 室内设备

采用计算机联锁的道岔控制电路室内设备与传统 6502 电气集中控制电路基本一致,计算机联锁控制的道岔电路取消了总定位继电器、总反位继电器、操纵按钮继电器。

每组道岔的室内设备由 1 个 JDZ(交流道岔主组合)和 1 个 JDF(交流道岔辅助组合)组成。道岔组合设备排列及名称规格如表 5.4 所示。道岔组合内设备名称如表 5.5 所示。

表 5.4　道岔组合设备排列及规格

层	设备名称/组合类型	断路器排列	继电器位置									
		0	1	2	3	4	5	6	7	8	9	10
1	P50105 / JDZ		SJ / JWXC-H340	DCJ / JPXC-1000	FCJ / JPXC-1000							
2	P50105 / JDF	DL1, DL2 / RD1 5A, RD2 5A, RD3 5A, RD4 0.5A	BB / BD1-7	1DQJ / JWJXC-125/80	BHJ / JWXC-1700	2DQJ / JYJXC-160/260	1DQJF / JWJXC-480	DBQ / JPXC-1000	DBJ / JPXC-1000	FBJ / JSBXC-850	TJ	R1 / RXYC-75W 1KΩ

表 5.5　道岔组合内设备名称

序号	缩写	名称	序号	缩写	名称
1	1DQJ	第一启动继电器	7	BHJ	保护继电器
2	1DQJF	第一启动复示继电器	8	DBQ	断相保护器
3	2DQJ	第二启动继电器	9	BB	表示变压器
4	DBJ	定位表示继电器	10	DCJ	定位操纵继电器
5	FBJ	反位表示继电器	11	FCJ	反位操纵继电器
6	TJ	时间继电器	12	SJ	锁闭继电器

2. 室外设备

道岔室外电路设备主要由转辙机自动开闭器接点组、安全接点组、接线端子、电缆盒、二极管电阻组合而成。

（1）道岔电缆盒

图 5.55 中，左边是道岔电缆盒，安装有万可端子排，图中椭圆处为二极管电阻组合，内有两根引出线，其内部电路板为二极管与电阻串联电路板（图中间），4 个元件为二极管，型号为 IN4007（可以采用性能更高的二极管），图右边的是线绕式电阻，规格为 300 Ω/25 W。

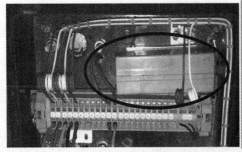

图 5.55　道岔电缆盒和二极管电阻

（2）转辙机内部

① S700K 电动转辙机

转辙机内接点排列如图 5.56 所示。

S700K 转辙机自动开闭器的接点排列规则：站在转辙机开关锁位置，近箱壁侧从左至右为 11,12,…,16 和 41,42,…,46,远离箱壁侧从左至右为 21,22,…,26 和 31,32,…,36。

安全接点座的 11-12 是遮断开关，它在开关锁的直接操纵下闭合或断开。

插接件万可端子分 A、B、C 三列，靠近箱壁为 A,距离箱壁最远为 C,每列从左至右依次排序为 A1,A2,…,A12 和 B1,B2,…,B12,C 列只有三个端子,分别为 C10,C11 和 C12。

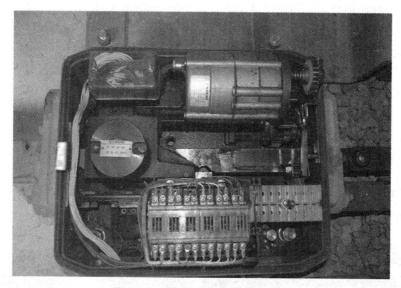

图 5.56　S700K 转辙机内接点排列

② ZDJ9 电动转辙机

转辙机内接点排列如图 5.57 所示。

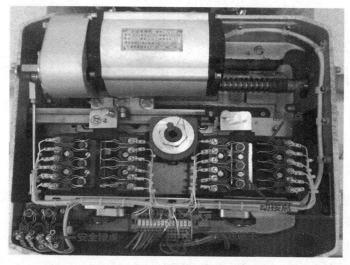

图 5.57　转辙机内接点排列

ZDJ9 转辙机自动开闭器的接点排列规则：站在转辙机开盖方向，从左至右依次为第 1 排、第 2 排、第 3 排、第 4 排，每排共 3 组接点，有 6 个接线端子，从远离电机侧开始编号，分别为 1,2,…,6,其中 1 和 2 为第一组接点，3 和 4 为第二组接点，5 和 6 为第三组接点。

安全接点主要用于维护人员检修作业、行车人员手摇转换道岔时切断道岔启动电路，保障人身安全。在早期设计的启动电路中，串入启动电路中的安全接点只有 1 组，也就是断单相。通过在现场多组道岔测试，断开安全接点后，当误操道岔时电机仍然有短时间得电转动，这样对人身安全存在隐患。

为了避免断开单相电路存在的安全隐患，采用两安全接点来断开启动电路两相电源，防止断单相存在的电机短时得电而转动的安全问题，即在原有 K01-02 基础上增加 K03-04 接点，为了在断开安全接点后不切断道岔表示，在 K03-04 接点上并联了 150 Ω 的电阻。安全接点的排列规则：从远离箱壁侧开始，依次编号为 K01、K02、K03 和 K04。

③ ZYJ7 电液转辙机

ZYJ7 液压转辙机如图 5.58(a)所示，转辙机内部接点排列规则：站在转辙机开盖方向，从右向左自动开闭器的接点依次为第 1 排、第 2 排、第 3 排、第 4 排，每排共 3 组接点，有 6 个接线端子，从近电机侧开始编号，分别为 1,2,…,6,其中 1 和 2 为第一组接点，3 和 4 为第二组接点，5 和 6 为第三组接点。图 5.58(a)中虚线圈内为安全接点，远离箱壁侧为 K1，近箱壁侧为 K2。

SH6 转换锁闭器如图 5.58(b)所示，站在转换锁闭器开盖方向，转换锁闭器内自动开闭器接点排列规则与 ZYJ7 液压转辙机相同。

(a) ZYJ7液压转辙机

(b) SH6转换锁闭器

图 5.58 电液转辙机内接点排列

（二）道岔控制电路识读

无论是采用 S700K、ZDJ9 还是采用 ZYJ7 转辙机牵引，其控制电路的原理都基本上相同。现以 S700K 电动转辙机牵引，1、3 闭合定位为例进行道岔控制电路识读。

1. 道岔断相保护电路

交流转辙机采用三相交流电源，供电电压为 380 V。为防止在三相交流电源断相情况下烧坏电动机，在交流转辙机控制电路中设有道岔断相保护电路，由断相保护器 DBQ 和保护继电器 BHJ 来实现。道岔断相保护电路如图 5.59 所示。

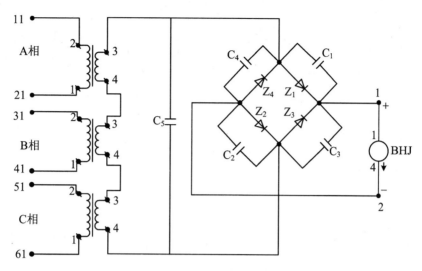

图 5.59 道岔断相保护电路

由于道岔平时不动作,故断相保护器的 3 个变压器输入线圈中无电流通过,桥式整流堆无直流输出,因此 BHJ 平时处于落下状态。

道岔动作时,如果三相负载工作正常,则 3 个变压器的输入线圈中有电流通过,在变压器Ⅱ次侧得到感应电压后,串联叠加送至桥式整流的交流输入端,经桥式整流后,得到直流电源,使 BHJ 励磁吸起。

当发生断相时,这一相的变压器Ⅰ次侧相当于开路,其阻抗为无穷大。由于三相电中缺少一相,另两相电源的负载电流值也将变小,相位也发生变化,与其对应的变压器Ⅱ次侧的感应电压的幅值及相位也发生变化,使三个变压器Ⅱ次侧串联叠加输出的电压很低,基本趋于零。故桥式整流堆的直流输出电压也基本为零,使 BHJ 落下,切断 1DQJ 的自闭电路,起断相保护作用。

新型的 DBQ 内部设有智能检测装置,能检测到三相负载变压器Ⅰ次侧输入线圈中是否有电压,道岔正常转换时有光电指示,并通过计时电路开关控制 DBQ 的直流电源输出,如道岔转换中途受阻 13 s 或 30 s 后使 BHJ 落下,保护三相电动机不被烧坏,起到限时作用(相当于 TJ 的功能)。

2. 启动继电器电路

启动继电器电路包括 1DQJ、1DQJF、2DQJ、TJ,如图 5.60 所示。启动继电器的动作顺序为:1DQJ↑→1DQJF↑→2DQJ 转极。当 1DQJ 吸起后,停止继电器 TJ 开始计时,延时 13 s 后吸起。当电动转辙机转动超过 13 s13s 后,TJ 吸起断开 1DQJ 自闭电路和 1DQJF 励磁电路,使电动机停转,防止电动机长时间运行而烧坏。

(1) 1DQJ 继电器电路

1DQJ 选用 JWJXC-H125/80 型继电器,用 3-4 线圈沟通励磁电路,检查道岔启动前的联锁条件是否符合要求和道岔需要转换的方向(定位或反位),1DQJ 励磁电路如表 5.6 所示。

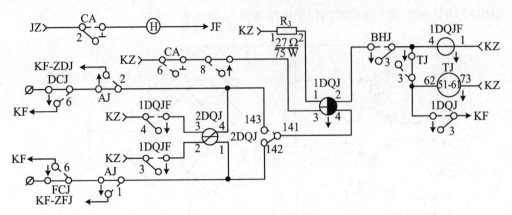

图 5.60 启动继电器电路

表 5.6 1DQJ 励磁电路

转换位置及方式		励磁电路
定位向反位转换	进路操纵	$KZ—CA_{61-63}—SJ_{81-82}—1DQJ_{3-4}—2DQJ_{141-142}—AJ_{11-13}—FCJ_{61-62}—KF$
	单独操纵	$KZ—CA_{61-63}—SJ_{81-82}—1DQJ_{3-4}—2DQJ_{141-142}—AJ_{11-12}$ $KF-ZFJ$
反位向定位转换	进路操纵	$KZ—CA_{61-63}—SJ_{81-82}—1DQJ_{3-4}—2DQJ_{141-143}—AJ_{21-23}—DCJ_{61-62}—KF$
	单独操纵	$KZ—CA_{61-63}—SJ_{81-82}—1DQJ_{3-4}—2DQJ_{141-143}—AJ_{21-22}$ $KF-ZDJ$

用 1-2 线圈沟通自闭电路：

$$KZ—R_3—1DQJ_{1-2}—BHJ_{32-31}—TJ_{33-31}—1DQJ_{32-31}—KF$$

在 $1DQJ_{1-2}$ 线圈自闭电路中串联了 BHJ 前接点,用来监督检查道岔的转换。道岔转换到位后,用转辙机内启动接点断开三相电动机的控制电路,使 BHJ 落下切断 1DQJ 的自闭电路。

为保证 2DQJ 转极以后,1DQJ 继电器从励磁电路可靠转到自闭电路上,1DQJ 采用了缓放型继电器,即 1DQJ 励磁吸起→1DQJF↑→2DQJ 转极（$1DQJ_{3-4}$ 线圈断电）→控制电路通过 DBQ 线圈往外送电→BHJ↑→$1DQJ_{1-2}$ 线圈自闭电路沟通。

(2) 1DQJF 继电器电路

1DQJF 采用 JWJXC-480 继电器,完全复示 1DQJ 继电器的动作,用于控制 2DQJ 转极,使用其加强接点给室外转辙机送动作电源。

1DQJ 吸起后,1DQJF 随之吸起,励磁电路为

$$KZ—1DQJF_{1-4}—TJ_{33-31}—1DQJ_{32-31}—KF$$

(3) 2DQJ 继电器电路

2DQJ 采用 JYJXC-135/200 继电器,用其接点区分定反位动作方向,在动作电路中对 B、C 相电源进行换相,使三相电动机实现正转或反转。2DQJ 转极电路如表 5.7 所示。

表 5.7 2DQJ 转极电路

转换位置及方式		转 极 电 路
定位向反位转换	进路操纵	KZ—1DQJF$_{31-32}$—2DQJ$_{2-1}$—AJ$_{11-13}$—FCJ$_{61-62}$—KF
	单独操纵	KZ—1DQJF$_{31-32}$—2DQJ$_{2-1}$—AJ$_{11-12}$—KF—ZFJ
反位向定位转换	进路操纵	KZ—1DQJF$_{41-42}$—2DQJ$_{3-4}$—AJ$_{21-23}$—DCJ$_{61-62}$—KF
	单独操纵	KZ—1DQJF$_{41-42}$—2DQJ$_{3-4}$—AJ$_{21-22}$—KF—ZDJ

3. 道岔动作电路

当进路操纵或单独操纵道岔转换时,1DQJ 和 1DQJF 吸起,2DQJ 转极,接通道岔动作电路。道岔动作和表示电路如图 5.61 所示。

(1) 定位转向反位

当 1DQJ 和 1DQJF 吸起,2DQJ 转极后(落下),三相动作电源经 DBQ 及 1DQJ、1DQJF、2DQJ 接点,由 X1、X3、X4 线向室外送电,道岔动作电路示意图如图 5.62 所示。

定位转向反位时的启动电路:

A 相—RD$_1$—DBQ$_{11-21}$—1DQJ$_{12-11}$—X1—电动机 W 绕组

B 相—RD$_2$—DBQ$_{31-41}$—1DQJF$_{12-11}$—2DQJ$_{111-113}$—X4—转辙机接点 11-12—电动机 V 绕组

C 相—RD$_3$—DBQ$_{51-61}$—1DQJF$_{22-21}$—2DQJ$_{121-123}$—X3—转辙机接点 13-14—安全开关 K—电动机 U 绕组

三相电机获得的相序为 W、V、U,电动机逆时针转动。在检测三相交流电流不缺相后,DBQ 输出直流电使 BHJ 吸起,接通 1DQJ 自闭电路。

由于表示杆的作用,道岔刚启动时,自动开闭器第 3 排动接点迅速转换,将 41-42、43-44 接通,给道岔往回操纵提供了通路。同时转辙机第 3 排接点断开,切断定位表示电路。道岔动作到反位时,第 1 排接点断开,接通第 2 排接点,为接通反位表示做好准备。第 1 排接点断开后,切断了动作电路,使 BHJ 落下,随后 1DQJ↓→1DQJF↓,接通反位表示。

(2) 反位转向定位

当 1DQJ 和 1DQJF 吸起,2DQJ 转极后(吸起),三相动作电源经 DBQ 及 1DQJ、1DQJF、2DQJ 接点,由 X1、X2、X5 线向室外送电,道岔动作电路示意图如图 5.62 所示。

反位转向定位时的启动电路:

A 相—RD$_1$—DBQ$_{11-21}$—1DQJ$_{12-11}$—X1—电动机 W 绕组

B 相—RD$_2$—DBQ$_{31-41}$—1DQJF$_{12-11}$—2DQJ$_{111-112}$—X2—转辙机接点 43-44—安全开关 K—电动机 U 绕组

C 相—RD$_3$—DBQ$_{51-61}$—1DQJF$_{22-21}$—2DQJ$_{121-122}$—X5—转辙机接点 41-42—电动机 V 绕组

三相电机获得的相序为 W、U、V,电动机顺时针转动。在检测三相交流电流不缺相后,DBQ 输出直流电使 BHJ 吸起,接通 1DQJ 自闭电路。

电动机开始转动,转辙机第 2 排接点断开,切断反位表示电路,接通第 1 排接点。道岔动作到定位时,第 4 排接点断开,接通第 3 排接点,为接通定位表示做好准备。第 4 排接点断开后,切断了动作电路,使 BHJ 落下,随后 1DQJ↓→1DQJF↓,接通定位表示。

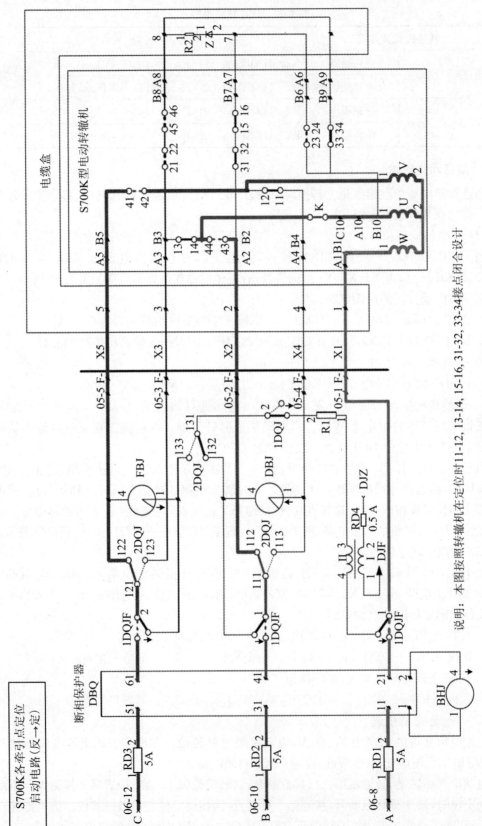

图 5.61 S700K 道岔动作表示电路

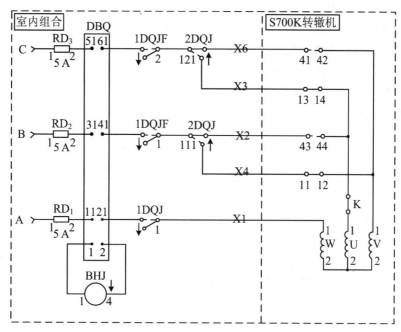

图 5.62 S700K 道岔动作电路示意图

4. 道岔表示电路

以 1、3 闭合定位为例,S700K 道岔表示电路如图 5.61 所示,为便于分析和理解,将表示电路进行简化,如图 5.63 所示。

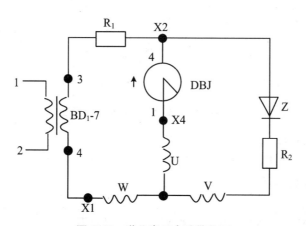

图 5.63 道岔表示电路简化图

道岔表示电路采用 BD_1-7 型表示变压器,输出 110 V 交流电源,工作原理按交流电正、负半波进行分析。

正半波时,假设变压器 Ⅱ 次侧 4+、3−,DBJ 中电流的流向为:$Ⅱ_4$(+)→电机线圈 W→电机线圈 U→DBJ_{1-4}→R_1→$Ⅱ_3$(−),这时 DBJ 吸起,DBJ 线圈和电机线圈 B 储能;二极管中电流的流向为:$Ⅱ_4$→电机线圈 W→电机线圈 V→R_2→二极管 Z→R_1→$Ⅱ_3$,在这条支路中,整流二极管反向截止,电流基本为零。

负半波时,变压器 Ⅱ 次侧 3+、4−,二极管中电流的流向为:$Ⅱ_3$→R_1→二极管 Z→R_2→

电机线圈 V→电机线圈 W→Ⅱ₄,这时二极管呈正向导通状态。正半周时 DBJ 线圈和电机线圈 B 储存的能量通过二极管沟通放电回路,因电感线圈中电流不能突变,所以放电电流流向与正半周时相同,放电电流的流向为:DBJ₄(-)→二极管 Z→R₂→电机线圈 V→电机线圈 U→DBJ₁(+),这时 DBJ 仍能够保持吸起。

道岔表示电路中串入了电机线圈,沟通表示电路的同时也检查了电机线圈,可及时发现电机线圈问题。R_1 的作用主要是防止室外负载短路时损坏电源。由于 1DQJ 具有缓放作用,在道岔转换到位时,转辙机接点接通瞬间,380 V 电源将会送至二极管上(反位→定位 X1、X2 线;定位→反位 X1、X3 线),接入 R_2 可保护二极管不被击穿。如 X4、X5 线发生短路,当道岔转换到位后电机会发生反转(1DQJ 缓放时间内),易使道岔解锁,串入 R_2 后,电机 C 绕组电流减小,即三相不平衡,电机不能转动,BHJ 失磁落下,起到保护作用。

图 5.64 为 S700K 道岔表示电路示意图。

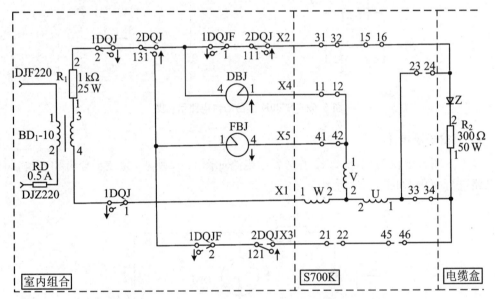

图 5.64 S700K 道岔表示电路示意图

(1) 道岔定位表示电路

道岔动作到定位时,第1、3 排接点闭合,切断了动作电路,使 BHJ 落下,随后 1DQJ↓→1DQJF↓,接通定位表示。

DBJ 励磁电路:

Ⅱ₄—1DQJ₁₃₋₁₁—X1—电机线圈 W₁₋₂—电机线圈 V₂₋₁—转辙机接点₁₂₋₁₁—X4—DBJ₁₋₄—2DQJ₁₃₂₋₁₃₁—1DQJ₂₃₋₂₁—R1₂₋₁—Ⅱ₃

二极管并联电路:

DBJ₄(-)—1DQJF₁₃₋₁₁—2DQJ₁₁₁₋₁₁₂—X2—转辙机接点₃₁₋₃₂—转辙机接点₁₅₋₁₆—二极管 Z—R2₂₋₁—转辙机接点₃₄₋₃₃—电机线圈 U₁₋₂—电机线圈 V₂₋₁—转辙机接点₁₂₋₁₁—X4—DBJ₁(+)

(2) 道岔反位表示电路

道岔动作到反位时,第2、4 排接点闭合,切断了动作电路,使 BHJ 落下,随后 1DQJ↓→1DQJF↓,接通反位表示。

FBJ 励磁电路：

$Ⅱ_3$—$R1_{1-2}$—$1DQJ_{21-23}$—$2DQJ_{131-132}$—FBJ_{1-4}—X5—转辙机接点$_{41-42}$—电机线圈 V_{1-2}—电机线圈 W_{1-2}—X1—$1DQJ_{11-13}$—$Ⅱ_4$

二极管并联电路：

$FBJ_4(-)$—转辙机接点$_{41-42}$—电机线圈 V_{1-2}—电机线圈 U_{2-1}—转辙机接点$_{23-24}$—二极管 Z—$R2_{2-1}$—转辙机接点$_{46-45}$—转辙机接点$_{22-21}$—X3—$2DQJ_{123-121}$—$1DQJF_{21-23}$—$FBJ_1(+)$

任务四　道岔转辙设备检修维护

一、普速道岔转辙设备检修维护

ZD6 型电动转辙机采用内锁闭方式，主要用于非提速区段以及提速区段的侧线上。

（一）调整与测试

1. 道岔密贴与表示调整

道岔密贴和表示的调整顺序及标准：先调密贴，后调表示缺口，先调伸出，后调拉入。密贴调整标准：4 mm 不锁闭，2 mm 锁闭，缺口 1.5±0.5 mm。

（1）道岔密贴调整

面向尖轨，左侧尖轨不密贴时，应调整密贴杆右侧轴套；右侧尖轨处不密贴时，应调整密贴杆左侧轴套螺帽。

（2）表示缺口调整

在密贴调整好后，进行表示缺口调整，先调伸出位置侧主杆缺口，再调拉入位置侧副杆缺口。

表示杆主杆调整，调整尖端杆舌铁两侧大螺母，调整活节螺栓两侧螺母即可（面对尖轨，转辙机在左边，缺口大时，紧舌铁右边螺母；缺口小时，紧舌铁左边螺母）。

表示杆副杆调整，即电动机在完全拉入位置（道岔密贴），先拧松前后表示杆的横穿螺栓，再拧动表示杆后端调整螺栓，调整两检查块间的缺口距离。

2. Ⅰ级测试

（1）测试动作电压

用万用表直流 250 V 挡，测定位动作电压时，正表笔搭在电机 1 端子上，负表笔搭在电机 4 端子上；测反位动作电压时，正表笔搭在电机 2 端子上，负表笔搭在电机 4 端子上，转换道岔时所测试的电压为动作电压，其应不小于 160 V。

（2）测试工作电流

将万用表放在直流 5 A 挡，断开安全接点，两表笔分别搭在 05、06 端子上，转换道岔时测得的电流为工作电流,其应不大于 2 A。

(3) 测试调整摩擦电流

将万用表放在直流 5 A 挡,断开安全接点,将表笔搭在 05、06 端子上,并在第一连接杆处尖轨与基本轨间夹入 4 mm 实验锤,然后转换道岔。在摩擦联结器空转时,测得的电流值为故障电流。其应符合下列要求:

① 正反向摩擦电流相差应小于 0.3 A;

② ZD6-A,D,F,G,H 型转辙机单机使用时,摩擦电流为 2.3~2.9 A;

③ ZD6-E 型和 ZD6-J 型转辙机双机配套使用时,单机摩擦电流为 2.0~2.5 A。

当摩擦电流超标时,其调整方法为:

面对转辙机站在电机侧,动作杆拉入位置侧摩擦电流超标时,对摩擦带邻钢轨侧弹簧螺栓的松紧进行调整;动作杆伸出位置侧摩擦电流超标时,对摩擦带另一侧弹簧螺栓的松紧进行调整。

注意事项:弹簧有效圈的相邻圈最小间隙不小于 1.5 mm,弹簧不得与夹板圆弧部分触碰。

(4) 测试线圈电阻

将万用表放在 R×1 挡,将安全接点断开,在电机 1、3 或 2、3 端子测出两个定子线圈的阻值,其为 $2.85\pm0.14\ \Omega$,在 3、4 端子上测转子线圈阻值,其为 $4.9\pm0.245\ \Omega$。

注意事项:在测试转子阻值的过程中,应用手摇把慢摇电机转动一周,其间万用表指针应无过大变化,这样就能发现转子断线的隐患。

(5) 安装装置绝缘检查

将万用表放在交流 2.5 V 挡,一表笔搭在角钢上,另一表笔分别对两轨面进行测试,无电压或电压约相等,说明绝缘良好;若在某轨面测出电压与轨面电压相等,则说明另一侧角钢绝缘破损,但不能断定两根角钢中哪根角钢螺栓的绝缘破损,需要分解一根角钢绝缘,再测量另一根角钢绝缘,若还不好,说明未分解的那根角钢螺栓绝缘破损。如果分解了所有角钢绝缘未发现破损,应考虑第一连接杆、尖端杆的绝缘是否破损。

3. 扳动试验

将道岔往定反位扳动,进行 2 mm,4 mm,6 mm 试验:

在道岔第一连接杆处,尖轨-基本轨间插入宽 20 mm、厚 2 mm 的铁板时,道岔应能锁闭。

在道岔第一连接杆处,尖轨-基本轨间插入宽 20 mm、厚 4 mm 的铁板时,道岔应不能锁闭。

在道岔 B 机连接杆处,尖轨-基本轨间插入宽 20 mm、厚 6 mm 的铁板时,道岔应不能锁闭。

注意事项:该项作业应在测试并调整故障电流之后进行。如检修时发现道岔不密贴,应该查找不密贴的原因,若是压力小或强度变化造成的,应立即调整压力,若是轨距变化或尖轨变形造成的,应及时通知工务处理。

试验时,在尖轨第一连接杆处,尖轨与基本轨间插入 4×20 mm 铁板,此时与动接点连接的两检查柱不应落下缺口,自动开闭器处于四开位置,道岔不能锁闭。

(二) 检修作业程序

ZD6 型道岔转辙设备检修作业分为日常养护和集中检修,其检修作业程序如图 5.65

所示。

(三) 检修内容及标准

1. 日常养护

日常养护每半月一次,主要对道岔外部设备进行检查,包括箱盒外部检查、转辙机外部检查、道岔状况检查、安装装置检查和扳动试验。工作内容及标准如表 5.8 所示。

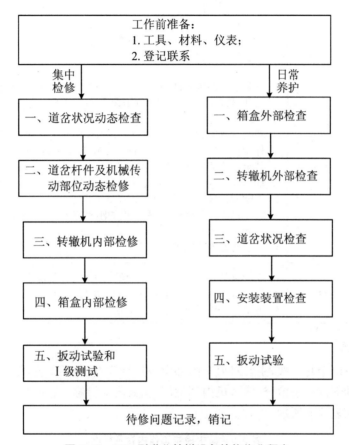

图 5.65　ZD6 型道岔转辙设备检修作业程序

表 5.8　日常养护工作内容及标准

序号	工作步骤	工作内容及质量标准
1	箱盒外部检查	1. 箱盒无破损,蛇管、加锁装置良好。 2. 基础倾斜度不超过 10 mm,箱盒底距地面不小于 150 mm,排水良好。 3. 各部螺栓油润、紧固、满帽。 4. 硬面整洁无杂物
2	转辙机外部检查	1. 防护罩及各部无意外缺损,加锁装置良好。 2. 设备名称及定位标志清晰正确。 3. 各部螺栓油润、紧固、满帽。 4. 表示杆缺口标记无变化

续表

序号	工作步骤	工作内容及质量标准
3	道岔状况检查	1. 设备无外界干扰和异状,尖轨和基本轨间无异物。 2. 道岔密贴状态良好,尖轨、基本轨飞边不得影响道岔密贴。 3. 道岔安装方正: (1) 密贴调整杆、表示杆、尖端杆、第一连接杆与直股基本轨相垂直,各杆的两端间与直股基本轨垂直线的偏差均不大于 20 mm; (2) 电动转辙机机壳纵侧面的两端与直股基本轨垂直距离的偏差不大于 10 mm; (3) 各种道岔拉杆,其水平方向的两端高低偏差不大于 5 mm(以两基本轨工作面为基准)
4	安装装置检查	1. 安装装置的紧固件、开口销、连接销、表示杆和动作杆螺母,齐全、不松动,防松措施良好,开口销角度不小于 60°,两臂劈开角度应基本一致。 2. 转换设备中的各种传动拉杆、表示连接杆及导管等的螺纹部分的内、外调整余量应不小于 10 mm;表示杆的销孔旷量应不大于 0.5 mm;其余部位的销孔旷量应不大于 1 mm。 3. 动作杆、表示杆及安装装置的各连接销、摩擦面应油润。 4. 密贴调整杆的空动距离应在 5 mm 以上。 5. 穿越轨底的各种杆件,距轨底的距离应大于 10 mm,距离石碴不小于 20 mm。 6. 安装装置绝缘完整
5	扳动试验	1. 扳动道岔时各部动作灵活、稳定,无异声,无异状,碳刷无过大火花。 2. 扳动试验 2 mm 应能锁闭、4 mm(副机 6 mm)不得锁闭。 3. 道岔位置核对、销记,设备加锁

2. 集中检修

集中检修每两个月一次,主要对道岔内部设备进行检查,包括道岔状况动态检查、道岔杆件及机械传动部位动态检修、转辙机内部检修、箱盒内部检修、扳动试验和Ⅰ级测试。工作内容及标准如表 5.9 所示。

表 5.9 集中检修工作内容及标准

序号	工作步骤	工作内容及质量标准
1	道岔状况动态检查	1. 设备无外界干扰和异状,尖轨和基本轨间无异物。 2. 道岔密贴状态良好,尖轨、基本轨飞边不得影响道岔密贴。道岔尖轨无反弹、无弓背、无吊板,滑床板清洁油润。 3. 道岔安装方正: (1) 密贴调整杆、表示杆、尖端杆、第一连接杆与直股基本轨相垂直,各杆的两端间与直股基本轨垂直线的偏差均不大于 20 mm; (2) 电转机机壳纵侧面的两端与直股基本轨垂直距离的偏差不大于 10 mm; (3) 各种道岔拉杆,其水平方向的两端高低偏差不大于 5 mm(以两基本轨工作面为基准)

续表

序号	工作步骤	工作内容及质量标准
2	道岔杆件及机械传动部位动态检修	1. 表示杆的销孔旷量应不大于 0.5 mm;其余 150 部位的销孔旷量应不大于 1 mm。 2. 动作杆、表示杆及安装装置的各连接销、摩擦面应油润
3	转辙机内部检修	1. 机件安装牢固、完整,无裂纹、无异状,机内防水、防尘良好,无锈蚀。 2. 内部螺丝紧固,配线良好、整洁、无破皮及混线可能,焊点焊接良好。 3. 安全接点接触良好,在插入手摇把或钥匙时可靠断开 2 mm 以上,非经人工恢复不得接通电路。 4. 电动机碳刷与换向器接触面积不小于碳刷面积的 3/4(同心弧面接触),碳刷长度不小于碳刷全长的 3/5;换向器表面光滑干净,换向器片间的绝缘物不得高出换向器的弧面。碳刷引线完好无损,碳刷帽不松动。 5. 摩擦带与内齿轮伸出部分保持清洁,不锈蚀、不沾油。 6. 摩擦联结器作用良好,相邻弹簧圈间隙不小于 1.5 mm,弹簧不得与夹板接触。 7. 自动开闭器拉簧弹力适当,动接点在静接点内的接触深度不小于 4 mm,动接点座与静接点座间隙不小于 3 mm,速动爪落下前动接点在静接点内有窜动时,应保证接点接触深度不小于 2 mm,自动开闭器动接点的摆动量(用手扳动)不大于3.5 mm。接点磨耗不超过厚度的 1/2。接点无氧化物、无烧损。 8. 速动爪与速动片的间隙在解锁时不小于 0.2 mm,锁闭时为 1~3 mm;速动爪的滚轮落下后不得与启动片缺口底部相碰,应有 0.5 mm 以上间隙。 9. 表示杆定、反位表示缺口要求:ZD6－A、D、E、F、G、H、K 型为 1.5± 0.5 mm;ZD6－E 型单机牵引 B 端缺口间隙加不密贴间隙不大于 8 mm;ZD6－J 型缺口间隙加不密贴间隙不大于7 mm;ZD7－A、C 型及牵引脱轨器的 ZD6 型为 3±1 mm。 10. 取出主挤切销手摇道岔时,移位接触器接点应可靠断开,非经人工恢复不得接通电路,其所加外力不得引起接点簧片变形。 11. 主挤切销、连接销无伤痕、无变形、无裂纹,标记清楚正确,与孔间的旷动量不大于 0.3 mm。 12. 齿轮装置的各齿轮间啮合良好,转动时不磨卡,无过大噪音。 13. 机内重点部位清扫注油
4	箱盒内部检修	1. 箱盒内部清洁,防尘、防潮设施良好,铭牌齐全、正确,字迹清楚。 2. 箱盒内部螺丝紧固,配线良好、整洁、无破皮及混线可能,焊点焊接良好。 3. 器材类型正确,无过热现象,不超期,印封完整,安装牢固,防震、防脱设施良好。 4. 图纸、资料保存完好,与实物相符,无涂改

序号	工作步骤	工作内容及质量标准
5	扳动试验和Ⅰ级测试	1. 扳动道岔时各部动作灵活、稳定，无异声，无异状，碳刷无过大火花。 2. 扳动试验 2 mm 应能锁闭、4 mm（副机 6 mm）不得锁闭。 3. 进行Ⅰ级测试并记录。摩擦电流：ZD6-A、D、E、F、G、H、K 型转辙单机使用时摩擦电流为 2.3~2.9 A；ZD6-E、J 型转辙机双机配套使用时，单机摩擦电流为 2.0~2.5 A；ZD7-A 型为 7.8~8.7 A；ZD7-C 型为 13.5~16 A。摩擦电流两边偏差及单边波动不大于 0.3 A。 4. 道岔位置核对、销记，设备加锁

二、提速道岔转辙设备检修维护

S700K、ZDJ9 和 ZYJ7 型转辙设备用于提速区段，均采用钩式外锁闭转换装置，室内道岔控制电路也完全相同。

（一）调整与测试

1. 道岔密贴与表示调整

提速道岔密贴与表示调整顺序：应先调整密贴，再调整锁闭量，最后调整表示缺口。

（1）调整密贴

调整密贴可通过增减锁闭铁与锁闭框间的调整片厚度类型和数量进行。尖轨与基本轨不应密贴过紧，应有间隙 0.2~0.7 mm，夹 4 mm 铁板时，转辙机不能锁闭；夹 2 mm 铁板时，转辙机应能锁闭。9 号道岔第二牵引点直线尖轨密贴时应有 3 mm 间隙。

（2）调整锁闭量

调整锁闭量应测量定、反位两侧的锁闭量大小，两侧锁闭量相差不得大于 2 mm，过大时，可通过旋转动作连接杆的接头和螺母，调整动作连接杆的长度进行大小调整。

（3）调整表示缺口

当尖轨与基本轨处于密贴状态时，观察缺口标记是否处于检测缺口的中心位置。调整连接杆上的螺丝就可调整检测表示杆的缺口，使检测表示杆上的指示表处于检测缺口的中心位置即可。调整时，先调伸出位置缺口，后调缩进位置缺口。第一牵引点缺口为 1.5±0.5 mm，第二牵引点缺口为 2±0.5 mm。

2. Ⅰ级测试

提速道岔Ⅰ级测试包括工作电压、工作电流和安装装置绝缘检查，其中安装装置绝缘检查方法与 ZD6 道岔相同。

（1）测试工作电压

将万用表放在交流 750 V 挡，往定位扳动时，测试 X1、X2、X5 间电压；往反位扳动时，测试 X1、X3、X4 间电压。额定工作电压为三相交流 380 V。

（2）测试工作电流

将万用表放在交流 5 A 挡，断开安全接点，两表笔分别搭在安全开关 K1-2 端子上，转换道岔时测得的电流为工作电流,应不大于2 A。往定位扳动时,测得的工作电流为B相;往反位扳动时,测得的工作电流为C相。

3. 油压检查与测试

液压转辙机日常维护时应进行油量检查,油箱内的油量应保持在指示标的2/3处,油路系统密封良好,无渗漏现象。油量不足时应用专用注油器将YH-10号航空液压油补至标准范围。

使用转辙机综合测试仪或专用仪表检查:

(1) 动作压力

12号道岔,正常转换动作压力≤9 MPa;9号正常转换动作压力≤6 MPa。

(2) 溢流压力

12号道岔为10~11 MPa;9号道岔为8.5~9.5 MPa。

4. 扳动试验

电操电动转辙机在尖轨第一、第二牵引点,心轨第一牵引点外锁闭装置锁闭杆中心处的尖轨与基本轨,可动心轨和翼轨间插入4 mm厚、20 mm宽的铁板,在尖轨第一、第二牵引点的尖轨与基本轨间任一点间插入10 mm厚、20 mm宽的铁板时,外锁闭和电动转辙机不锁闭且不得接通机内表示接点。

(二) 检修作业程序

提速道岔转辙设备检修作业分为日常养护和集中检修,其检修作业程序如图5.66所示。

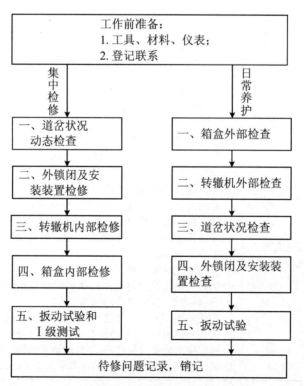

图5.66 提速道岔转辙设备检修作业程序

（三）检修内容及标准

1. 日常养护

日常养护每半个月一次，主要对道岔外部设备进行检查，包括箱盒外部检查、转辙机外部检查、道岔状况检查、外锁闭及安装装置检查和扳动试验。工作内容及标准如表 5.10 所示。

表 5.10　日常养护工作内容及标准

序号	工作步骤	工作内容及质量标准
1	箱盒外部检查	1. 箱盒无破损，蛇管、加锁装置良好。 2. 基础倾斜度不超过 10 mm，箱盒底距地面不小于 150 mm，排水良好。 3. 各部螺栓油润、紧固、满帽。 4. 硬面整洁无杂物
2	转辙机外部检查	1. 防护罩及各部无意外缺损，加锁装置良好。 2. 设备名称及定位标志清晰、正确。 3. 各部螺栓油润、紧固、满帽。 4. 表示杆缺口标记无变化。 5. 转辙机上下两检测杆张嘴和左右偏移不大于 2 mm
3	道岔状况检查	1. 设备无外界干扰和异状，尖轨和基本轨间无异物，槽钢内无杂物。 2. 道岔密贴状态良好，尖轨、基本轨飞边不得影响道岔密贴。 3. 道岔安装方正： （1）锁闭杆、表示杆与直股基本轨相垂直，各杆的两端间与直股基本轨垂直线的偏差均不大于 10 mm。 （2）电动转辙机机壳纵侧面的两端与直股基本轨垂直距离的偏差不大于 5 mm。 （3）各种道岔拉杆，其水平方向的两端高低偏差不大于 5 mm（以两基本轨工作面为基准）
4	外锁闭及安装装置检查	1. 安装装置的紧固件、开口销、连接销、表示杆和动作杆螺母，齐全、不松动，防松措施良好，开口销角度不小于 60°，两臂劈开角度应基本一致。 2. 转换设备中的各种传动拉杆、表示连接杆及导管等的螺纹部分的内、外调整余量应不小于 10 mm。 3. 各种杆件销孔旷量应不大于 1 mm，摩擦面应油润。 4. 穿越轨底的各种杆件，距轨底的距离应大于 10 mm，距离石碴不小于 20 mm。 5. 安装装置绝缘完整。 6. 钩式外锁闭锁钩与锁闭杆接触的摩擦面及运动范围内无砂石、异物等，运动灵活，无卡阻。 7. 钩式外锁闭表示拉杆接头铁应紧固、不松动。 8. 钩式外锁闭锁钩、锁闭杆及锁闭铁应保持清洁、油润、无锈蚀。锁钩横向轴串效果良好，能自动调节锁钩转角。 9. 锁闭量定、反位应均等，其误差不大于 2 mm

续表

序号	工作步骤	工作内容及质量标准
5	扳动试验	1. 扳动道岔时各部动作灵活、稳定,无异声,无异状,碳刷无过大火花。 2. 扳动试验 2 mm 应能锁闭、4 mm(副机 6 mm)不得锁闭。列车运行速度大于 120 km/h,小于 160 km/h,尖轨两牵引点间有 10 mm 及以上间隙时,道岔不能接通表示;列车运行速度大于 160 km/h,尖轨两牵引点间有 5 mm 及以上间隙时,道岔不能接通表示。 3. 用于道岔表示冗余系统的密贴检查装置,当尖轨或心轨从密贴位斥离至 5 mm 及以上间隙时,应断开道岔表示。 4. 道岔位置核对、销记,设备加锁

2. 集中检修

集中检修每两个月一次,主要对道岔内部设备进行检查,包括道岔状况动态检查、外锁闭及安装装置检修、转辙机内部检修、箱盒内部检修、扳动试验和Ⅰ级测试。工作内容及标准如表 5.11 所示。

表 5.11 集中检修工作内容及标准

序号	工作步骤	工作内容及质量标准
1	道岔状况动态检查	1. 设备无外界干扰和异状,尖轨和基本轨间无异物,槽钢内无杂物。 2. 道岔密贴状态良好,尖轨、基本轨飞边不得影响道岔密贴。道岔尖轨无反弹、无弓背、无吊板,滑床板清洁油润。 3. 道岔安装方正: (1) 锁闭杆、表示杆与直股基本轨相垂直,各杆的两端间与直股基本轨垂直线的偏差均不大于 10 mm。 (2) 电转机机壳纵侧面的两端与直股基本轨垂直距离的偏差不大于 5 mm。 (3) 各种道岔拉杆,其水平方向的两端高低偏差不大于 5 mm(以两基本轨工作面为基准)
2	外锁闭及安装装置检修	1. 各种杆件销孔旷动量应不大于 1 mm,摩擦面应油润。 2. 钩式外锁闭锁钩与锁闭杆接触的摩擦面及运动范围内无砂石、无异物等,运动灵活,无卡阻。 3. 钩式外锁闭表示拉杆接头铁应紧固、不松动。 4. 钩式外锁闭锁钩、锁闭杆及锁闭铁应保持清洁、油润、无锈蚀。钩锁横向轴串效果良好,能自动调节钩锁转角。 5. 锁闭量定、反位应均等,其误差不大于 2 mm

续表

序号	工作步骤	工作内容及质量标准
3	转辙机内部检修	1. 机件安装牢固、完整,无裂纹、无异状,机内防水、防尘良好,无锈蚀。 2. 内部螺丝紧固,配线良好、整洁、无破皮及混线可能,焊点焊接良好。 3. 遮断开关通、断性能良好。接通时,摇把挡板能有效阻挡摇把插入摇把齿轮;断开时,摇把能顺利插准入摇把齿轮。摇把齿轮的轴用挡圈无脱落现象。 4. 滑动或转动部分(滚珠丝杠、动作杆、检测杆、齿轮组、锁闭块、操纵板、开关锁)适当注油或涂规定的润滑油。滚珠丝杠与轴套旷动量不大于 0.5 mm。 5. 定、反位表示缺口指示标对中,左右两侧为 1.5±0.5 mm。内外表示缺口指示标基本一致
4	箱盒内部检修	1. 箱盒内部清洁,防尘、防潮设施良好,铭牌齐全、正确,字迹清楚。 2. 箱盒内部螺丝紧固,配线良好、整洁、无破皮及混线可能,焊点焊接良好。 3. 器材类型正确,无过热现象,不超期,印封完整,安装牢固,防震、防脱设施良好。 4. 图纸、资料保存完好,与实物相符,无涂改
5	扳动试验和Ⅰ级测试	1. 扳动道岔时各部动作灵活、稳定,无异声,无异状。 2. 扳动试验 2 mm 应能锁闭、4 mm(副机 6 mm)不得锁闭。列车运行速度大于 120 km/h,小于 160 km/h,尖轨两牵引点间有 10 mm 及以上间隙时,道岔不能接通表示;列车运行速度大于 160 km/h,尖轨两牵引点间有 5 mm 及以上间隙时,道岔不能接通表示。 3. 用于道岔表示冗余系统的密贴检查装置,当尖轨或心轨从密贴位斥离至 5 mm 及以上间隙时,应断开道岔表示。 4. 进行Ⅰ级测试和转换力并记录。 5. 道岔位置核对、销记,设备加锁

项目六　车站信号设备布置

车站信号平面布置图根据站场线路绘制,能正确反映出道岔直向位置、列车和调车信号机的布置情况及设置地点、轨道电路区段的划分以及股道的运用情况,如附图(见附录)所示。

任务一　站场图识别

一、城市轨道交通车站

车站是轨道交通线路的分界点,是完成各种行车作业的场所。城市轨道交通的车站设置,应方便乘客的集散,所以城市中心区域的站间距离一般在 $1\sim1.5$ km,很少超过 2 km。由于城市轨道交通车站的调车作业很少,因此,其车站的线路结构相对于铁路车站要简单。也就是说,城市轨道交通的车站,一般不设置用于列车交会和待避的股道,当然也不设置道岔,只设置用于乘客候车的站台。

在城市轨道交通线路中,一般隔 $3\sim5$ 个车站,应设置一个区段折返站,折返站必须设置道岔,所以也称有岔站。在信号系统中,一般将有岔站称为联锁集中站,把信号系统的联锁设备集中设置于联锁集中站的信号设备室;无岔站的信号设备都置于邻近的联锁集中站。

凡挂有动力车或机车,并具备应有的车载信号设施,已编成、连挂在一起的车列叫作列车。发往区间的单机、动力车也都按列车办理。为了便于组织列车运行,所有在正线运行的列车都必须编制列车号码,即车次号。铁路车次号编号的原则是:向北京方面行驶的列车,为上行,以双数顺序编号;反之为下行,以单数顺序编号。每一对往返列车,应以两个连续数字编号。在同一昼夜、同一区段内车次编号不能重复。

城市轨道交通的列车车次号,有的以上行、下行编号,有的以线路的走向,南、北、东、西编号,也有的以列车运行的目的地编号,加上列车出库顺序和线路编号为列车的车次号。例如,车次号为 011212,代表该列车为 1 号线的列车,它的出库顺序为 12,该列车的目的地是上海火车站(该站的编号为 12);车次号为 1101AT,代表 11 号线的列车出库顺序为 01,目的地为安亭。由于我国城市轨道交通列车自动控制系统采用不同厂商的产品,其列车自动监控子系统也不相同,所以各地城市轨道交通的车次号编号方式也不尽相同,但都根据车次号来识别运行在线路上的列车。

二、车站信号元素识别

(一)股道编号

股道的编号方法是:单线区段的车站,从站舍一侧起依次为1股道、Ⅱ股道、3股道(可简称1道、Ⅱ道和3道)。如图6.1所示,其中用罗马字"Ⅱ"表示的为正线,即该股道与区间线路相连贯,一般情况下,列车通过车站时应经由正线。1道和3道叫作到发线,即接发列车用的线路。Ⅱ道也兼作发线用。股道编号两边的箭头表示列车运行方向。

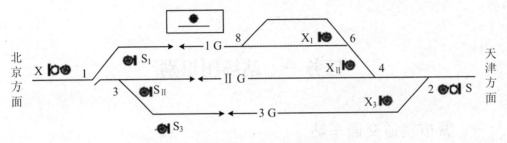

图6.1 铁路单线区段道岔和信号机示意图

如图6.2所示,复线铁路的车站先编正线股道的号码,下行正线编为Ⅰ道,上行正线编为Ⅱ道,下行侧站线以单数编号,上行侧站线以双数编号,它们都从正线向外按顺序编号。

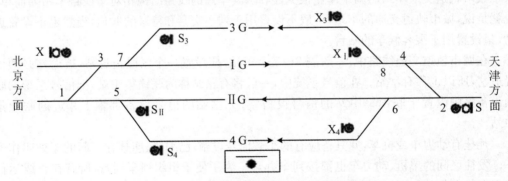

图6.2 铁路复线区段道岔和信号机示意图

(二)道岔编号

铁路车站道岔编号的方法是:在下行列车进站一侧从外向内按顺序编为单数,在上行列车进站一侧,按顺序编为双数,并以站舍中心线作为划分单、双数编号的分界线,如图6.2所示。

城市轨道交通车站的道岔编号,有些与铁路车站的道岔编号相同,但是由于不少城市采用不同厂商的ATC系统,所以在道岔编号的方式上也不尽相同。由于城市轨道交通设有道岔的车站,基本上都是折返站,而折返站的道岔又都偏在站台的某一侧,所以它不宜以上、下行侧编号。图6.3所示的车站,从始发站开始为第五个车站,因此道岔编号的第一位数为5,然后由站外向站内顺序编号为501,502,503,504,…,双动道岔,应连续编号。

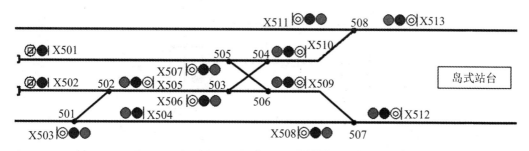

图 6.3　城市轨道交通道岔信号机编号示意图

有的线路规定了上行和下行运行方向,线路中所有的信号机、道岔、轨道区段可以按照上行双数、下行单数原则编号。如采用"数字＋大写英文字母"为每个联锁集中站信号设备编号,第 5 个联锁集中站用"E"表示,因此道岔、信号机、轨道区段编号的末尾为"E",该站上行咽喉的道岔由站外向站内按顺序编号为 2E,4E,6E,…,轨道区段、信号机的编号也是上行线按双数编号,下行线按单数编号。

因此,城市轨道交通的车站道岔编号方式,可以根据各个城市的实际情况作相应的调整。至今,关于城市轨道交通的许多设计标准还没有制定,道岔编号、信号机的显示方式等,都有待今后进一步规范。

（三）信号机与轨道区段配置

列车进站时所经过的径路,叫作接车进路。进站信号机实际上是用来防护接车进路的。列车出站时所经过的径路,叫作发车进路。发车进路要设置出站信号机防护。在铁路运输生产过程中,除列车在车站的到达、出发、通过以及在区间内运行外,凡机车车辆进行一切有目的移动统称为调车,如解体、编组列车,摘挂、转场、整场、调移、取送车辆以及机车的对位、转线、出入段等目的而使机车车辆在站线或其他线路上移动的作业。调车信号机的布置是根据调车作业的实际需要布置的,它是铁路行车工作的基本内容之一。

由于这些内容较多,具体请见后面的学习任务。

（四）股道有效长度

股道有效长度,是指在股道全长范围内,可以停留列车而不影响邻线行车的长度。由于股道的设置位置不同,其起止点也不一样。决定股道有效长度起止点的因素有:警冲标、信号机、道岔尖轨尖端及车挡等。如图 6.4 所示,图中分别标出了各股道不同行车方向的有效长度。

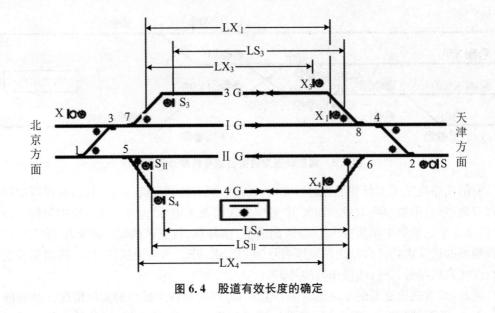

图 6.4　股道有效长度的确定

任务二　信号机布置及命名

在车站上设置信号机的主要目的：一是按行车计划和调车计划指挥车站的技术作业，即信号机开放时机应符合计划要求，信号每开放一次仅对一次作业有效；二是提供行车安全信息，即在进路的入口处设置信号机对进路进行防护，并为列车和车列驶入进路提供安全信息。

举例站场是一个双线双方向自动闭塞区段的车站，并有单线区段在下行咽喉与车站接轨。Ⅰ道和Ⅱ道分别为双线区段上行和下行的正线，Ⅲ道为单线区段的正线，其余股道为站线。附图中接、发车口和股道上均以箭头表示出接车和发车方向，其中实心箭头表示正方向，空心箭头表示反方向。

一、列车信号机

列车信号机是用表达运行方向的大写拼音字头 X(下行)和 S(上行)命名的。当有多架进站信号机时，则用下标予以区分，如 X_A、X_B 等。对下行咽喉的出站信号机以 S 命名，用下标(股道号)区分不同的出站信号机，如 $S_Ⅰ$、$S_Ⅱ$ 和 $S_Ⅲ$ 等。

（一）进站信号机

进站信号机是为列车接车进路而设的，在车站每一接车口都需设置一架进站信号机。

图 6.1 中的下行进站信号机 X 防护三条接车进路：下行 1、Ⅱ、3 道接车进路；这些接车进路的始点由进站信号机 X 开始，终点至股道另一端的能起阻拦作用的列车信号机止。因为这三条接车进路的始端在同一地点，所以可共用一架进站信号机防护。同样上行接车的

三条进路，由上行进站信号机 S 防护。请注意图 6.2 中，下行接车只有Ⅰ、3 道，由 X 信号机防护；由 S 防护的上行接车只有Ⅱ、3、4 道。

同样，附图中车站的下行咽喉有 3 个接车口，在双线区段北京方面的正向接车口处设有进站信号机 X，反向接车口设有进站信号机 X_F。在单线区段东郊方面的接车口设有进站信号机 X_D。车站的上行咽喉有 2 个接车口，正向接车口设有进站信号机 S，反向接车口设有进站信号机 S_F。进路应有明确的始端、终端。例如，下行至Ⅰ道接车，以 X 进站信号机为始端，Ⅰ道另一端的 X_I 出站信号机为终端。由北京方面进站的正向接车进路共有 5 条基本进路，因其始端在一起，可用同一架 X 进站信号机进行防护。X_F、X_D、S 和 S_F，进站信号机也分别防护着 5 条接车进路。

正向进站信号机设在列车运行方向线路左侧，反向进站信号机可设在右侧。

（二）出站信号机

列车出站时所经过的径路，叫作发车进路。发车进路要设置出站信号机防护，凡是具有发车作业的股道均应在发车进路的始端设一架出站信号机。

图 6.1 中，X_1、$X_Ⅱ$、X_3 为下行发车防护信号机，发车进路的终端（双线区段）为站界标。出站信号机除防护发车进路外，还要防护闭塞分区或所间区间或站间区间。

图 6.2 中，办理下行通过列车时，需要同时开放 X、X_I 两架信号机，使列车由 IG 正线通过。办理上行通过列车时，需要同时开放 S、$S_Ⅱ$ 两架信号机。

同样，附图中站场每一股道均能分别向北京方面、东郊方面和天津方面发车，向北京方面和东郊方面发车设有 S_1、$S_Ⅱ$、$S_Ⅲ$、S_4、S_5 出站信号机，向天津方面发车设有 X_I、$X_Ⅱ$、$X_Ⅲ$、X_4、X_5 出站信号机。发车进路始端为设在股道上的出站信号机，终端为站界。站界是区间和车站的分界点，图中站界均为进站信号机。有两个或两个以上发车方向时，出站信号机应配置进路表示器，用以区分发车方向。向北京方面和东郊方面发车的上行出站信号机用进路表示器 3 个白灯区分 3 个发车方向。出站信号机开放，对应方向的白灯亮。向天津方面发车的下行出站信号机用进路表示器的一个白灯区分两个发车方向。正向发车时，出站信号机开放，白灯不亮；反向发车时，出站信号机开放，同时白灯亮。

二、调车信号机

调车作业包括车辆的摘挂、转线、机车出入库、平面非溜放的整编作业等。调车作业是在机车连挂的情况下牵出或推送的，一般是利用牵出线与到发线或咽喉区与到发线之间的线路进行。为了防止调车车列和列车发生冲撞事故，进行调车作业时必须由调车信号机指挥和防护。调车信号机是从提高线路利用率和调车作业效率的角度出发，根据站场线路的结构和调车作业需要而布置的。

调车信号机以字母 D 命名，对于下行咽喉的各个调车信号机，以信号楼为参考点由远及近地分别以奇数作名称的下标，如 D_1、D_3、D_5 等，对上行咽喉的调车信号以偶数作下标。

在附图中，假设有一车组需从Ⅱ道转送到 4 道去。为了完成这一调车作业，机车车辆应首先从Ⅱ道向咽喉区调出，直到机车车辆全部越过 19 号道岔后才可停车，这个行程叫作调车作业的第一行程，称为牵出进路。待通向 4 道的进路排通后，调车信号机 D_{15} 开放，车组即可向 4 道驶去。这个行程叫作调车作业的第二行程,此进路叫作折返进路。第一行程和第二行程的分歧道岔是 19 号,称它为折返道岔。调车信号机可以按以下方式区分:

(一)按性质分

1. 尽头式调车信号机

尽头式调车信号机是设在牵出线、专用线、编组线、机务段等咽喉区入口处的信号机,其特点是信号机内方为道岔区段,外方是无岔区段(接近区段),且同一坐标位置只有一架信号机,如附图中的 D_2、D_{18} 等。

2. 咽喉区调车信号机

咽喉区调车信号机,其相邻内方和外方均为道岔区段。

单置调车信号机:同一坐标处仅布置一架信号机,如 D_{11}、D_{13} 和 D_8 等。

并置调车信号机:同一坐标处布置两架背向的调车信号机,如 D_7 和 D_9。

差置调车信号机:在咽喉区中间不在同一坐标的两架背向调车信号机,信号机之间有一个无岔区段,而信号机内方则是道岔区段,如 D_5 和 D_{15}。

3. 出站兼调车信号机

出站兼调车信号机是设在股道头部,并且与出站信号机设在同一坐标的调车信号机,如 S_{II}、S_4 和 S_5 等。

4. 进站内方带调车信号机

进站内方带调车信号机是设置在进站信号机内方的调车信号机。此调车信号机与进站信号机不在同一坐标,其间有一个不小于 50 m 的无岔区段。之所以不设置在同一坐标是避免占用此区间调车,如 D_3、D_1 和 D_6 等。

(二)按用途分

1. 折返调车信号机

为满足转线作业,在有关道岔岔尖前布置起折返作用的调车信号机,如 D_{11} 和 D_{13} 等。

2. 阻拦调车信号机

阻拦调车信号机是防止调车车列越过该信号机,以便让该信号机后方的线路供其他列车或调车作业使用,这是提高线路利用率的措施。如附图,当Ⅱ道与 4 道之间利用 D_{15} 进行转线调车作业时,设置起阻拦作用的调车信号机 D_5 后,可同时建立经由 1/3 道岔反位的进路。

当按照用途设置调车信号机时,并非一架信号机只能起一种作用,实际上,一架调车信号机对于某一调车作业来说起折返作用,而对另一调车作业而言可能又起到阻拦作用。如 D_7 信号机,当办理ⅠAG 向ⅡAG 转线调车时,D_7 信号机起折返作用;当办理ⅠAG 向ⅡAG 转线调车时,在牵出车列较短,以 D_{13} 为折返信号的条件下,D_7 可起阻拦作用。

在附图中所标的信号机状态规定为关闭状态,也就是定位状态。

任务三　轨道电路划分及命名

凡是由信号机防护的进路,原则上均需设轨道电路。设置轨道电路的目的,一是检查进路是否空闲;二是利用它向车载设备(例如机车信号)传送信息。在平面图中,轨道电路区段的划分表现为轨道电路绝缘节的布置。

一、轨道电路的划分

轨道电路之间采用钢轨绝缘把两个轨道电路隔离成互不干扰的、独立的电路单元。每个轨道电路单元称为轨道电路区段。轨道电路要划分为许多区段,以保证轨道电路可靠工作,也是排列平行进路的需要和便于车站作业。

轨道电路划分的原则是:

(1) 集中联锁车站内凡设置信号机的地方,都要用钢轨绝缘把信号机前后方线路划分成不同的轨道区段。

(2) 集中区内的股道两端,不论是否装置出站信号机,均应装设钢轨绝缘,以便股道上停留车辆时,不致锁闭咽喉区道岔。

(3) 牵出线、机待线、出库线、专用线或尽头线入口处的调车信号机前方应设一段轨道电路,其长度不小于25 m,以便了解上述线路状态。若条件允许或对节省电缆有利时,可延长轨道区段长度。牵出线上的轨道区段应适当延长,以免车列占用线路时在控制台上无占用表示。轨道区段的长度应为12.5 m的整数倍,以免锯轨。

(4) 道岔区段轨道电路,单动道岔最多不超过三组,复式交分道岔不得超过两组。否则,道岔组数过多,轨道电路难以调整。

(5) 6502电气集中以及计算机联锁的进路采用逐段解锁制,为了提高线路运用效率和咽喉区通过能力,可以将轨道区段适当划短。附图中,642 m坐标处的绝缘节就起到了这个作用。

(6) 凡是能平行运行的进路,应用钢轨绝缘将它们隔开。渡线间的绝缘节的设置,就满足了渡线道岔处于定位时,分别经渡线两道岔定位的平行进路的建立。如附图中3号与5号道岔间以及21号与25号道岔间的绝缘节,也是为了满足平行作业的需要。有了这两组绝缘节就可以同时建立1/3号道岔与5/7号道岔反位以及21号与23/25号道岔反位的平行进路。

(7) 在有连续交叉渡线布置时,如图6.5所示,为满足1/3号道岔反位与17/19号道岔反位平行作业,须在1号与19号道岔间(在9号道岔岔前基本轨缝处)设置钢轨绝缘。这时,11/15与17/19号交叉渡线上的绝缘节应设在叉挡近侧。

(8) 遇有如图6.6所示的道岔布置时,应将1号与7号道岔划分在两个轨道电路区段。

(9) 若在出口最外方道岔处设调车信号机时,信号机与站界间应划一轨道区段,其长度不小于50 m,以便利用该调车信号机进行调车作业时,不致占用区间线路。如附图中D_1

信号机外方就设有无岔区段。

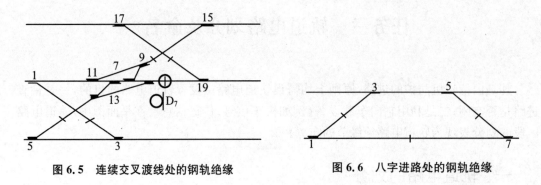

图 6.5　连续交叉渡线处的钢轨绝缘　　　　图 6.6　八字进路处的钢轨绝缘

二、钢轨绝缘位置的确定

（1）道岔区段，在岔尖一端的钢轨绝缘设置在基本轨的接缝处；在辙叉一端的钢轨绝缘设置在距警冲标不小于 3.5 m 处。渡线上的钢轨绝缘不受此限制。图 6.7 中黑点"●"为警冲标。

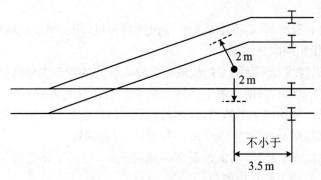

图 6.7　道岔区段钢轨绝缘

（2）安全线、避难线上的钢轨绝缘，应尽可能设在尽头处。

（3）为了需要，在道岔辙叉后设置的钢轨绝缘距警冲标的距离小于 3.5 m 时，称为侵限绝缘，在平面图上以绝缘外加一圆圈表示。如附图中 3 号与 5 号道岔之间的钢轨绝缘为侵限绝缘。

（4）信号机处的两钢轨绝缘，原则上应当和信号机并列。当不可能设在同一坐标时，信号机处的钢轨绝缘允许有如下变动范围：

① 进站和接车进路、调车信号机处的钢轨绝缘允许安装在信号机前方或后方各 1 m 的范围内。

② 出站（包括出站兼调车）或发车进路信号机处的钢轨绝缘可装在信号机前方 1 m［如图 6.8(a)所示］或后方 6.5 m［如图 6.8(b)所示］的范围内。由于机车的最外轮对中心距车钩端部距离不小于 1 m，当机车车钩与信号机并齐时，机车最外方轮对不应压入道岔区段，这就是规定信号机前方 1 m 范围的原因。至于信号机后方，特别是出站信号机后方 6.5 m 范围的规定，是为了方便工务配置短轨，避免太多地损失另一方向股道有效长。

(5) 列车运行速度不超过 120 km/h 的非自动闭塞区间,预告信号机处的钢轨绝缘,应安装在预告信号机外方 100 m 处。

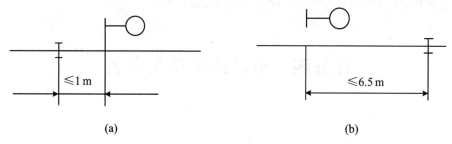

图 6.8 出站信号机钢轨绝缘

(6) 两根钢轨的绝缘应尽量设置于同一坐标,当不能设置于同一坐标时,其错开距离(死区段)最大不能超过 2.5 m,如图 6.9(a) 所示。这一规定避免了小车占用死区段时,电路检查不出来。

两相邻死区段间的间隔如图 6.9(b) 所示,或与死区段相邻的轨道电路的间隔如图 6.9(c) 所示,一般不小于 18 m。

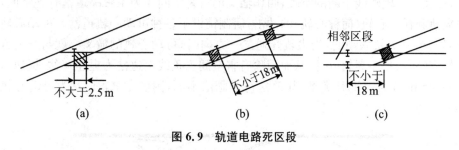

图 6.9 轨道电路死区段

(7) 异型钢轨接头处,不得安装钢轨绝缘。
(8) 钢轨绝缘应避免设在桥梁上、道口内。

三、轨道电路的命名

道岔区段、股道和无岔区段采用不同的命名方式。

(1) 道岔区段轨道电路根据道岔编号命名

在附图站场中,只包含一组道岔的,用其所包含的道岔编号来命名,如 1DG、3DG;包含两组道岔的,用两组道岔编号连缀来命名,如 7-9DG、13-19DG;若包含三组道岔,则以两端的道岔编号连缀来命名,如 11-27DG,包含了 11#、23#、27# 三组道岔。

(2) 股道的编号方式

在单线铁路区段,从靠近站台起,向远离站舍方向按顺序编号,正线用罗马数字(Ⅰ,Ⅱ,…),站线用阿拉伯数字(1,2,…)。

复线铁路区段,先编正线股道号码,使用罗马数字(Ⅰ,Ⅱ,…)。下行正线一侧用单数,上行正线一侧用双数,从正线向外按顺序编号,如附图所示。

(3) 无岔区段命名

进站信号机内方及双线单方向运行的发车口处的无岔区段,根据所衔接的股道编号加

A(下行咽喉)及B(上行咽喉)来表示。如附图站场中,上行发车口处的无岔区段衔接股道为ⅡG,该无岔区段即称为ⅡAG。牵出线、机待线、机车出入库线、专用线等调车信号机外方的接近区段,用调车信号机编号后加G来表示,如D_5G。

任务四　道岔的类型及命名

一、道岔的组成

道岔是列车从一股道转向另一股道的转辙设备,如图6.10所示。道岔有两根可以移动的尖轨,尖轨的外侧是两根固定的基本轨。与尖轨和基本轨相连接的是四根合拢轨。其中两根合拢轨是直的,两根合拢轨是弯的(其曲线叫作道岔导曲线),两根内侧合拢轨相连的是辙叉。它由两根翼轨、一个岔心和两根护轮轨组成。从两翼轨最窄处到辙叉心实际尖端之间,存在着一段轨线中断的空隙,叫作辙叉的有害空间。为了解决道岔有害空间,减轻车轮对翼轨和辙叉心轨(简称心轨)的冲击,研制铺设了各种可动心轨道岔。可动心轨辙叉的心轨是与道岔尖轨联动的,当尖轨开通某一方向时,可动心轨的辙叉心就与开通方向一致的翼轨密贴,与另一翼轨分开,从而消除有害空间。正线上道岔为提速道岔,提速道岔分为可动心轨和固定辙叉两种类型,其道岔符号画法不同,附图中3#道岔为可动心轨,9#道岔为固定辙叉。

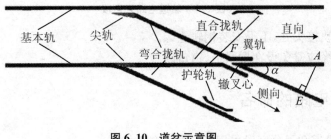

图6.10　道岔示意图

道岔的辙叉号(N)与辙叉角(α)的关系:
$$N = \cot \alpha$$
因此,α角越小,道岔号码(N)越大,导曲线半径也越大,机车车辆通过该道岔时就越平稳,允许过岔速度也就越高。所以,采用大号码道岔,对于列车运行是有利的。目前,在我国铁路的主要线路上大多采用9、12、18号三个型号的道岔,附图的道岔类型表中标示了道岔的辙叉号。

二、道岔的位置及编号

如图6.10所示,道岔有两根可以移动的尖轨,一根尖轨与基本轨密贴,另一根尖轨与基本轨斥离,可以同时改变两根尖轨的位置,使原来密贴的分离,而原来分离的密贴,可见道岔有两个可以改变的位置。我们通常把道岔经常所处的位置叫作"定位",临时根据需要改变的另一位置叫作"反位"。为改变道岔的两个位置,在道岔尖轨处需要安装道岔的转辙设备。道岔定位位置的确定,一般根据以下两条原则:

(1) 确保站内行车和调车作业的安全;
(2) 作业方便,尽量减少扳动道岔的次数。

道岔编号方法:从车站两端用阿拉伯数字,由站外向站内,先主要进路,后次要进路依次编号。上行咽喉内道岔编为双数,下行咽喉内道岔编为单数。同一渡线上的道岔应连续编号。

三、单动道岔与双动道岔

按压一个道岔按钮(电动道岔的操纵元件),仅能使一组道岔转换,则称该道岔为单动道岔;如果能使两组道岔同时或顺序转换,则称为双动道岔。双动道岔有时也称联动道岔。为了简化操作手续,简化联锁关系,有时还为了保证行车安全和节省信号器材等因素,凡是能双动的道岔必须使之双动。"双动"即意味着两组道岔可作为一个控制对象来处理,下面举例说明。

渡线两端的道岔,应使之双动。对双动道岔的基本要求是:定位时都必须转换到定位,反位时则又都必须转换到反位。图6.11(a)中所示的1号和3号道岔,它们是渡线上的两组道岔。这两组道岔都处于定位时,使两条平行进路都开通,互不影响,并起到进路的隔离作用。当下行开来的接向4股道的列车要经过1/3渡线时,需要把1号和3号道岔都扳到定位。由于1号和3号道岔是双动的,即定位时,必须同时定位,反之,必须同时反位,故这两组道岔必须双动。

图6.11(b)中所示的2号和4号道岔,它们不属于渡线两端的道岔。当2号道岔在定位时,4号道岔可以在定位位置,也可以在反位位置。但是,线路隔开设备与到发线之间的连接线路两端的道岔,应使其双动。图6.11(b)中的安全线是专用线与正线之间的线路隔开设备,其两端的道岔1和3应设置为双动,使道岔1定位开通安全线,道岔3定位开通正线。这样,当正线上有列车运行时,道岔3处在定位,道岔1也必须处在定位,也就是说,只有在保证1号道岔处在定位,才能使安全线起到防护作用,即使专用线有列车驶入,也让其

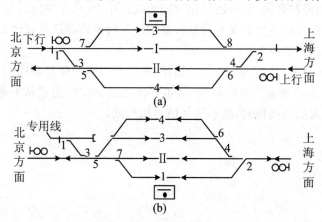

图6.11 双动道岔举例

进入安全线,以避免与正线运行的列车相撞。平时1、3号道岔处在定位状态,开通安全线,只有当专用线的列车进入车站时,才临时将1、3号道岔转至反位。

在大的旅客站和停车场,为了缩短用地,采用交分道岔。交分道岔有4个辙叉,其中2个是锐角的,2个是钝角的,有4条曲合拢轨,4条活动心轨。

交分道岔的优点在于缩短用地长度,特别是连接几条平行股道时,比用单开道岔连接的长度缩短得更为显著。由于列车通过时,弯曲少,走行平稳,速度可较高,瞭望条件也较好;但交分道岔结构复杂,零件数量也较多,4 mm密贴难以调整,给维修带来一定困难。

四、对向道岔和顺向道岔

道岔本身并无顺向和对向之分,它只是根据列车运行方向而言的。列车迎着道岔尖轨运行时,该道岔就叫作对向道岔,反之,列车顺着道岔尖轨运行时,该道岔就叫作顺向道岔,如图6.12(a)、(b)所示。

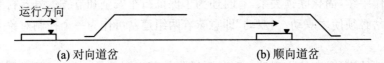

图6.12 对向道岔和顺向道岔

对向道岔和顺向道岔的不安全因素不一样,导致事故的后果也不同。

当列车迎着岔尖运行时,如果道岔位置扳错了,则列车就会被引向另一条线路上。如果这条线路已停有车辆,就会造成列车冲撞。另外,道岔位置虽然对,但其尖轨与基本轨不密贴(即状态不良),则车轮轮缘有可能将密贴的一根尖轨挤开,造成"四开",从而引起列车颠覆事故。

当列车顺着岔尖运行(即从辙叉方面开来),与上述情况就不同了。这时道岔位置如果不对,车轮轮缘可以从尖轨与基本轨挤进去,并推动另一根尖轨靠近基本轨。发生这种情况,叫作挤岔。挤岔时有可能使道岔和道岔转换器遭到损伤。应当指出,同一组道岔,根据经由它的列车运行方向不同,有时是对向的,有时却又是顺向的。

在实际工作中,因为车站的许多线路是固定使用的(如某一股道只接一个方向的列车),所以对某一组道岔来说,它可能只作对向道岔使用,或只作顺向道岔使用。这样,我们就可以区别对待,在对向道岔处安装质量较好的道岔转换器和道岔锁闭器。在正常维修工作中,要加强对对向道岔的维护。

为了保证行车安全,凡是列车经过的道岔,不论是对向的还是顺向的,都要和信号机实现联锁,在道岔转换器和锁闭器的结构上,也要使之能够反映出道岔不密贴和挤岔等危险情况,一旦道岔不密贴或被挤时,就不能使信号机开放。

项目七 计轴设备

任务一 计轴设备认知

一、计轴设备概述

计轴器是基于通信、计算机网络技术和传感器技术开发的新型计轴产品。计轴设备是基于计轴器的计轴系统,是一种用于计算列车进出区段的轮轴数,分析计算区段占用情况的一种技术设备,通常简称为计轴。计轴设备对通过它所在位置的列车轮轴进行计数,在每个闭塞区段的始端和终端都安装计轴点,用于检测每个区段的占用情况,其功能与轨道电路相似。计轴设备与联锁设备相连,为进路编排提供基础信息,构成闭塞系统,以确保列车运行安全。一般情况下,计轴信号系统可作为移动闭塞的后备模式投入运营。

二、计轴设备的组成

计轴设备由室内计轴主机设备、室外轨旁计轴点设备及其之间传输信息的通道三部分组成,且具备外接复零条件以及与联锁和计算机监测等设备的接口,其组成框图如图 7.1 所示。

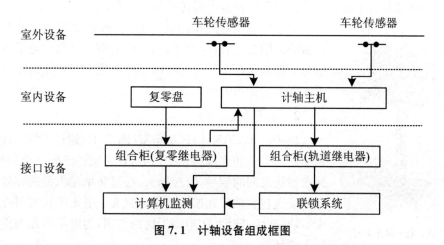

图 7.1 计轴设备组成框图

（一）室外设备

计轴系统的室外轨旁设备统称为计轴点（或称为检测点），用于检测列车轮轴和列车运行方向，形成计轴信号并通过计轴专用传输通道传送至室内计轴主机进行计轴运算，是计轴系统的数据采集设备。其主要设备包括计轴器、电子单元。

1. 计轴器

计轴器又称为车轮传感器或计轴磁头，它是计轴系统中用于采集和统计列车轮轴的室外设备，安装在钢轨上。如图 7.2 所示，计轴器一般成对地安装在钢轨上，用于采集通过该检测点的列车轮轴信息和列车运行方向信息。发送磁头安装在钢轨外侧，接收磁头安装在钢轨内侧。

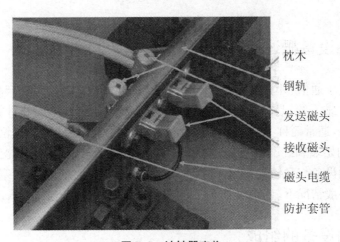

图 7.2 计轴器实物

发送磁头的信号来自电子连接盒的发送/接收板，在钢轨附近产生交变磁场，通过磁耦合在接收磁头上获得感应电压。当列车车轮经过磁头时，由于车轮的屏蔽作用，使得接收线圈中的磁力线方向发生变化，从而发生电压幅值及相位的变化，相当于发送线圈的信号进行了相位调制，这个载有车轴信息的信号经电缆传送给电子单元。

为了能够判定列车的运行方向，每个检测点设置两套紧密相依的计轴器，当有轮对通过时，两个磁头分别向电子单元发送信息。根据这两个信号的时间差即可供电子单元判定列车在轨道区段上的运行方向。

图 7.3 电子单元 EAK

2. 电子单元 EAK

电子单元 EAK，俗称小黄帽（图 7.3），通过 4 根电缆分别与两套轨道磁头相连以向磁头供电，并向发送磁头发送信号，然后接收磁头发回的信号、监控磁头，经过简单逻辑判断和处理后向室内发送包含轴数和监控信息的报文。电子单元密封在安装盒中，具有防尘、防潮、防电磁干扰的作用，为电子单元提供了较好的工作环境。

EAK 箱内（图 7.4）有接地板，接地板上有 EAK 电子单元，电子单元里有底板、模拟板以及核算器板各1块。一般计轴点的 EAK 箱下方共有6条电缆,其中4条电缆连接计轴磁头,1条电缆连接室内 CTF 分线盘,还有1条地线电缆。每个计轴点需提供2对电缆,1对为信号线,1对为电源线。计轴点的供电电压为 AC60－120 V,其电源线可供多个计轴点共用(一般不超过4个检测点),以故障影响区段最少为原则。

评估板

模拟板

机笼

WAGO端子

底板

磁头电缆
(1) 接收磁头1
(2) 发送磁头1
(3) 发送磁头2
(4) 接收磁头2

安装基础

图 7.4　EAK 箱内部组成及连接

(1) 底板

电子单元的底板类似于电脑的主板,整个电子单元的供电由此接入,核算器(或称为评估板)和模拟板插在底板的插槽中。底板边缘还有一个测试插座,可以连接测试工具用来察看电路板的工作电压以及磁头发送回来的电信号等。

(2) 模拟板

在车轮靠近和远离的过程中,计轴磁头的磁场变化是一个渐变的过程,其所导致的接收端电压变化自然也是渐变的。模拟板的功能就是把这种渐变的信号转变成核算器板能读懂的电脉冲信号。

(3) 核算器板

核算器板的功能就是计数和向室内发送数据。核算器板有自检功能,一旦发现本身CPU 有故障就会停止向室内发送错误数据。

3. 计轴点

轨旁计轴点(检测点)由在轨旁的一组检测磁头及其电子单元 EAK 构成,简称计轴点。其功能是:完成列车轮轴数据和运行方向的采集,并把相应的轮轴信号通过专用的电缆线路传送至室内设备进行计轴运算。

(二) 室内设备

1. 室内设备功能

计轴系统室内设备又称计轴主机,其主要任务是:

(1) 收集计轴点送来的信息。
(2) 检测室外设备是否正常。
(3) 对车轴进行计算。
(4) 提供"轨道空闲"或"轨道占用"的表示信息,并将信息供给联锁电路。
(5) 显示每个计轴点的车轴数。

2. 室内设备组成

计轴主机的主体结构由计轴机柜组成,内含的主要板卡包括:放大板、计轴板、输出板、复零板和电源板等单元。计轴板与输出板等组成计轴运算单元(计轴主机)。

(1) 电源板输入 50 Hz 交流 220 V 电源,输出直流 12 V 和 24 V 电源,为其他部件提供工作电源。

(2) 计轴点产生的轮轴信号输入至放大板。放大板接收到轮轴信号,经放大和整形后形成轮轴脉冲,为计轴板和输出板提供工作条件。

(3) 计轴板有两套独立的计轴运算单元,分别根据放大板传送的轮轴传感器信息,判断列车运行方向,并完成经过的列车轴数计入和计出统计。然后它采用2取2安全策略,输出计轴区段状态信息至输出板:如果双 CPU 处理结果一致,则可作为系统的输出;如果结果不一致,则执行一个安全结果——区段占用。

(4) 输出板由 12 个继电器组成,完成车轮传感器的状态输出和计轴区段状态的条件输出。

(5) 复零板执行所属区段计轴电路的复零。

三、计轴设备的工作原理

(一) 计轴器的工作原理

1. 轮轴脉冲的形成

计轴设备采用电磁式有源传感器,利用线圈互感在有车轮通过时发生变化而得到轮轴信号。车轮传感器的每套磁头包括发送(T)和接收(R)两个磁头,发送磁头安装在钢轨外侧,接收磁头安装在钢轨内侧。发送磁头的线圈和接收磁头线圈及钢轨的配置形状如图 7.5 所示。

发送线圈 T 和接收线圈 R 产生的磁通环绕过钢轨后形成两个磁通 Φ_1(实线)、Φ_2(虚线),它们以不同的路径从相反的方向穿过接收线圈 R。当无车轮经过该传感器时,$\Phi_1 \gg \Phi_2$,在接收线圈 R 内感应出一定的交流电压信号,此时 V_R 与 V_T 同相。

当车轮经过车轮传感器,由于车轮的屏蔽作用,整个磁通桥路发生变化,此时 Φ_1 减小、Φ_2 增大,V_R 与 V_T 反相。该相位变化经车轮电子检测器单元电路处理后形成轴脉冲,如图 7.6 所示。

2. 行车方向的判定

为了在计轴点进行行车方向的判定,计轴点设置了两套计轴器,它们的轮轴脉冲如图 7.7 所示。根据轮轴脉冲的形成过程,当车轮经过传感器时,两组磁头产生的轴脉冲组合后形成五种形态的脉冲对(即 00、10、11、01、00),根据两脉冲对的组合时序可确定列车的运行方向。

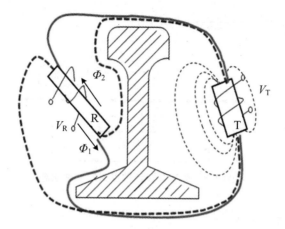

图 7.5　发送与接收磁头的磁路

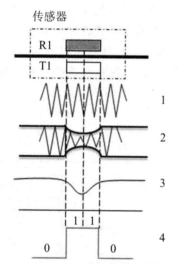

图 7.6　轮轴脉冲形成图

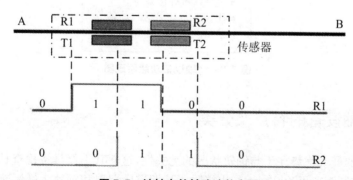

图 7.7　计轴点轮轴脉冲状态图

在图 7.7 中,两个传感器轮轴脉冲的五种脉冲对代表的工作状态如图 7.8 所示。列车在计轴点不同位置时,两套接收磁头所形成的五种状态(车轮在磁头辐射范围时,该组磁头产生一个"1"脉冲,否则为"0"脉冲)。

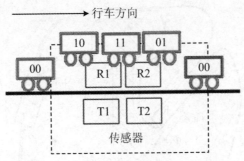

图 7.8　列车经过计轴点时的五种状态

(二)计轴系统工作原理

列车进入计轴区段,驶入端计轴器对轮轴进行累加计数,并发出区段占用信息,同时,驶入端处理器经传输线向驶出端处理器发送驶入轮轴数,列车全部通过驶入端计轴点时,停止计数。当列车到达区段驶出端计轴点时,由于列车是驶离区段,驶出端计轴器进行减轴运算,同时再传递给驶入端处理器。列车全部通过后,计轴主机同时对驶入区段和驶离区段的轮轴数进行比较运算,结果一致时,认为区段已经空闲,发出区段空闲信息表示,不一致则认为区段仍处于占用状态。计轴设备功能原理如图 7.9 所示。

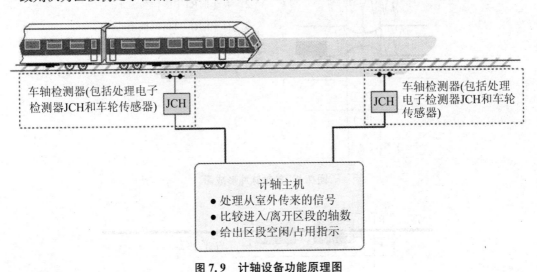

图 7.9　计轴设备功能原理图

四、计轴设备的特点及分类

计轴设备的最大优势在于与钢轨状况的无关性,这使其不仅具备检查长轨道区段的能力(无分支时控制距离可达 20 km),也消除了长期道床潮湿和钢轨生锈影响轨道电路正常工作的困扰,区间无需安装钢轨绝缘等。与轨道电路相比,计轴设备的主要缺点为:不能进行断轨检测;不能传递与行车有关的信息;易受其他金属物影响。

计轴信号系统在国内外运用已经很普遍,计轴器的国产化也已成熟。依据轮轴检测的实现原理来分,它主要有电磁感应磁头和车轮传感器技术两类。国内外常见的产品有:西门子 AZS(M)系列、福豪盛 ACS、泰雷兹 AzLM、科安达－提芬巴赫 TAZ-II-S295 和北京康金森 KJS-JZ 等。

任务二　计轴点设置

计轴传感器是实现轨道区段状态检测的重要设备,不同的轨道区段类型,传感器的设置位置也有所不同。本任务结合计轴点的设置原则,给出相应位置设置计轴器的方法及判断区段状态的方法。

一、计轴点的设置原则

城市轨道交通正线区间内一般不设置计轴器,但为了提高运行效率,也可以在区间设置信号机,以缩短行车间隔,在此情况下,在该信号机的位置处必须设置计轴器。一般情况下,在以下位置处也应设置计轴器:
(1) 道岔区段中,每一条进路的两端;
(2) 在车辆段转换轨处;
(3) 在车站的进、出站处;
(4) 为实现独立保护区段处。

二、计轴点设置示例

(一) 计轴点在无岔区段的设置

对于无岔区段,在其两端各设一个计轴点。其设置可分为单独区段和数个连续区段两种情况。

1. 单独无岔区段计轴点设置及其区段占用判断原则

1DGA 轴数＝1DGB 轴数,1DGJ↑;1DGA 轴数≠1DGB 轴数,1DGJ↓,如图 7.10(a),计轴点在图纸上用"●●"图标表示。

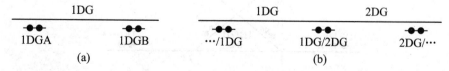

图 7.10　计轴点在无岔区段的设置

2. 连续无岔区段计轴点设置

如图 7.10(b)所示,计轴点的编号使用区段名称进行区分。其中,"1DG/2DG"计轴点称为共享计轴点,为两个轨道区段共用。各区段占用规则为:···/1DG 轴数=1DG/2DG 轴数,1DGJ↑,否则 1DGJ↓;1DG/2DG 轴数=2DG/···轴数,2DGJ↑;否则 2DGJ↓。

(二)计轴点在道岔区段的设置

依据道岔区段内包含的道岔类型来分,其计轴点的设置主要有:一组单动道岔、两组单动道岔、渡线道岔和交叉渡线等。对于一组单动道岔所组成的计轴区段,在道岔岔前、岔后直股(或直向)和弯股(或侧向)处各设一个计轴点,如图 7.11(a)所示。计轴区段内有两组单动道岔时,在其岔前和每组道岔的岔后直股和弯股处各设一个计轴点,共 4 个计轴点,如图 7.11(b)所示。

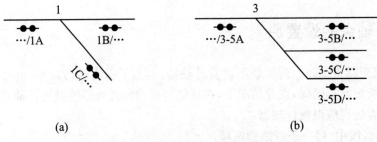

图 7.11 计轴点在单动道岔计轴区段的设置

对于渡线道岔区段,渡线两端的道岔要划分为不同的计轴区段,在渡线的中部设一个共用计轴点,如图 7.12(a)所示。交叉渡线中,如果渡线两端的道岔仍划分为两个计轴区段,则计轴点的设置如图 7.12(b)所示;若在每条渡线的中部各设一个计轴点,则该计轴点为共用计轴点,如图 7.12(c)所示。以上各种情况,每个区段都只设一个轨道继电器。

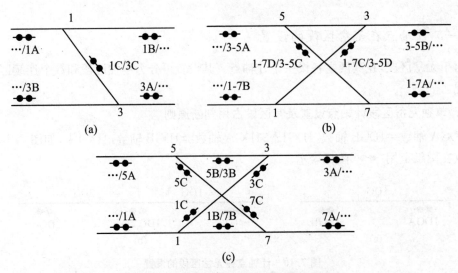

图 7.12 计轴点在渡线道岔区段的设置

从上述各类型的计轴区段计轴点设置可以看出,对于不同的区段,特别是对于道岔区段,一个区段可以有多个出入口,在设置计轴点时,要考虑区段的所有出入口处设置的计轴点,无论列车从何处进入区段,各计轴点都应给出正确的结果。

（三）其他计轴点设置

除上述的各区段设置计轴点之外,在防护列车折返、停车线等信号机处必须设置计轴点。图 7.13 至图 7.17 给出了常见的各种情况下计轴点设置示例。

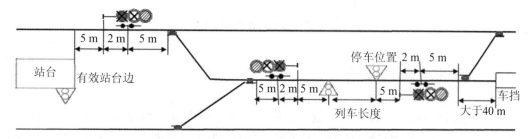

图 7.13　贯通式单列位折返线、停车线计轴点设置

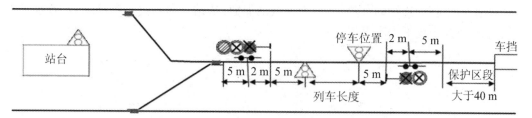

图 7.14　尽头式单列位折返线、停车线计轴点设置

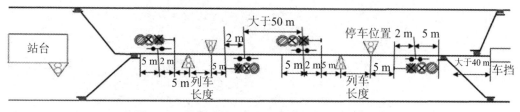

图 7.15　贯通式双列位折返线、停车线计轴点设置

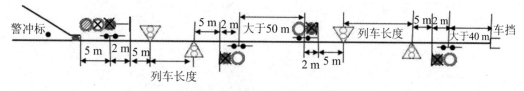

图 7.16　尽头式双列位折返线、停车线计轴点设置

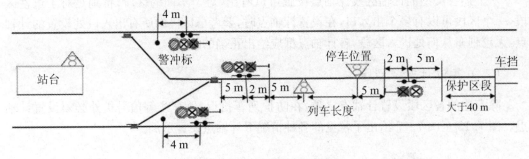

图 7.17 道岔后计轴点设置

三、计轴点命名规则

计轴点名称的构成一般为 JZ+编号。编号按照上、下行运行线路顺序编号,下行线路编为单数,上行线路编为双数,如 JZ1、JZ2 等。有的命名也根据地铁公司要求,没有统一的标准。如上海轨道交通规定,计轴点名称格式为"A—车站编号—设备编号"。其中,设备编号规则为:上行为连续的奇数,下行为连续的偶数;从站外向站内按顺序编号,若水平坐标相同时,则从上向下按顺序编号。

项目八　应答器设备

任务一　应答器设备认知

随着列车运行速度的不断提高,仅依靠由轨道电路将闭塞信息送至车载设备的方式,在信息量方面已经不能满足列车安全高速行驶的要求,需要增加应答器设备向车载设备提供大量固定信息和可变信息。在中国列车运行控制系统 CTCS 技术规范总则里,从 CTCS-1 级到 CTCS-3 级都要运用应答器设备。因此,应答器是铁路既有线提速以及客运专线中不可缺少的设备。近年来,我国城市轨道交通陆续采用基于无线通信的 CBTC 系统,已废除了轨道电路,为了检测列车在线路的精确位置,其普遍、大量地采用了应答器。应答器主要有有源应答器、无源应答器、环线应答器三类,符合欧标应答器标准和要求。通过应答器对在线运营列车进行安全可靠的定位检测,定位精度可满足列车控制和追踪间隔要求。

一、应答器概述

应答器(信标)是高速率、大信息量的点式数据传输设备,主要用途是在特定的地点实现车-地间的数据交换,向列车提供可靠的轨旁固定信息与实时可变信息。车载设备通过这些信息实现安全控车。如:城市轨道交通系统中,应答器系统为点式级别列车提供移动授权(MA)信息,并为 CBTC 级别列车和点式级别列车提供位置信息等。目前城市轨道交通信号控制系统中主要存在 Amtech 公司的美国标准 TAG 产品和欧洲标准的 Eurobalise 产品两种应答器,其技术特性不尽相同。应答器是欧洲标准的称谓,信标是北美标准的称谓。

基于应答器所构成的应答器系统中地-车的通信方式为点对点,因此应答器系统也常称为点式应答器系统。应答器系统主要由车载设备和地面设备两部分组成,如图 8.1 所示。车载设备包括应答器信息传输模块(BTM,Balise Transmission Module)、车载查询器天线(TIA,Transponder Interrogator Antenna);地面设备包括固定应答器(又称无源应答器,FB)、可变应答器(又称有源应答器,TB)、轨旁电子单元(LEU,Lineside Electronic Unit)等。

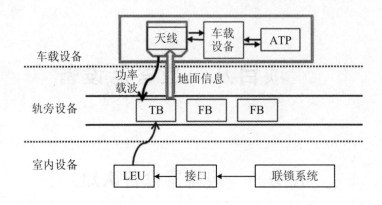

图 8.1　应答器系统组成框图

应答器既可以向列控车载设备传送固定信息，也可连接轨旁单元（LEU）传送可变信息。传送的信息主要包括：

（1）线路基本参数，如线路坡度、轨道区段等参数；

（2）线路速度信息，如线路最大允许速度、列车最大允许速度等；

（3）临时限速信息，当由于施工等原因需对列车运行速度进行限制时，向列车提供临时限速信息；

（4）车站进路信息，根据车站接发车进路，向列车提供线路坡度、线路速度、轨道区段等参数；

（5）道岔信息，给出前方道岔侧向允许列车运行的速度；

（6）特殊定位信息，如升降弓、进出隧道、鸣笛、列车定位等；

（7）其他信息，如固定障碍物信息、列车运行目标数据、链接数据等。

二、应答器种类

1. 有源应答器

有源应答器有单独的外部电源，如图 8.2(b)所示，用于发送移动授权和复示信号机的信号显示。按用途来分，有源应答器可分为：重开应答器（VB，或称为可变应答器）、预告应答器（IB，又称为填充应答器）。VB 布置在进路始端信号机前，向经过的点式列车发送点式MA（移动授权）信息（此时，该应答器又可称为进路信标）；IB 用来预告信号机的显示（此时，该应答器又可称为信号信标），预告前方信号机的状态信息，以此来提高线路的通过能力。

2. 无源应答器

无源应答器无需任何外部电源，如图 8.2(a)所示，通过列车天线获得能量，其外形与有源应答器完全一致，不同之处在于有源应答器外部接有尾缆（用于连接外部供电及与 LEU 通信）。

无源应答器中存储的信息包含应答器 ID（标识信息），该标识在整个线路中具有唯一性，该信息同样存储在车载 ATP 中的静态线路库中。当列车经过应答器时，获取应答器信息后,即可进行校核,从而实现列车的位置校正。

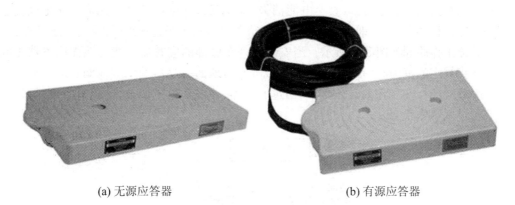

(a) 无源应答器　　　　　　　　(b) 有源应答器

图 8.2　应答器分类

无源应答器按用途分为动态初始化应答器(MTIB,或称为轮径校正应答器 WB)、固定应答器(RB 或 FB)。MTIB 用于列车初始化,进行轮径校正;RB 主要用于列车定位。

3. 环线应答器(LDR)

环线应答器是一种特殊的应答器,其作用也是为点式级别列车提供 MA 信息,并为 CBTC 级别列车和点式级别列车提供位置信息,用于停车定位。环线应答器比一般应答器要长(可达 4 m,如图 8.3 所示),在列车对位停车时,能够持续接收到环线应答器发送的点式 MA,从而保证列车不会在前方发车进路没有开放时误出发。

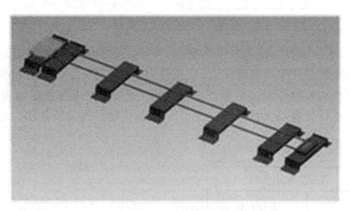

图 8.3　环线应答器

环线应答器由三部分组成:发送盒、尾部接线盒和环线尾缆。尾缆通过出线孔连接到轨旁分线箱(一般放置地下)或电缆盒 HZ12(一般置于地面或高架)。

三、应答器原理

应答器是一种基于电磁耦合原理的高速点式数据传输设备和存储设备,它利用无线感应的原理,在特定地点实现地对车的通信。应答器平时处于休眠状态,需要有"人"来激活它,然后它才进行响应,把存在其中的所有数据发送给激活它的"人"。这里来激活它的"人"就是车载查询天线 TIA 设备。其工作过程是:当列车经过应答器上方时,它接收到车载天线发送的电磁能量(27 MHz)后,将其转换成电能,使应答器中的电子电路工作,把存储在其中的数据循环发送出去,直至电能消失(即车载天线已经离去),完成一次地面信息上车的传输过程,应答器立即进入休眠状态。待下一次列车经过该点时,重复上述过程。

应答器工作原理如图8.4所示。当安装在列车底部的应答器天线与地面应答器之间的磁场达到规定的范围时(有效作用长度≥0.5 m),地面应答器的感应线圈感应到列车发出的功率载波(27.095 MHz±5 kHz),通过变换器、检波和电压调节,输出直流电压,使地面应答器进入工作状态。

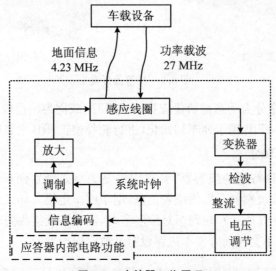

图 8.4　应答器工作原理

系统时钟得到工作电压,则进入工作状态,并使信息编码器和调制电路同步工作。编码器读取预置在系统芯片中的信息或 LEU 发送过来的信息,给出调制器编码条件。调制器将信息调制后的调频信号经过低通滤波器整形后放大,由线圈发送出去,供 BTM 模块接收至车载设备进行处理,从而实现安全控车。数据传输过程及其各部件之间的接口关系如图8.5所示。

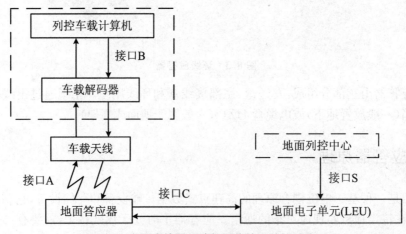

图 8.5　有源应答器系统数据传输及其接口关系

在图 8.5 所示的系统中,车载处理器和车载解码器之间的通信接口称为 B 接口(集成在 BTM 模块中);有源应答器与 LEU 之间的接口称为 C 接口,主要用于实现可变信息的传递;A 接口为地面应答器与车载天线之间的接口,是车-地信息传输的通道。车载天线通过 A 接口向地面应答器输出能量(该通道称为"下行链路"),应答器工作后,也通过 A 接口将信息发送给车载天线(该通道称为"上行链路");LEU 与地面列控中心或联锁系统之间信息传递的通道称为 S 接口。其他各接口的定义如表 8.1 所示。(参见 TBT348-2017 应答器传输系统技术条件)

表 8.1 应答器系统通信接口定义

接口名称	接口定义	接口名称	接口定义
A	应答器与车载设备之间的空气间隙接口	D	BTM 与天线单元之间的接口
B	BTM 与车载主机单元之间的接口	S	LEU 与外部设备(如列控中心设备)的接口
C	LEU 与应答器之间的接口	V	BTM 与外部测试和校验装置的测试接口

四、应答器功能

城市轨道交通系统中,应答器为列车提供精确的绝对位置参考点(也可以提供线路的坡度、弯度等信息)。鉴于应答器提供的位置精度高(达厘米量级),常用应答器作为修正列车实际运行距离的手段,实现列车定位,但由于应答器信息传递的间断性,因此应答器定位技术往往作为其他定位技术的补充手段。应答器在城轨运营过程中所起的作用主要有:进行系统初始化、列车定位与轮径校准、定位停车和 CBTC 后备模式。

1. 车-地通信系统初始化

当列车出发驶入"转换轨",经转换轨上的应答器进行车-地通信初始化,自动将车组号和司机号传送到中央 ATS 系统。中央 ATS 系统自动赋予列车相应的识别号,此列车便正式登录 ATC 控制区。ATS 系统以此作为识别每列列车的身份标志,监督各列车在线路上的运行状态。

2. 列车定位与轮径校准

列车在正线运营期间,由于列车在启动、制动、上坡和下坡等情形下车轮的空转和打滑会造成列车的定位误差,因此必须采用应答器向列车传送给绝对位置数据,辅助其进行列车绝对位置的定位。车载设备接收到这些数据后,对车载里程计的测距误差进行修正。车轮半径是定位及测速的基础数据。为了减小列车定位及测速的误差,在每次运营之前车载控制器需要完成轮径校准工作。

3. 定位停车

列车在车站停车时,车门的开度与屏蔽门的开度要配合良好,要求车门与屏蔽门之间的停站允许误差控制在 25~50 cm 范围内。列车的精确停车信息需要地面应答器提供。典型车站精确定位停车应答器设置如图 8.6 所示。通过设置多组应答器提供停车点距离信息,应答器的多少是根据定位精度而设定的。

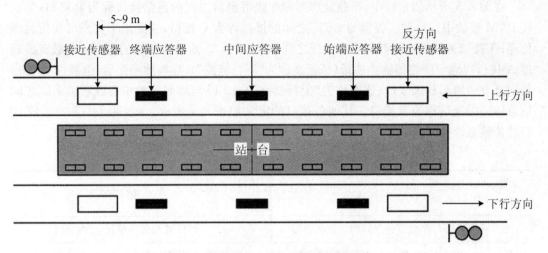

图 8.6 典型车站精确停车应答器设置

4. 作为 CBTC 后备模式

在 CBTC 系统中,应答器作为车-地之间的点式通信信道,是连续式通信的后备模式。在后备运营模式下,应答器也多称为信标,根据其作用分为进路信标和信号信标。利用 CBTC 车载控制器和地面应答器实现后备 ATP 控制功能,确保列车安全地停在信号机前方并防止列车冒进信号。每个车站使用一个与出站信号机相关联的有源应答器。如果出站信号机没有开放,而司机错误地开始发车,车载计算机通过查询器天线检测到该信号机的禁止信息,则立即实施紧急制动,从而防止列车冒进红灯信号。

任务二 应答器应用

一、应答器安装设置标准

1. 应答器安装原则

应答器的安装,应遵照科技运函〔2004〕114 号《应答器技术条件(暂行)》执行。

(1) 各地面应答器或应答器组中的第一个地面应答器应安装在信号点处,前后允许偏差 1 m。

(2) 应答器应安装在轨枕中央表面,其表面应低于钢轨表面 93~190 mm;两个相邻应答器之间最小距离是 2.3 m(线路允许最大列车速度在 180 km/h 时,为 2.3 m)。

(3) 同一应答器组中两个相邻应答器之间的距离在满足最小距离要求的情况下,最大不得大于 12 m。

其余的安装要求可参考《应答器技术条件(暂行)》文件。

2. 应答器的命名

应答器编号和名称,一般根据各轨道公司的要求进行设置。例如,VB 和 IB 统一编号,在本线路按照上、下行顺序编号,下行线路编号为奇数,上行线路编号为偶数;MTIB 和 RB 统一编号,基本原则同 VB 和 IB。如上海轨道交通规定:无源应答器命名为"BW-车站编号-设备编号",有源应答器命名为 B,与有关信号机的编号相同,当同一架信号机有多个有源应答器时,则其加后缀"-1""-2"。

在铁路系统中,应答器的编号有着统一规范,参见《应答器编号规则(暂行)》(运基信号〔2006〕27 号)。每个应答器(组)都有一个编号,并且该编号在全国铁路范围内是唯一的。应答器编号由"大区编号+分区编号"与"车站编号+应答器单元编号"共同构成。其中,应答器以应答器(组)为基本单元进行编号(简称单元编号)。在车站管辖范围内(含区间)的全部应答器(组)进行统一编号,以列车正运行方向或应答器用途为参照,按正线贯通、从小到大的原则进行编号,下行编为奇数,上行编为偶数。每个应答器组可由 8 个应答器组成,按列车正运行方向依次编号,如图 8.7 所示。

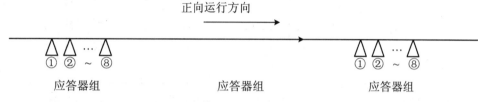

图 8.7　应答器组内应答器编号原则

例如,某应答器编号"047-2-06-018-2"的含义为:047 为大区编号,2 为分区编号,06 为车站编号,018 为应答器组编号,2 为组内第 2 个应答器。

3. 应答器设置原则

在城市轨道交通系统中,根据线路点安全性的需要,及其应答器应在该点所应具备的功能进行设置,基本原则如下:

(1) 转换轨及联络线设置固定应答器,用于列车初始化。

(2) 车站站台及正线停车线、具有折返功能的折返轨设置固定应答器,用于精确定位停车。

(3) 在车站站台区正向发车段、折返轨上设置环线应答器。

(4) 信号机前设置可变应答器作为主信号应答器,主信号应答器与信号机之间的距离需综合具体车载天线安装位置等来确定。

(5) 在相应信号机前方至少一个常用制动距离之外设置可变应答器,作为预告应答器使用,以提高线路通过能力。

(6) 在分歧线路处设置固定应答器,用于实现点式控制模式下进行列车重定位。

(7) 根据系统特点,在转换轨、联络线等处设置轮径校准应答器,用于列车轮径的自动校准;为了缩短在正线上信号车载设备重启后投入运营的时间,可以考虑在正线停车线出口处、上下行每 2 至 3 个区间的适当位置设置轮径校准应答器。

(8) 根据需要,在正线交路折返线、停车线设置用于休眠唤醒和列车定位的应答器(全自动运行工程中会涉及)。

(9) 为校正列车运行的测距误差,两个应答器之间有最大距离限制,具体根据各供货商的要求而定。

4. 应答器设置示例

下面介绍城轨系统中，列车定位停车应答器的设置。列车在站台进行精准定位停车的实现，需要设置地面应答器组。这些应答器的设置位置及应答器的多少，需要考虑列车编组、站台长度、定位精度等因素。一般来说，设置3~4个应答器组即可满足精确定位的要求。典型地面停车应答器布置如图8.8所示，图中设置了4个应答器组：离定位停车点350 m处的外部应答器组，离定位停车点150 m处的中间应答器组，离目标25 m处的站内应答器组和离目标8 m处的站台应答器组。

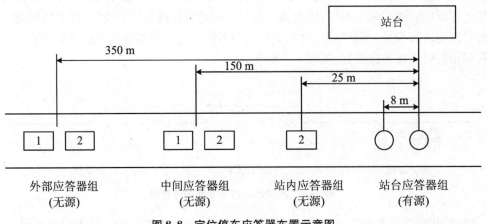

图8.8 定位停车应答器布置示意图

二、应答器维护

应答器的地面电子单元不需要定期检查维修，可实行故障修。一般进行如下三级维护：二级保养、中修和大修。

1. 二级保养

二级保养每半年进行一次。

（1）目测检查应答器的外观，应完好无损。

（2）目测、手动检查应答器的安装，应牢固。

（3）目测、手动检查应答器的电缆接口，电缆紧固，线缆完好。

2. 中修

每5年进行一次中修，对整机部件性能老化度评估，根据评估结果更换老化部件。

3. 大修

每15年进行一次大修，更换设备，性能不得低于原设备标准。

常见应答器维护内容可参见表8.2（无源应答器维护内容）和表8.3（有源应答器维护内容）。

表 8.2　无源应答器维护内容

设备	工作内容及质量标准
无源应答器	应答器的组成完整,包括应答器以及安装装置
	应答器本身不能有损伤
	检测应答器及安装装置是否松动,如有松动,通过相应工具进行紧固
	应答器表面及周围不能有杂物,尤其不能有任何金属覆盖
	应答器表面不能有明显较厚的粉尘,如有则必须进行清扫,注意清扫不能损伤应答器表面
	应答器安装应符合标准(每季度不少于一次)

表 8.3　有源应答器维护内容

设备	工作内容及质量标准
有源应答器	应答器的组成完整,包括应答器、安装装置、尾缆及接线盒
	应答器本身不能有损伤
	检测应答器及安装装置是否松动,如有松动,通过相应工具进行紧固
	应答器表面及周围不能有杂物,尤其不能有任何金属覆盖。注意:距应答器四周边 0.3 m 范围内不能有金属杂物
	应答器表面不能有明显较厚的粉尘,如有则必须进行清扫,注意清扫不能损伤应答器表面
	有源应答器尾缆不能有穿透性损伤和明显老化,如有则必须进行更换
	有源应答器尾缆接线盒内电缆连接良好
	有源应答器安装符合标准(每季度不少于一次)

项目九　跨座式单轨交通信号系统

作为一种新型轨道交通方式,跨座式单轨交通的轨道梁既是运营车辆的载体,又是运营车辆的行走轨道,具有适应力强、占地少、噪声低、转弯半径小、爬坡能力强等优点。其信号系统也因线路构成等原因和其他城市轨道交通信号系统有不同之处,其线路形式直接决定了跨座式单轨交通信号系统的安装方式、运行方式及布置方式。

任务一　单轨信号系统概述

一、跨座式轨道交通简介

单轨系统作为轨道交通运输的解决方案和传统铁路一并起源于19世纪。当时,传统铁路技术快速地投入了商用,而单轨交通受技术所限未被大规模商用,直至20世纪相应的技术问题得到了很好的解决才逐步投入到城市轨道交通领域。单轨交通在城市轨道交通中具有独特的生命力。

单轨系统在早期发展时就呈现了两种不同的形态,一种是悬挂式单轨交通,如图9.1所示,一种是跨座式单轨交通,如图9.2所示。悬挂式单轨交通为列车在轨道梁下悬垂并沿轨道梁运行的交通方式,它最早被设计用于货物运输。城市轨道交通最早的运用于1901年德国的乌帕塔单轨,该条单轨线路直到现今还在运营。

图9.1　悬挂式单轨交通

图9.2　跨座式单轨交通

跨座式单轨交通为列车跨坐在预应力梁上运行的交通方式,其为当今城市轨道交通单轨系统最常用的形式。19世纪50年代,德国 ALWEG 公司开始致力于研究和推动跨座式单轨交通的发展,并在美国加利福尼亚迪士尼乐园实施了首个跨座式单轨项目。多年后,庞巴迪公司为美国佛罗里达的迪士尼乐园建设了相似的线路,一直使用至今。

跨座式单轨交通线路的应用案例遍布全球,中国、日本、韩国、新加坡、德国、俄罗斯、美国、澳大利亚等国家均建设有跨座式轨道交通线路。中国跨座式单轨线路主要分布在重庆、北京、台湾,且有多个国内城市拟于近期开始修建跨座式单轨轨道交通线路。在发展初期由于受技术限制,单轨交通一开始主要用于载客量较少的摆渡线路及通勤支线,进入20世纪以后,跨座式单轨技术得到了长足发展,被新兴及发展中国家青睐并逐步用于城市轨道交通的主干线路,中国重庆、北京,韩国大邱等地新建的跨座式单轨线路均具备中、大型的运输能力。

跨座式单轨交通运营线路由线路、车站、车辆段停车场、控制中心组成,配备有跨座式单轨列车,供电、信号、通信、综合监控、AFC屏蔽门、安防门禁、通风空调、电扶梯等完善的系统设备,在运营管理人员的指挥及操作下,共同安全、高效地完成旅客输送任务。

跨座式单轨具备以下优点:

(1) 占用空间相对较小。跨座式单轨较适用于高架形式,与地铁相比,高架跨座式单轨占地面积小,垂直空间亦较小。

(2) 环境友好。相比于地铁,其高架对地面的遮挡较少,能和谐地融入城市景观。同时,单轨用橡胶轮胎在混凝土梁上走行,具备低噪特点,穿越城市核心区域及噪声敏感区域时,不需要额外增加其他降噪设施(如减震道床及声屏障等),同时,跨座式单轨也比地铁节能。

(3) 跨座式单轨具备爬坡能力强、转弯半径小的特点,以高架形式穿越城市核心区域及特殊地形时具备更好的适应能力。

(4) 跨座式单轨车辆以转向架导向轮抱绕轨道梁运行,因此不容易脱轨,安全性更好。

(5) 跨座式单轨具有比地铁更经济的造价及维修价格。

二、跨座式单轨交通信号系统的地位和作用

跨座式单轨交通的运营在各个系统协调运作下,实现旅客的位移,形成"人·公里"的运输模式。在跨座式单轨交通中,信号系统担负着保证行车安全、指挥列车运行的重要任务。跨座式单轨交通信号系统的作用主要如下:

1. 确保列车运行的安全

跨座式单轨交通信号系统是指挥列车安全运行的关键设备,是列车安全运行的核心保障设备。信号系统的核心功能就是进行速度防护和距离防护。具体来说,只有在列车运行前方的轨道区段没有列车占用(列车进路空闲,在移动闭塞中表现为前方有足够长的运行距离)、道岔位置正确、敌对或相抵触的进路没有建立等条件满足的情况下,才允许向列车发出允许列车前行的信号或给予移动授权,并限制列车在线路允许的安全速度下运行,所以列车只要严格按照该信号运行,就能够确保列车安全运行;反之,如果列车不遵照信号运行,将导致事故。在城市轨道交通运输中,保障乘客安全是运输的首要任务,信号系统担负着运输安全的重要使命。在信号系统的保障下,杜绝或大大减少了列车运行事故,降低事故等级和事故损失。

2. 提高轨道交通的运行效率

信号设备在轨道交通建设中的投资占比虽然不多（不到总投资的 2%），但是对于提高行车效率却起着极其重要的作用。在跨座式轨道交通线路中，由于采用了先进的信号系统，列车的行车间隔大大缩短（站间运行间隔可达到 2 min 以下，折返间隔可达到 2.5 min），提高了行车密度，缩短了列车停站时间，由计算机系统根据设定好的列车运行时刻表，自动、安全地指挥列车按运行图运行。通过采用现代化的信号系统，城市轨道交通运营的单线闭塞线路比传统采用的站间闭塞形式提高了 25%~30% 的通过能力；在折返发车双线闭塞的情况下，通过能力可以提高 1~2 倍；采用列车自动监控系统 ATS，在不增加车站配线的情况下，通过能力可提高 12%~24%。所以，现代化的信号系统，对于提高行车效率有着无可比拟的作用。

3. 降低运营人员的劳动强度

跨座式轨道交通信号系统普遍采用基于计算机实时控制的列车运行自动控制（ATC）系统，该系统由 ATS 子系统、列车自动防护（ATP）子系统、列车自动运行（ATO）子系统组成。从 ATC 系统的 3 个子系统的 A（自动）可见，信号系统发展的本质是自动化和智能化，通过这些自动化和智能化代替人的操作或进行有效的辅助，极大地降低运营人员的劳动强度。ATS 子系统能根据运营人员要求自动制作运行图，并自动根据运行图为列车办理进路，给出列车发车指示，自动绘制实际运行图，当实际运行图和计划运行图出现偏离时，根据调整策略自动调整并消除偏离等；ATP 系统能自动地对危及运营安全的操作及运作进行防护，当列车超过限制速度时，ATP 会制动减速，当列车车距过近时，ATP 会制动减速，当列车或屏蔽门没有关闭时，列车会保持制动不允许发车等；ATO 可替代驾驶人员进行列车驾驶，并在车站进行精准停车，在折返时进行自动换端等，驾驶人员需要做的事情很少（适时地按下发车按钮）或几乎无需附加任何操作。即使是信号系统降级运行，它也能为轨道交通运营提供相当程度的自动化功能。总之，信号系统的自动化已极大程度地代替了传统铁路运营调度和列车驾驶的工作。总之，信号系统在城市轨道交通中是极其重要的。

4. 信号系统是轨道交通现代化信息技术综合应用的集中体现

列车运行自动控制系统是自动控制技术、计算机技术和数据通信技术在信号系统中的集中体现，也可以说是现代化信息技术在轨道交通系统的综合应用。虽然信号系统作为安全核心相关的系统，与城市轨道交通其他设备相比显得封闭和保守，但全球信息技术的最新成果也正不断地渗透至信号系统当中。随着城市轨道交通近 20 年来的迅速发展，跨座式单轨交通的信号系统也随着信息技术的不断发展产生革命性的变化，原来设置在轨旁的地面信号已由车载信号所替代，其信号内容也已发生了根本性的变化，它不再是用颜色显示不同的速度等级，而是由车载信号直接接收列车运行的目标速度、目标距离或进路地图，并且由车载计算机直接控制列车的自动运行，实现列车在车站的精确定位停车、自动驾驶和自动超速防护。随着数字编码技术的不断发展，模拟技术的信号系统已被数字信号系统所替代，轨道电路已由仅提供占用信息发展到提供各种不同的速度信息，在基于无线通信的信号系统中，车-地传输信息传输带宽呈指数级的增长，传输内容得到了极大的丰富。新技术在信号系统中的应用，正促使信号系统不断发生革命性的变化，为信号系统进一步缩短行车间隔、真正实现无人化的轨道交通运营奠定基础。

三、跨座式单轨交通信号系统的构成

跨座式单轨交通信号系统同城市轨道交通信号系统的发展一样,也经历了从固定闭塞到移动闭塞的过程。在固定闭塞阶段使用的是基于感应环线的 ATP/TD 系统,其和钢轮钢轨使用的轨道电路固定闭塞系统有着明显的差别。在移动闭塞阶段,由于采用基于通信的列车运行控制系统,车-地通信的形式得到了解放,因此跨座式单轨信号系统和地铁信号系统的差异也大大缩小。

1. 基于感应环线的跨座式单轨交通 ATC 系统

基于感应环线的跨座式单轨交通 ATC 系统由 ATP、TD 子系统、计算机联锁子系统和 ATS 子系统构成。

ATS 系统的主要硬件分布在控制中心、车站和车辆段。控制中心设有数据库及通信服务器、计划员台、调度员台、电务维护台、网络维护台、时刻表编辑台以及接口机等设备。ATS 车站设备包括车站分机、计算机联锁接口机、通信接口机、车务终端、发车指示器等。

ATP/TD 地面设备包括:ATP/TD 发送接收架、监控架、CH 分配架、匹配变压器架、轨道继电器架、老化架、联锁接口架、轨旁变压器和轨道环线等。在全线(包括正线及车辆段,不包括洗车线和工程车库线)所有列车运行区段的所有轨道梁及道岔梁肩部都应敷设轨道环线。在车站站台适当区域的轨道梁肩部敷设开门环线。ATP/TD 车载设备包括接收天线、匹配变压器、公共单元、接收单元、TD 信号发送单元、ATP 放大单元及 ATP/TD 继电器单元等。工程车安装有简易车载信号设备,可实现占用检测(TD)功能。

计算机联锁子系统包括联锁主机、驱采机、操作表示机,联锁操作工作站以及紧急停车按钮和信号机等设备。

车辆段/停车场信号系统没有 ATP 发送设备,仅配置 TD 设备,在道岔前设置防误出发区段,其他配置基本和正线相同。

2. 基于 CBTC 的跨座式单轨交通 ATC 系统

控制中心设备包括 ATS 应用服务器、ATS 数据服务器、ATS 通信服务器、中心显示大屏、大屏控制器及相应的接口设备、调度员及调度长工作站、运行图工作站、ATS 培训/模拟设备、ATS 维护工作站等。

正线区段联锁设备集中站室内设有联锁设备、ATP/ATO 室内设备、车-地双向通信室内设备、ATS 分机、接口单元、继电器柜、室内分线柜、电源、UPS、防雷设备。非设备集中站信号设备室主要设置 ATS、电源、防雷、UPS 等设备。正线室外主要设置应答器、轨旁车-地双向通信室外设备、转辙设备、辅助列车检测设备、地面信号机等。

车载 ATC 设备包括 ATP、ATO 和车-地通信设备三部分。每列列车配备三取二或者二乘二取二的车载 ATC 设备,包括 ATP/ATO 计算机、ATC 车载 DMI、车载无线天线、测速装置(如多普勒雷达、测速电机等)和应答器天线等。

车辆段停车场主要设备有联锁设备、ATS 设备、列车位置检测设备、电源设备、监测设备及试车线设备等。

四、跨座式单轨交通信号系统与其他相关专业设备的关系

跨座式轨道交通设备是完成旅客输送任务的物质基础,由不同的专业技术设备组成,这些专业设备和信号系统有着密切联系。

1. 线路和沿线的各种车站

线路是列车运行的基础,沿线的各种车站则是轨道交通输送旅客的接口、设备设置及生产场所,如图 9.3 和图 9.4 所示。车辆段停车场是列车停放和修整的基地。轨道交通的中间车站,一般不设置道岔,统称为无岔站。在线路两端折返站、交路折返站及考虑故障列车疏导的车站设置道岔及相关配线,用于交路运行作业和故障疏导,这些车站统称为有岔站。信号的进路控制主要集中在有岔站,为了便于维护,信号的其他行车控制设备也集中在有岔站,因此,有岔站一般为信号设备集中站。

图 9.3 跨座式单轨交通车站

图 9.4 跨座式单轨转弯、上下起伏的线路

2. 列车

列车是轨道交通牵引和载客工具,作为运送乘客的载具,其性能直接决定了运送乘客目标的实现质量。乘客安全依赖于列车安全运行;列车的行进速度则直接决定了乘客旅途的快捷、准点和舒适。除了全无人驾驶外,列车的头部和尾部为带有司机室的编组,信号的车载设备一般都设置于司机室及列车底部。列车为信号系统控制的最重要对象,信号和列车的接口是确保列车安全运行的关键。图 9.5 所示为跨座式单轨交通车辆。

3. 供电系统

供电系统为城市轨道交通各个专业设备提供能源,是轨道交通的动力来源。跨座式单轨交通的牵引电压为直流 1 500 V。信号专业设备使用的电源提供一级消防荷载电源,并通过

图 9.5 跨座式单轨交通车辆

自身设置的 UPS 设备保证不间断地冗余供电。另外,信号系统与供电的电力监控、动力照明也存在接口。

4. 通信系统

通信系统是轨道交通的神经系统,也是确保轨道交通正常运行的耳目。通信系统为轨道交通建立了一个视听链路网,辅助轨道交通的调度指挥。此外,通信系统还能为工作人员提供信息交互平台及办公网络,为乘客提供信息服务,为各专业系统提供信息传送通道。一般情况下,跨座式单轨交通的信号系统会使用通信通道传输非关键信息,并与通信系统的广播和 PIS 子系统进行连接;同时,通信系统也为信号系统提供标准时钟信息。

另外,信号系统还和站台门、综合监控、进站警示等自动化系统设备连接,为相关系统提供辅助性的行车信息,协助相关系统进行安全动作和防护。

一般而言,以上所述的系统关系在跨座式单轨交通与传统地铁中没有太大的差异。信号系统与线路的关系是跨座式单轨交通中最主要的关系之一,也是最能体现跨座式单轨交通与传统地铁差异的所在。另外,道岔系统是跨座式轨道交通独有的系统,也是信号系统尤为重要的安全相关关系之一。

五、跨座式单轨交通信号系统的特点

跨座式单轨交通信号系统和通用的城市轨道交通信号系统仅存在于线路特点等原因形成的差别,除此以外它们具有同样的特点。城市轨道交通的信号系统基本沿袭了铁路的制式,但是有其独有的特点,主要表现在以下几个方面:

1. 车载信号为主体信号,地面信号为辅助信号

城市轨道交通车载信号为主体信号,列车根据地面传送的速度信号或距离信号,自动控制列车运行。当列车超速时,无论是人工驾驶还是 ATO 驾驶,列车自动进行超速防护。而传统铁路是将地面信号作为主体信号,根据地面信号显示操作列车运行,机车信号作为辅助信号,仅发出列车超速告警。

城市轨道交通的区间一般不设置地面信号机,仅在为了保持降级模式的运营效率时在长大区间设置区间通过信号机。为了防护道岔,在道岔区设置地面信号机,这些信号机的指示,主要为降级的人工驾驶模式下的列车及工程车提供运行凭证。

2. 正线采用自动进路方式

由于城市轨道交通具有运量大、密度高的特点,因此要求较短的列车运行间隔。为确保列车运行安全,对信号系统的列车运行速度的监控有极高的要求。城市轨道交通的站间距离一般为 1 km 左右,由于列车编组相对统一,所以列车行车时刻表规律性很强,工作日和节假日按不同时段的列车时刻表运行。城市轨道交通的信号系统按时刻表编制的程序,具有进路自动排列功能。

城市轨道交通正线信号由 ATC 系统控制,正线进路在正常情况下均设置为 ATS 自动进路。也就是说,这些进路的建立,是根据列车运行目的地和列车接近而自动触发的,即建立与列车运行目的地一致的进路,锁闭相应的道岔以后,开放信号;列车进入信号机内方,信号自动关闭;待列车通过进路后,进路自动解锁。自动进路仅在故障降级或运行调整的情况下才需要人工介入。当中心出现故障时,可以使用车站存放的时刻表继续 ATS 的自动进路办理功能。当 ATS 故障时,可以采用联锁的自动进路,这时候系统无法根据列车的目的地号排列进路,但仍然可以根据列车接近自动开放默认的进路,当本站仅为通过车站时,在故障的情况下值班员也可以通过这样的自动进路节省不少办理时间,大大提高车站通过效率。在正线无岔区段,还可以将出站信号机设置为自动信号,即当出站方向的第一离去区段出清后,出站信号机无需办理即自动开放,提高车站通过效率。

车辆段的信号是由车辆段行车控制室值班员控制的。出、入段信号分别由相邻的正线车站和车辆段值班员控制,车辆段的信号显示方式与国铁车辆段基本相同。

3. 正线系统配置及地面信号机的差异

由于城市轨道交通的大多数车站仅具备上、下客的功能,不设置站线,也不设置道岔,仅设置用于降级运行指示的出站信号机,只有在少数设有道岔的车站,才设置相应的道岔防护信号机。有岔站的联锁设备监控本站和相邻无岔站的信号设备。由于这些联锁设备的监控对象相对较少,所以 ATC 系统仅在极少的车站设置联锁系统。同时,由于城市轨道交通线路在本线内的运营组织是高度统一且较为单一的,因此,可在控制中心对全线车站和列车进行控制,相对于国铁而言,其控制权是可以高度集中的。

城市轨道交通地面信号机原则上设置于列车运行方向线路右侧,特殊情况下可设置于线路左侧。城市轨道交通信号机的颜色仅表示是否可以通过、是否需要低速通过或行车等级(引导),并没有指示列车在信号机内方以规定速度行驶的含义。同时,由于城市轨道交通正线基本上仅用于运营,极少有调车作业,因此城市轨道交通正线大多仅设置行车信号,仅在车辆段设置调车信号。

任务二 跨座式单轨交通信号与线路

跨座式单轨交通体系是多专业、多系统的整合,其中线路是整个体系的基础。广义的线路是列车运行的通路,其与轨道梁、限界、道岔、车挡及相应的轨旁设施均有关。信号系统与线路有着密切关系,跨座式轨道交通的线路形式直接决定了跨座式轨道交通信号系统的安装方式、运行方式及布置方式。

一、轨道梁

跨座式单轨最显著的特点是车辆要骑跨在单线轨道梁上快速行驶(最高设计速度为 75 km/h),为保证车辆运行时的安全、平稳、舒适要求,除车辆本身的技术外,还应解决运行轨道的安全和线形问题。轨道梁(图 9.6)通过严格的变形控制,在线形上满足列车快速运行的要求,是跨座式单轨交通关键技术之一。跨座式轨道交通线路一般采用高架形式,轨道梁采用桥墩的方式进行架设,典型的间隔距离为 22~24 m。轨道梁由轨道梁体、伸缩缝指形板、轨道梁支座、检修通道及轨道梁设备安装预留预埋件等组成。轨道梁除了承载列车静荷载及动荷载以外,还需在其上安装轨道环线、接触网等重要设施。

(a)　　　　　　　　　　　　　　　(b)

图 9.6　跨座式单轨轨道梁

根据制造工艺的不同,轨道梁分预制轨道梁和现浇轨道梁两大类。预制轨道梁均采用预应力混凝土结构(简称 PC 轨道梁),预制轨道梁制作和架设的质量及精度较高,制作成本也较高,适用于正线、试车线、基地出入段线和一般库线的高架等需要足够的强度、刚度、稳定性和耐久性的地段以及填方地段。现浇轨道梁均采用钢筋混凝土结构(简称 RC 轨道梁),其制作精度比 PC 轨道梁低,制作成本也相对较低,适用于基地内受曲线半径限制不能采用活动模板制梁的地段及基地内一般库线的挖方地段。在需要更大跨度或者需要减轻梁体自重的特殊区域,采用钢箱形式的轨道梁。正线的预应力轨道梁根据其跨度不同分为不同的结构形式,同时由于轨道梁需体现线路的线性要求而且每榀梁根据使用区域不同,其预留预埋方式要求也不同,因此一般来说每榀轨道梁都是有差异的。对于信号来说,PC 梁和 RC 梁预留预埋方式是一致的,钢箱梁较为特殊,需根据不同钢箱梁的具体结构作调整。

轨道梁下部结构由盖梁、墩柱和桩基组成。下部架构一般架设在公路中部绿化带内,对景观要求较高,要求均匀布设,且在稳妥的基础上尽量采用大跨度,避免产生高柱林立的感觉并减少投资。下部结构为轨道梁提供架设基础,根据超高要求为轨道梁支座提供锚具预留槽,通过锚栓把轨道梁和下部结构连为一个整体,具备排水以及设备安装基础的功能。除此之外,下部结构的主钢筋还用作接触网。

盖梁和墩柱构成桥墩,桥墩主要分为标准型墩、倒 L 形墩、门式钢架墩、纵向悬臂钢架墩以及独墩,如图 9.7 所示。一般优先考虑标准型墩,受地形、地物、路口限制的地段采用倒 L 形墩、门式钢架墩、纵向悬臂钢架墩或独墩。除了在车辆段/停车场、地下及过渡段和道岔平台外,总的来说高架桥墩提供的设备安装空间都是很有限的,但不同墩型又有差异,比如采用门式钢架墩,能为信号轨旁设备提供较为充足的安装空间,而采用独墩则相反。一般来说,轨旁设备的安装位置应按门式钢架墩、倒 L 形墩、标准型墩、纵向悬臂钢架墩、独墩的优先顺序进行考虑。无论采用哪种墩型,如前期充分考虑了预留预埋,均可进行设备安装,但对安装及后期维护会有较大影响。下部结构按结构形式分为简支梁和连续钢构梁,简支梁对跨越变化的地形有较好的适应性;连续钢构梁结构更稳定,能支持更大的梁跨。无论使用哪种结构形式,对信号轨旁设备布置影响都不大。

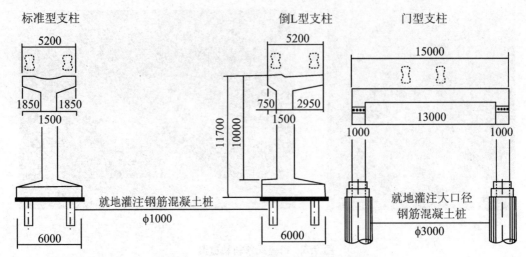

图 9.7 跨座式单轨支柱结构及截面示意图

指形板属梁间伸缩装置，相当于桥梁上的伸缩缝，安装在梁体的两端，由板座和指形板两部分组成，用于限制梁间的相对位移，保持轨道梁系统的稳定。根据不同形式梁的连接，应选择与接缝类型匹配的指形板和板座并确定其安装位置。PC 梁间的轨缝标准宽度为 2 mm×30 mm。对于信号设备而言，设备安装的预留预埋件都必须避开指形板的位置。轨道与道岔固定端的梁缝可作为轨道环线的引下端。特殊情况下指形板梁缝也可用作较细电缆的引下端。

轨道梁的梁跨长度和墩柱间中心位置的长度是一致的，梁跨长度等于轨道梁长度加轨缝宽度。采用简支下部结构时，轨道梁的标准梁跨一般为 20 m 和 22 m，采用连续钢构下部结构时，标准梁跨一般为 24 m。梁跨间的非盖梁区域不具备设备的安装条件。轨道梁采用空心工字形截面，梁高为 1.5 m，梁宽为 0.85 m，两端及中间共设 3 个横隔板。轨道上表面为走行轮，轨道侧面的上、下部分分别为导向轮和稳定轮，在这些位置的轨道梁延伸面均为列车走行面，不能有任何设备和线缆，具体范围应根据限界确定，轨道梁中部凹槽为接触网安装位置，接触网通过绝缘子安装在轨道梁上，绝缘子的标准间隔为 3 m。在绝缘子间隔内可安装小型设备，但应和接触网保持一定的安全间隔，不侵限且有防脱离措施。一般来说，面向上行轨道梁右手边是接触网的正极，左手边是负极；当一条线路的大里程端和另外一条线路的小里程端连接时，为了保证接触网的极性一致，接触网的相对位置和里程关系将会相反。总的来说，在一条线里面无论是上行线还是下行线，无论是正线还是车辆段/停车场，其接触网的极性布置都是一样的。

检修通道设于两线之间，当两线分开时，原则上其仍设置在左右两线之间相对应的一侧。检修通道以检修为主，紧急情况下兼作乘客疏散，为保证检修通道的连续，须在盖梁顶部设置平台板作为过渡。检修通道同时也作为区间电缆敷设的通道，区间电缆敷设在平台盖板底下，仅在停止运营时才可打开检修。一般来说，弱电电缆年检修通道在下行侧敷设，强电在上行侧。弱电电缆槽的高度约为 260 mm，宽度根据检修通道宽度不同稍有差异，为 990～1200 mm。在没有检修通道的高架区段，电缆在轨道梁下方的电缆悬架上敷设。检修通道本身不能作为设备安装基础。为了保证检修通道的通过性能，一般情况下不允许轨旁箱盒超出平台盖板面。

二、跨座式轨道交通限界

限界是保证跨座式单轨车辆在线路上平稳、安全地按设计速度运行的前提。跨座式单轨交通的限界是确定跨座式单轨交通系统运行区间、车站构筑物净空大小和各种设备、管线安装相互位置的依据。直线地段设备限界考虑一系或二系弹簧意外损坏和未计及因素引起的车辆额外偏移，但不包括事故工况。曲线地段设备限界在直线地段设备限界的基础上另行计入加宽量。所有建筑物及设备和管线均不得侵入设备限界。道岔区、站台地段、安全门、屏蔽门、库内等特殊地段限界另行规定。轨道梁周围的特殊限界还包括：集电装置和接地装置限界，接触网限界和接地板限界。

两线中间无任何设备时，考虑两线上列车发生故障处于最大倾斜状态，两列车之间最小余量间隙为 100 mm，直线段区间双线高架桥面线间距为 3 700 mm；地下线路直线段设中隔墙（或中间立柱）时取线间距为 4 600 mm，不设中隔墙时线间距为 3 700 mm。

由于单轨列车在地下区段也采用轨道梁运行，车辆轮廓线包裹着轨道梁，因此整体高度比地铁车辆要高，无论是马蹄形隧道还是矩形隧道，其设备安装空间及管线布置空间均比地铁系统宽裕。

三、跨座式轨道交通车挡

车挡是安装在轨道梁端部的安全装置，其作用是当车辆未能在指定地点停车，而以一定的速度正向冲撞车挡时，将由车挡吸收其部分动能，并受到车挡产生的反作用力，使车辆安全停止。

跨座式单轨车挡类型有液压车挡、弹性橡胶车挡以及简易车挡。液压车挡及弹性橡胶车挡能承受一定速度列车的正向冲撞；简易车挡属刚性结构，基本不能承受列车的冲撞。正线车挡根据车辆空载时的重量、列车冲撞车挡的速度、车辆的性能参数及 PC 梁的尺寸等进行设计，均满足远期编组列车的运营要求。液压车挡能承受列车在常规制动下以 15 km/h 的速度进行撞击，并能使列车安全停车，橡胶车挡能承受的速度为 5 km/h。车挡上有明显停车标志，便于司机瞭望，标志采用反光材料。信号系统以列车不能撞击车挡为前提进行安全防护，在 ATP 防护下，制动曲线的安全停车点均在车挡之前。同时，正线尽端信号机的设置必须在车挡之前，不能越过车挡或者与车挡同一坐标，由于轨旁设备必须对应桥墩进行安装，因此，高架的折返线对应列车长度余量一般都比地铁稍长一些。

四、线路平面图和纵断面图的简单表示法

线路在空间的位置是用它的线路中心线表示的。线路中心线为轨道梁的面的中心线。中心线在水平面上的投影就是线路的平面图。它在垂直断面上的投影就是线路的纵断面图。纵断面图能反应出线路的坡道情况；平面图能反映出线路的弯曲情况。

由纵断面图可以看出线路上的平坡区段、线路爬升和下降的坡度和长度，坡道的坡度越大，坡道的附加阻力也越大。坡度与列车的运行直接相关，根据列车的牵引特性，就可以

确定列车在最大荷载下的极限坡度,当坡度超过该极限坡度后,列车就无法在坡道上启动,也不允许列车在该坡道上停车。增加极限坡度虽然可以大大减少工程造价,适应工程现场环境,但是却对车辆性能提出了很高的要求,且不安全。因此,极限坡度的大小是线路的又一项重要指标,线路设置的坡度不得超过极限坡度。跨座式轨道交通车辆采用的是橡胶车轮,黏着力大,爬坡能力强,正线区间的最大坡度为60‰。地下线路因排水需要,一般不设平坡,而采用30‰的最小坡度。

对信号系统而言,列车在下坡,特别是在长大坡道上进行的超速防护,经历了牵引切除和施加制动过程。此过程中在制动没有完全建立起来时列车的剩余加速度及列车越过最大常用制动曲线后冲击紧急制动曲线的可能性要被充分考虑,以使得系统在保证高效平稳运营的情况下保障安全。信号设备的布置应同时考虑故障列车疏导的走行路线及反向走行的方式,并与运营组织配合,以满足故障列车疏导功能且尽可能地提供设备保障。

五、跨座式轨道交通线路与信号限速

1. 圆曲线限速

列车在曲线上运行时,会产生向外的离心力。离心力使列车导向轮挤压轨道面产生额外的摩擦力,使运行能效下降并磨损导向轮。同时,离心力过大也影响乘客的舒适感,严重时甚至会对桥梁结构和车体造成损害。为了平衡平面曲线的离心力,线路设置了超高。超高就是通过轨道梁基座倾斜,使得轨道梁面倾斜,车辆通过时将出现内倾,借助车辆内倾的重力的分力来抵消或者减轻离心力的影响,保持轨道梁两侧导向轮的压力大致相等。超高可按下列公式进行计算:

$$C+C_2=\frac{v^2}{127R}$$

式中,C:设计土建超高,最大不超过12%;C_2:动态超高,最大5%,最小3%;v:通过曲线时列车的运行速度,km/h;R:曲线半径,m。

超高是根据列车通过该曲线时达到的速度进行设置的。也就是说,为了确保行车效率,行车是根据线路曲线可设置的最大通过速度(即设置最大超高为12%且产生不超过5%欠超高)来考虑的,但并非每个曲线都需要用到线路的最大通过速度,具体根据行车模拟的区间走行曲线确定。在线路实施时,根据行车曲线,设置与通过本曲线速度相宜的超高。主要基于以下因素考虑:

(1) 在同一个桥墩上,上、下行的两个列车行车速度有较大的差异,因此只能进行平均设置,因为线间距限制了两个线的超高不能存在太大的差异。

(2) 超高计算值取整及余量。

(3) 特殊地段加宽不足等。

超高不全都满足行车计算速度的需求,因此,在超高确定后,需要根据实际的超高来计算列车在曲线的通过速度。另外,由于超高是根据列车的理想运行曲线来设置的,而列车通过的实际速度并不一致,当高于计算速度通过曲线时,体现为超高设置不足,为欠超高;当低于计算速度时,体现为超高设置过度,为过超高。欠超高和过超高即为动态超高。

2. 缓和曲线限速

列车从直线直接进入圆曲线,特别是直接进入小半径曲线时,会对车体造成过大的冲击,同时造成乘客不适。为避免这些情况,一般通过设置缓和曲线将圆曲线和直线线路进行连接。由于缓和曲线也属于曲线,列车在缓和曲线上同样会产生向外的离心力。因此缓和曲线也应限速通过。缓和曲线在进行线路限速时通常被简化。这是因为缓和曲线的限速通常易于被满足,而即使在某处由于缓和曲线过短导致缓和曲线的计算限速低于圆曲线计算限速,也仅仅只是轻微影响通过的舒适性。在简化时通常认为线路限速的超高在整个缓和曲线上是渐变的,在缓和曲线开始端不限速(按线路最高通过速度),在缓和曲线终止端应该设为圆曲线限速,因此可简化为从缓和曲线中部开始就作圆曲线限速,或简化为从缓和曲线始端就作圆曲线限速。

3. 线路与信号限速的关系

使用 CBTC 制式信号系统的跨座式单轨线路,一般具备 ATO 驾驶模式,ATP 监督下的人工驾驶模式,限制的人工驾驶模式和非限制的人工驾驶模式。有些跨座式单轨线路为人工驾驶设置了弯道的限速标志,弯道限速标志的限速和线路限速并不一致,甚至存在较大的差异,这是因为,限速标志限速为本弯道的过超高和欠超高均为零的限速,以这样的限速通过该弯道是最舒适的。限速标志的限速和 ATP 实施的限速之间会有一定的矛盾。

ATP 限速通常定义为安全限速,其以线路限速为极限并充分考虑制动干预后的速度控制滞后效果。因此,ATP 限速按线路限速执行,ATP 限制列车不超过线路限速。为避免 ATO 控制时触发 ATP 最大常用制动或紧急制动,ATO 限速以 ATP 限速为极限,并考虑制动干预后的速度滞后效果。为简化制动控制模型,ATO 限速一般取 ATP 限速下的规定值。因此,限速标志的限速和 ATP 限速以及 ATO 限速可能会不一致。

线路限速并不纯粹就是体现线路安全(不对线路设施、轨旁结构体或列车造成损害)的限速,该限速应该是考虑安全及运营服务水平的综合限速。因此,ATP 应该尽量执行线路允许的最高通过速度,以保证线路最大的通过效率;ATO 在保证必要的线路通过效率的情况下应兼顾行车舒适性,ATO 限速为运营限速。

列车在站台区域走行限速主要考虑两方面:一是站台区域为运营事故多发点,列车应降低速度并加强瞭望,确保运营安全;二是站台结构限界为特殊限界,有别于区间限界。一般来说,对于站台设置站台门或者没有设置站台门的通过限速要求不同,对于直线站台和曲线站台要求不同,常用的限制速度为不大于 5 km/h。

六、线路与信号系统的实施

1. 线路与设备安装

为了便于司机瞭望,使司机能连续地看到信号显示,地面信号机尽可能设置于线路的直线段上,因为曲线会影响信号机的显示距离,如果信号机必须设置在线路的曲线区域,应采取特殊的措施,保证司机的瞭望无盲区。这一点对铁路信号系统尤为重要,因为铁路的地面信号是主体信号。而对于城市轨道交通,由于正线区间原则上不设地面信号,只在站内道岔区段设置信号机,列车运行速度也较低,站间距较短。所以,对这一点的要求不突出,但是对城市轨道交通的停车场地面信号机,尤其是进出车辆段/停车场的信号机,对此应予以关注。

信号系统轨旁设备安装于建筑限界和设备限界之间,只要现场条件允许,信号轨旁设备可尽量靠建筑限界安装,安装完成后设备及安装支架的边缘距离设备限界应有一定余量,禁止侵入设备限界。曲线区段由于存在超高,建筑限界会进行适当加宽,设备限界也会适当外移,但由于轨道盖梁通常为标准宽度,因此在曲线侧面安装设备时,支架需加长;且轨道梁面不随超高倾斜,梁面的设备安装空间也会大大压缩(列车倾斜侧),因此应尽量避免在曲线特别是小曲线上安装轨旁设备。

由于跨座式单轨列车的接触网是按照固定极性在轨道梁上安装的,且车体受电极性也是与之对应不能更改的,因此,跨座式单轨线路不设置灯泡线及八字渡线等可以让列车头尾调转的线路,也不允许列车头尾调转,在线路上运行的列车其头尾朝向是固定不变的,故信号设备的设置与该特性相对应。对于使用环线 ATP/TD 的信号系统的线路,其车头和车尾分别使用不同的载波频率,地面对应运行方向也采用不同的载波频率,且不得改变,如发生更改则列车不能运行。ATP/TD 系统利用头尾不调换的特性对列车运行方向、列车占用出清等进行判断及控制。对于使用 CBTC 系统的线路,其 AP 天线对应不同的运行方向分别使用两个不同的频段,而车载天线只和运行方向对向的 AP 频段通信,列车一旦和正线建立通信后,对应的工作频段将被固定。通过这样的方式可以减少无线资源的占用,提高工作效率且减少干扰。同时,为了减少接触网对安全设备的干扰,计轴设备安装在接触网的负极侧,应答器安装在轨道梁正极侧,车载 BTM 天线固定安装在相应的正极侧。

2. 线路与信号防护

如果一个供电区段停电维护或抢修(此时运行人员将被允许进入轨行区),而相邻的区段没有停电,此时若有列车横跨两个供电分区停车,将有可能使本应停电的区域通过列车而带电,危及轨行区人员的安全。因此在进行闭塞设计时应考虑此情况并进行相应防护,尽量避免出现这样的情况。在固定闭塞线路中,当列车按常规设计需在供电分界点所在区域停车时,一般做法为:让列车在前方一个区段即停车,不得进入本区段。这样的方式通常会降低区间通过效率,但一般能满足设计追踪间隔。

对于长大线路来说,设置区间信号机可以提高固定闭塞的通过效率,但是考虑到高架停车容易引起乘客恐慌,如非必要(影响设计追踪间隔),一般不在高架设置区间信号机。

在道岔没有转辙到位或进路没有排列的时候,地铁线路上不会存在缺口,地铁列车如进入非正常开通进路的道岔区,则会造成挤岔或者冲击道岔尖轨,严重时列车会脱轨倾翻。对跨座式单轨来说,在道岔没有转换到位或进路没有办理的时候,线路会存在缺口,如果此时列车进入道岔区,无论是顺向进入还是逆向进入,列车都会坠入缺口处,造成重大的事故。由此可见,对于列车由于进入非正常开通的道岔区造成的事故和影响,跨座式单轨比地铁要严重,因此,跨座式单轨对道岔区需要更加谨慎的防护措施。

3. 线路与列车检测

传统的地铁交通使用钢轮钢轨,列车检测一般采用轨道电路或计轴的形式。轨道电路的工作原理:通过列车金属轮对对发送到金属轨道上的电流进行分路实现列车的占用检测。

计轴的工作原理:安装在单侧轨道两面的计轴磁头产生恒定的磁场,通过判断由于金属车轮通过切割磁力线改变磁场相位的大小实现列车的占用检测。由于跨座式单轨采用的是混凝土轨道和橡胶车轮,轨道电路由于没有钢轨作为导体,跨座式单轨的车轮无法对检测电流构成分路,因此传统的轨道电路对跨座式单轨不适用。跨座式单轨的轨道肩部没有计轴的安装空间,而且跨座式单轨橡胶走行轮对计轴磁场的切割效应也和地铁车轮相差甚远,因此,传统的计轴应用方式对跨座式单轨也不适用。

跨座式单轨的固定闭塞信号系统采用 TD 环线作为列车占用出清的检测手段。TD 环线为敷设在轨道梁肩部的铜芯线,能同时作为检测列车占用及发送列车控制速度码的载体。室内的 CH 机柜产生 CH 信号,通过室内和轨旁的匹配变压器从轨道区段的一侧传送至 TD 环线上,并从轨道区段的另一侧传回室内。列车车头和车尾对应于轨道梁肩部安装有 ATP/TD 天线,通过该天线发送头尾不同但固定的 f_1 和 f_2 信号,该信号为列车的表征特性,只要列车上电,则一定会发送该信号。当轨道区段没有列车经过时,室内可接收到本区段的 CH 信号。当轨道区段有列车进入时,列车本身发送的 f_1 和 f_2 信号或者车载 TD 发送设备故障后发送的连续波信号都会被轨道环线接收并传至室内。由于以上 3 种信号均会对 CH 信号造成邻频干扰,室内无法再检查到 CH 信号,此时认为轨道区段被占用,同时室内可检查出 f_1 和 f_2 信号,驱动相应继电器,根据继电电路动作逻辑,当列车离去时对轨道区段进行出清。由于跨座式轨道交通道岔的防护尤为重要,因此工程车也需要加装 TD 设备,通过同样的机制确保工程车也能在轨道区段进行正常的出清和占用,确保工程车的进路安全。

如果把 CH 信号看作是轨道电路电流,列车的 TD 信号看作是金属轮对,TD 信号对 CH 信号的抑制就相当于轮对对轨道电路电流的分路,因此 TD 系统就好比是跨座式轨道交通的轨道电路。但是,TD 系统和轨道电路存在着本质的区别。地铁列车的轮对是列车固有的特征,只要列车完整就具备,不以列车的工作状态的改变而改变。TD 系统是列车叠加的自动化系统,只要列车完全停电就无法工作。因此,列车在断电情况下,静态被出清(轨道电路不能出清,计轴可以)和动态无法占用(轨道电路和计轴均不会出现)的极端情况均是存在的。当列车故障出现突然断电滑入道岔区段这种极端情况时,危害尤为严重。此时,列车虽然已经进入了道岔区段,但道岔区段却没有被占用,这种情况仅通过延时解锁是无法防护的。为了避免出现这种情况,ATP/TD 系统增加了额外的保护手段——前方防护。前方防护的检查条件为,当列车进入到接近区段,仅当检查到列车的车头 TD 信号时,才允许对进路进行解锁(或者列车使用了进路后的分段解锁),否则延时结束后也无法解锁,这样可保证列车正常地停在接近区段才进行解锁。

跨座式单轨的移动闭塞信号系统一般采用 CBTC 系统,其采用通信报文的形式报告列车位置,并不依赖于轨道和线路的形式。但是,CBTC 系统的降级模式还是需要基于区段的列车检测。在跨座式单轨的移动闭塞信号系统中,通常采用计轴的形式作为辅助的列车检测设备。计轴系统比 TD 系统更加经济,安装更为简单。跨座式单轨的计轴电磁感应器并不检测走行轮、导向轮和稳定轮,而是检测稳定轮应急钢轮(应急钢轮比稳定轮直径略小,平时离轨道梁有一段距离,当稳定轮气压不足或故障时,把该钢轮作为车辆应急使用)。由于应急钢轮在轨道梁侧面运行,因此计轴也随之移至轨道侧面安装,即采用固定支架将电磁传感器发送磁头安装在轨道梁下部,利用预埋螺旋将电磁传感器接收磁头安装于轨道梁中部凹面斜面上。计轴在跨座式单轨上的使用遵循空闲、占用原则。在单渡线道岔区段,由于道岔为整体移动,不适合安装计轴,需结合道岔位置信息,输出不同的轨道继电器,由联锁系统根据进路情况有选择地使用。计轴系统在跨座式单轨的应用,既为跨座式单轨提供了简单灵活的辅助列车检测手段,也为计轴在信号系统的应用指出了新的方向,对以后类似的应用领域也有很好的借鉴作用。

任务三　跨座式单轨交通信号与道岔

一、跨座式单轨道岔简介

跨座式单轨道岔是一种由箱形钢梁作为列车行走通道的具有特殊结构的道岔。道岔采用电力驱动,使道岔梁整体转辙,它与轨道梁或道岔梁对位形成岔道,以完成车辆行驶线路的转线需要。单轨道岔由道岔梁、移动台车、驱动装置、导向及稳定面弯曲装置(仅关节可挠道岔)、锁定装置及控制系统组成。跨座式单轨道岔是线路的重要组成部分,也是组成列车进路的重要元素之一。

跨座式单轨交通道岔按其结构组成和转辙后的线形状态分为关节型道岔和关节可挠型道岔。道岔按其开向可分为单开、三开、五开、单渡线等形式。单开和单渡线道岔在正线和车辆段使用。平移道岔在车辆段试车线和正线的特殊地段使用。三开、五开道岔一般在车辆段停车场使用。道岔梁宽度和轨道梁一致,均为 850 mm。道岔的长度根据道岔的类型不同而不同,单开道岔为 5 500 mm×4,三开和五开道岔为 6 000 mm×5,整体平移道岔 22 000 mm。道岔在折线状态(关节不可挠道岔或者关节可挠道岔可挠未形成)限制速度为不大于 15 km/h,直线时不限速(关节型道岔),曲线状态限制速度为不大于 25 km/h,直线时不限速(关节可挠型道岔、平移道岔)。

二、信号与道岔的关系

单轨道岔并不存在物理上的辙岔,因此不存在有害空间,直向通过时不需要考虑有害空间造成的速度限制。但是,由于道岔走行面为钢板,列车在其上产生的摩擦力较 PC 梁小,较易产生空转打滑问题;且道岔为可活动结构,当列车在其上频繁加速和减速时,道岔会受到额外的纵向压力,以致大大增加道岔的维护量。因此,信号设备的设置应尽量避免造成列车在道岔区段加减速或停车的情况,正常运营时,宜让列车匀速通过道岔区。在自动驾驶的情况下也应考虑该因素。同时,对于可挠道岔来说,由侧向打到直向时可挠面未恢复也应该得到及时的反映,并且要求列车减速通过,否则将存在损坏车辆授电弓的危险。

道岔的转辙时间包括从信号发出、解锁、转辙、锁定到回馈信号全过程;道岔的转辙时间根据道岔的转辙距离不同而不同,正线的单开道岔转辙时间≤15 s,而车辆段的五开道岔从最左端转至最右端的转辙时间≤45 s。由于跨座式单轨道岔的转辙时间较一般地铁的转辙时间稍长,因此单轨道岔的转辙时间是跨座式单轨信号系统考虑追踪间隔的重要因素之一。

道岔电气设备布置在道岔附近,在需要手动操作时能目测道岔的运行状态。地面及隧道内的道岔的电气设备安装在道岔平台内,高架道岔的电气设备安装在道岔桥上,无论是道岔平台还是道岔桥,通常都具备电力电缆、供电电缆、通信及信号电缆、道岔控制电缆等电缆沟,它们按电压等级和电缆功能分别布置在两侧。道岔平台和道岔桥也是信号轨旁设备集中布置的地方,信号的区间电缆、道岔区域轨旁设备电缆和道岔手动控制柜的接口电缆都需要在此处对应的电缆沟内进行敷设。

道岔控制系统包括转动装置控制系统、锁定装置控制系统、缺陷检测控制系统、手动操作控制系统,各子系统均把对应的信息引到道岔手动控制箱端子和信号接口。接口电路根据道岔生产商的不同稍有不同,一般来说,道岔给信号传递的信息有控制级别切换手柄的位置状态、锁闭方向信息、道岔故障信息、道岔可挠形成信息等;信号系统给道岔传递的信息有授权现场信息、转辙信息、故障表示电源等。

信号系统控制道岔的模式有三种:联锁系统进路控制、车站值班员手动控制及现场人工控制。信号设备工作正常时,道岔控制手柄设置在"进路"挡位置,车站值班员或道岔现场人员均不能单独操作道岔,道岔只能通过进路命令控制(包括自动办理和人工办理的进路)。但车站值班员需要单独操纵道岔转换时,需将道岔控制模式手柄设置在"转换"挡位置,此时道岔仅能由车站值班员控制,车站值班员通过扳动道岔控制手柄可以转换道岔到相应位置。若现场人员需现场转换道岔,经请求车站值班员同意授权,车站值班员将道岔控制模式手柄设置在"现场"挡,该道岔将仅能由现场人员操作。

进路控制是指道岔由信号联锁系统设备根据ATS时刻表指令自动控制或由车站值班员转到相应位置,给出相应表示并锁闭,直到进路解锁后道岔也自动解锁。车站值班员手动控制是指车站值班员在集中站行车控制室控制台或车站行车操作终端上利用道岔转换手柄直接控制道岔转换至相应位置。现场人工控制是指现场测试道岔时或信号系统设备故障不能直接控制道岔时,由车站值班员授权道岔维护人员在现场转换道岔。

必须注意的是,由于跨座式单轨与地铁在设备职责分工和线路特征上的不同,导致了跨座式单轨和地铁对应急操作方式的差异。在地铁系统中,信号和转辙机均由信号系统提供,从建设到运营维护上均属于信号系统范围,转辙机受信号系统的控制;在跨座式单轨系统中,信号和道岔并不在一个系统内,其建设和维护均独立,因此要求接口界面职责分明,信号仅为道岔提供控制命令条件。对于地铁来说,转辙机误动或转换至错误位置会导致事故;而对于跨座式单轨来说,道岔误动会造成轨道梁、工程车、列车等设施损毁或现场维护操作人员受伤甚至死亡的严重事故,道岔转换到错误位置也会导致线路缺口,造成列车、工程车坠毁的严重事故。因此,在应急情况时,地铁通过一定的确认手续是可以集中操作道岔的,而跨座式单轨在此时禁止集中操作道岔,只能把操作权下放给现场,由现场确认后,根据调度命令进行操作。

任务四　单轨计轴设备

跨座式轨道交通信号基础设备包括继电器、信号机、计轴设备、轨道环线、应答器等,该类信号基础设备大部分沿袭了通用城市轨道交通信号基础设备,但是有的信号基础设备,如轨道环线、计轴器等在安装方式上又有所不同。

一、计轴设备概述

跨座式轨道交通和其他城市轨道交通形式一样,其信号系统大多采用 CBTC 系统。对于 CBTC 系统来说,系统正常的时候,列车位置信息和列车移动授权等信息均通过车-地无线通信进行传递,但根据以下情况设置降级设备。

当信号系统车-地无线通信发生故障导致连续式 ATP 功能丧失时,信号系统仍可采用降级模式确保在线列车运行安全并具备适当的自动化水平。

降级模式的辅助列车检测设备可提供非装备车(或故障列车)和装备车的混合运行,为未装备车载信号设备的工程车上线作业提供进路保护,同时可为故障列车的疏导提供安全保障。

降级系统一般由点式设备和辅助列车检测设备组成。在跨座式单轨交通中采用计轴作为辅助列车检测设备。计轴设备是用来检测列车轮轴是否占用轨道区段的一种安全装置。与传统轨道电路相比,它具有不受轨道线路状况影响,不需切割轨道、加装轨道绝缘等优点,因此广泛应用于城市轨道交通线路。

目前,国内外在跨座式单轨交通信号系统中使用的辅助列车检测设备大体有环线、光电管(安全光幕)、计轴等三种。

轨道环线系统主要通过敷设在轨道梁端部的环线接收列车发出的特征码,然后通过轨旁匹配变压器箱把信号返回到地面,经地面滤波解码后判断本区段是否被列车占用。轨道环线为带绝缘外皮非铠装的多股铜芯电源线,轨道环线本身并不特殊,但需配合轨旁及室内的相关设备使用。

光电管也叫安全光幕,它主要是利用红外线物理检测特性,发送和接收红外编码信息,当红外探头发出的一定数量光束被遮挡时,判断有列车进入,并通过并列且相距一定短距离的两个光电管动作的逻辑判断列车运行方向,通过区段两头的四套光电管判断列车出清和占用情况。安全光幕属于通用的工业产品,广泛应用在工业生产的异物进入检测,在轨道交通中主要用于无人值守的道口。

目前,国内采用轨道环线来检测列车占用的有重庆轨道交通 2 号线,采用计轴设备来检测列车占用的有重庆轨道交通 3 号线等,光电管暂时没有在跨座式轨道交通上的使用案例。

二、计轴设备的组成

计轴设备在铁路和城市轨道交通中都有广泛的应用。由于生产厂商的不同,计轴设备在设计上也存在差异。

跨座式轨道交通和其他城市轨道交通一样,采用的计轴系统通常为微机计轴系统。微机计轴系统分为以下三个部分:室外部分、室内部分、传输通道部分。

室内设备有计轴主机、继电器、电源设备和防雷单元等。室外设备有车轮传感器和电子检测盒(JCH)。

1. 室外部分

传感器系统的主要功能是采集轮轴信息并准确地把它变成可计数脉冲传送给微机。

电磁式有源传感器由磁头、发送、接收三个部分组成。每套传感器组由两对传感器系统组成,每对相互独立,用于鉴别列车运行方向。每对传感器系统包含一个发送传感器和一个接收传感器,且传感器的发送和接收磁头对称安装。采用固定支架将电磁传感器发送磁头TX安装于轨道梁下部,利用供电接触轨下部一个固定螺栓将电磁传感器接收磁头RX安装于轨道梁中部凹面的斜面上(图9.8)。传感器通常采用高频调相方式,具有较高的可靠性和良好的抗干扰性能。每个传感器均配有一条用于和电子检测盒JCH连接的尾缆。尾缆一端固定灌封在传感器内,尾缆长度通常为4 m左右。发送磁头的信号来自室内主机的传感器板,然后由传感器发送电路分频、整形、功率放大,再经防雷单元隔离,由发送外线送给计轴点的两个发送磁头,再通过磁场耦合在发送磁头与接收磁头之间形成磁通桥路,从而在调谐的接收线圈上获得一定的信号输出。

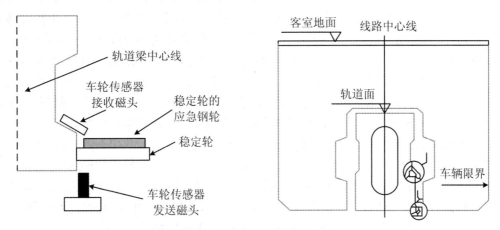

图9.8 单轨梁计轴安装示意图

由于两磁头产生的轴脉冲在时间上有先有后。两脉冲组合后形成具有5种形态的轴脉冲对,根据两脉冲的组合时序可确定列车的运行方向,从而产生相应加轴或减轴运算。轴脉冲形成后,计轴过程完全由软件来完成。

2. 室内部分

室内计轴主机一般由外部采集模块、传感器采集模块、处理器模块、表示模块和电源模块组成。室内主机主要具有如下功能:给室外电子检测盒(JCH)供电并接收来自JCH传回的轴信息,轴信息经电缆传到主机,经传感器采集(CJB)板的整流滤波,将其转换为数字信号送给处理器(CPU)板,CPU板对经过传感器的轮轴予以准确计数,经软、硬件逻辑运算和判别处理后,给出区段空闲/占用信息,并控制安全继电器吸起/落下;采集(TCJ)板采集到外部复零继电器条件后,控制主机的复位。当列车完全驶离区段时,经计轴主机两块CPU板的判断比较,确认数据信息无误及区段无车则给出区段空闲指示,吸合相应区段轨道继电器;若列车进入区段或未驶离区段时,则给出区间占用指示,相应区段轨道继电器落下。显示(TXS)板卡提供轴数显示及故障信息,为非安全相关板卡。电源板将AC220V转换为DC24V,为计轴主机提供电源。

计轴室内机柜设有防雷设备,保护室内计轴主机不被室外设备与电缆终端架之间的线路中产生的感生电压(如闪电或牵电流)损坏。每个室外JCH设置一组信号防雷单元,对室外信号进行防护。同时一组远供电源需设置一组防雷单元进行雷电防护。

计轴室内主机总电源为经 UPS 的不间断电源，并由电源屏统一提供。

3. 传输通道部分

计轴检测点至室内主机应采用专用通道，采用 PJZL23 型计轴专用电缆，每个室外检测点与设备室内有两对连接线：一对为信号线，另一对为电源线。有些计轴系统电源线可以最多 4 个检测点共用一对电缆与室内连接，有些系统仅允许单独的电源线对本计轴点供电。通常，当室内至室外距离大于 4 km 时，电源线需要加芯处理，减小电源损耗；当室内至室外距离大于 7 km 时，将需要增加升压模块或更换成适合长距离使用的计轴型号，在重庆跨座式单轨线路中，没有这样的使用案例。

当计轴区段处于计轴主机管辖边界时，一个区段（或区间）是否处于占用或空闲状态，必须由该区段（或区间）两端计轴系统所计轴数共同判定。计轴数相同为空闲，轴数不相同为占用。因此，两端计轴系统必须进行轴数互传，两端计轴系统的轴数互传是由传输通道实现的。由于所传输的信息具有很高的安全特性，因此，要求传输通道具有安全传输能力。

站间通信采用专用的通道，当采用实回线点对点直连时，最大距离一般为 10 km，通信接口设备为调制解调器；当采用光纤点对点直连时，最大距离一般为 60 km，通信接口设备为光电转换模块；当通道采用音频线路或其他通信中继设备时，距离一般不受限制，要求通道带宽不小于 64 Kbps。跨座式轨道交通计轴的站间通道一般采用光纤的数字通信方式，站间通信采取的安全措施包括：数据传输采用冗余方式，二组信息共用一条通道分时传递，接收端进行"二取二"确认，不一致则导向安全；信息源经 CRC 生成器（16 位）附加循环冗余码，到达接收方后经校验器校验；采用 ARQ 的发送等待技术，每次通信正确与否都将得到确认；接收方对安全信息进行多次重复确认，防止误动；接收方在规定的时间内不能正确收到对方的信息，将视为故障状态，导向安全；采用专用通信协议，有效防止干扰或恶意侵入；为最大限度地保证系统的安全性，在信息的接收方不进行纠错。

4. 输入/输出部分

该部分一般有轴数显示模块，用来为值班员提供计轴信息，还包括轨道继电器（QGJ）驱动及计轴设备正常继电器（JZCJ）驱动等部分。轨道继电器（QGJ）用以表示所监视的区段占用或空闲状态，是一个由故障-安全电子电路驱动的安全型偏极继电器（区间轨道继电器 QGJ）。当电路出现故障时应当使 QGJ 落下，以导向安全侧。为了区别"设备故障"和"区间占用"状态，一般还设有一个计轴设备正常继电器 JZCJ，该继电器也是个由故障安全电子电路驱动的安全型偏极继电器。计轴设备正常继电器 JZCJ 落下，说明计轴系统出现故障，无法判断所属区段（区间）的空闲与占用。

三、计轴设备的基本工作原理

计轴设备通过对物理轮轴的检测，来表示轨道区段的空用、占用和受扰三种状态。其工作原理如下：当列车驶入，车轮进入轨道传感器作用区时，轮对经过传感器磁头时，向驶入端处理器传送轴脉冲，轨道区段驶入端处理器开始计轴，驶入端处理器首先判定运行方向，确定对轴数是累加计数还是递减计数。列车进入轨道区段，驶入端处理器对轮轴进行累加计算，并发出区段占用信息。同时，驶入端处理器经传输线向驶出端处理器发送驶入轮轴数，列车全部通过驶入端计轴点时，停止计数。当列车到达区段驶出端计轴点时，由于列车是驶离区段,驶出端计轴器进行减轴运算,同时再传送给驶入端处理器,列车全部通过后,处理器对驶入区段和驶离区段的轮轴数进行比较运算,轮轴数一致时,方认为本区段已经出清,发出区间空闲信息表示,当无法证明进入区段的轮轴数等于离开区段的轮轴数,则认为本区段仍将处于占用状态。

在开始使用计轴设备前,首先确认区段空闲,再进行复位操作后,设备即进入正常工作模式。计轴设备开始使用后,当列车经过磁头时(进入区段),车轮传感器感应的信息送与轨旁电子检测盒内部传感器板,进行相位及幅度检测,并将经过电平转换后的轴信息由通道板转换成频率调整(FSK)信号,经电缆传到室内主机,室内主机对接收的 FSK 信息进行处理,同时对轮轴予以准确计数、逻辑运算和判别处理,给出区段占用信息,并控制安全继电器落下。当列车完全驶离所检测区段时,经计轴主机判断比较,确认数据信息无误及区段无车,则给出区间空闲指示,同时吸合安全继电器,实现检测及锁闭功能。

四、计轴设备的安装

1. 传统运用方式的安装

微机计轴设备在轨道交通中的应用重点是电磁传感器的安装方式和磁场分布。有轨铁路上的电磁传感器安装在钢轨上,电磁传感器发送磁头安装于钢轨外侧,接收磁头安装于钢轨内侧。利用车辆车轮经过电磁传感器时切割磁力线改变磁场相位的大小,来判断并记录进入和离开区段的车辆轮轴数,通过分析和运算来完成信号系统所需要的相应区段车辆的出清和占用状态。

2. 应用于跨座式单轨线路的安装

(1) 由于跨座式单轨交通以高强度混凝土梁(PC 梁或 RC 梁)作为车辆运行的轨道,所以,无法按常规安装电磁传感器。

(2) 由于跨座式单轨车辆的走行轮、导向轮和稳定轮均采用充气橡胶轮胎等非金属材料,所以无法使用车辆的走行轮、导向轮和稳定轮来影响电磁场的磁力线分布。图 9.9 所示为单轨车辆车轮位置布置图。

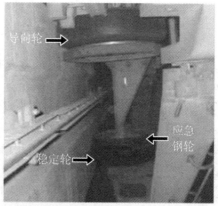

图 9.9 单轨车辆车轮位置布置图

根据跨座式单轨车辆和轨道梁的特点,目前采用检测跨座式单轨车辆侧面稳定轮应急钢轮(该应急钢轮比稳定轮直径略小,平时离轨道梁有段距离,当稳定轮气压不足或故障时,把钢轮作为车辆应急之用)的办法判断车辆。图 9.10 所示为单轨计轴的实际安装现场。此钢轮在车体上的数量和物理位置是固定的,车辆运行过程中其位置和 PC 梁侧面相对距离变化极小,非常适合于电磁传感器检测。由于应急钢轮是在轨道 PC 梁侧面运行,这样就需要改变电磁传感器的安装方式。即采用固定支架将电磁传感器发送磁头安装于轨道梁下部,利用供电接触轨下部一个固定螺栓将电磁传感器接收磁头安装于轨道梁中部凹面的斜面上,跨座式单轨车辆的稳定轮应急钢轮在此间运行切割磁力线,使磁场的相位发生改变,计轴系统通过判断磁场相位的变化,完成信号系统所需要的车辆的出清和占用状态的判定。

图 9.10　单轨计轴的现场实际安装图

任务五　轨道环线设备

一、轨道环线设备概述

轨道电路是轨道交通信号的重要基础设备,它通常用来监督线路的占用情况,以及将列车运行与信号显示等联系起来,并通过轨道传递行车信息。以前铁路及地铁采用钢轨作为传输媒介,靠列车钢质轮对短路来反映车辆占用状态。

采用固定闭塞的跨座式单轨交通,以高强度混凝土梁(PC 梁)作为车辆运行的轨道,且跨座式单轨车辆的走行轮、导向轮和稳定轮胎均采用充气橡胶轮胎。针对单轨交通特点,适用于跨座式单轨交通的轨道电路被开发并投入使用于早期的单轨系统,这就是轨道环线设备。利用轨道环线(ATP/TD 环线)向跨座式单轨车辆发送 ATP 信号,对车辆进行超速防护,并接收 TD 信号反映车辆的位置信息,同时检查 ATP/TD 环线的完整性。目前,重庆轨道交通 2 号线主要使用该系统。

二、环线轨道电路的特点

1. 跨座式单轨交通方式不采用钢轮钢轨,传统的依靠钢轨传递 ATP 信息,依靠轮对短路获得列车位置信息的方法已不再适用,因此,必须采用特殊的方式传递信息和检查列车的位置。
2. 跨座式单轨交通方式的道岔与钢轨道岔完全不同,除使用单开道岔外,还使用三开、五开道岔,环线轨道电路必须满足各种型号道岔的要求。
3. 跨座式单轨交通方式的轨道大部分采用高强度混凝土梁,因此,在制作混凝土梁时,必须在混凝土梁两肩部和端部预留信号系统敷设环线用防护管。
4. 跨座式单轨交通高架线路上信号系统环线轨道电路设备的施工和维护,必须全部采用作业车进行。

三、轨道环线的工作原理

轨道环线主要有两个功能:一是由列车向地面发送列车特征信息,实现列车的位置检测;二是由地面向列车传递速度码信息,实现列车的超速防护。这里主要介绍列车位置的检测。

列车的位置检测由安装在列车两端的 TD 发送设备和地面环线轨道电路的发送、接收设备共同完成。环线轨道电路的 TD 地面设备发送校核信号(CH)检查环线的完整性。CH 信号的载频为 14.25 kHz,调制信号为 97 Hz,采用梯形波调幅方式(PWD)。

车辆两端的 TD 发送设备分别向轨道梁上的环线发送 f_1、f_2 信号。其中 f_1 的载频为 13.5 kHz,调制频率为 112 Hz;f_2 的载频为 15.0 kHz,调制频率为 112 Hz,采用梯形波调幅方式。

f_1、f_2 信号为列车的特征信号,只要列车上电就会发送,是确保列车在 ATP/TD 系统中被地面获知的唯一手段。f_1、f_2 信号会对 CH 信号产生邻频干扰,当轨道环线上存在 f_1、f_2 信号时,返回室内的 CH 信号因受到 f_1、f_2 信号的干扰而减弱,使轨道继电器无法吸起(轨道空闲)。同时,利用列车经过轨道区段产生的 f_1、f_2 信号接收时序和逻辑,组建与该时序和逻辑完全对等的闭塞逻辑电路,确保轨道区段的安全出清和占用。

任务六 基于感应环线的跨座式单轨交通 ATC 系统

一、基于感应环线的跨座式单轨交通 ATC 系统构成

基于感应环线的跨座式单轨交通 ATC 系统由列车自动防护(ATP)及列车位置检测(TD)子系统、计算机联锁(CBI)子系统和列车自动监控(ATS)子系统三部分构成。

1. ATP/TD 系统

ATP/TD 系统采用基于轨道环线的感应技术,实现列车运行超速防护和列车在线位

置检测,能确保列车高速、高密度、安全可靠地运行。

2. CBI 系统

CBI 系统采用国内成熟的计算机联锁系统,实现道岔、进路、信号相互之间的联锁,确保行车安全。

3. ATS 系统

ATS 系统对其控制范围内的列车进行控制、监视和管理,具有实时、高可靠、高安全、高可用性的特点,做到不间断地全天候工作。

车辆段/停车场信号系统配置基本和正线相同,车辆段不设置 ATP 发送设备,仅配置 TD 设备,在道岔前设置防误出发区段,同时还设置有车辆段/停车场 ATS 分机。

二、ATP/TD 系统

(一)系统构成

ATP/TD 系统包括列车自动防护(ATP)系统及列车位置检测(TD)系统。ATP 设备指根据先行列车的位置条件、曲线的状态及从联锁设备输入的信号显示条件产生对应各速度阶段的 ATP 信号,发送到 ATP/TD 环线,并传输到列车上的设备。TD 地面设备指通过 ATP/TD 环线连续接收车上发出的 TD 信号,检测列车位置的设备。ATP/TD 环线供 ATP 设备与 TD 设备共用。

ATP/TD 设备采用数字技术的小型化、高可靠度的 PWD(Pulse Width Modulated Digital Possing)—ATP/TD 方式。

1. 列车位置检测(TD)系统

列车位置检测(TD)系统是一种连续收发信息或列车检测系统,它通过设置在列车头部和尾部的车载天线连续地发送两种车上 TD 信号,通过敷设在地面上各个区间的感应环线(以下称 ATP/TD 环线)连续地接收,构成闭塞逻辑的列车检测方式。

ATP/TD 用收发电缆与 ATP/TD 环线在接收 TD 车上信号的同时可以向车载设备发送 ATP 信号。这样可以简化设备并可以检测 ATP 传输部的断线。

2. 列车自动防护(ATP)系统

列车自动防护(ATP)系统根据先行列车的位置、曲线、道岔等的限制、联锁设备的进路设定等,决定该区间(闭塞)上规定的最高运转速度并从地面设备通过轨道环线给出速度码信号指示列车。列车根据指示,在超过指示速度时,制动动作使速度降低,从而保证列车安全。

(1) ATP 信号方式。ATP 信号方式指在车上连续地接收、解读 ATP 信号,并进行速度显示的车载信号方式。在站内及车辆段内进行调车作业时,按照地面的调车信号机进行。这时 ATP 限制倒车的速度。

(2) ATP 信号传输方式。ATP 信号传输采用在整个 ATP/TD 环线上传输 ATP 信号电流,通过电磁感应向车上传送的传输方式。

(3) ATP 信号展开。在自动区间上,在占用区间的后方设置常用停止区间,在此区间的后方设置不超过 25 km/h 以上的 ATP 信号。

（二）系统功能

1. 列车位置检测

ATP/TD 系统的车载设备通过列车头部和尾部的天线，分别向轨道环线连续发送不同频率的信号，由地面设备接收解码，并利用逻辑判断电路进行处理，确定列车的位置。

2. 列车运行超速防护

ATP/TD 系统的地面设备通过设置于轨道梁两肩部的轨道环线，向列车连续发送速度控制信息，由 ATP 系统的车载设备根据接收到的速度控制信息，连续控制车辆的运行，实现列车的间隔保护和超速防护。

（三）设备组成

1. ATP/TD 地面设备

ATP/TD 地面设备采用了最新数字信号处理技术的 PWM 的 ATP/TD 方式。具有以下特点：

（1）ATP 信号、TD 信号的发生及放大采用 PWM 方式，在整个回路数字化、小型化、高可靠化的同时改善了电力放大器的效率，降低了电力的消耗。

（2）ATP 信号选择逻辑电路采用高可靠的无接点逻辑电路，摆脱了以往的继电器逻辑电路繁杂的配线。

（3）以环线为单位集成了分散在各部的功能。这就使故障检测功能可以集成到一个单元，可以进行综合的动作监视等，提高了可靠性，也便于维护。

（4）在数字处理回路的中枢部采用了 LSI（大规模集成电路），实现了小型化，提高了可靠性。

（5）单元间的配线以环线为单位采用插接（印刷配线电路板）方式，避免了单元间复杂的配线，便于维护。

ATP/TD 地面设备由 CH 分配架、ATP/TD 收发信架、轨道继电器架、联锁接口架、匹配变压器架、监控架、TD 架（仅车辆段）及现场设备等组成。

2. ATP/TD 车载设备

ATP/TD 车载设备通过感应线圈（天线）连续接收速度限制及停车信息，通过解码送至 ATP 接收装置，实施控制。车载 TD 系统产生并往轨道环线发送车辆的特征信号。通过感应线圈连续传送 TD 信号，使地面确定列车位置。车载设备具有运行方式、运行方向、蜂鸣条件、运行显示、开门信号等接口。为防止车辆电源断电时列车丢失，TD 装置使用两路电源 DC110 V 和 DC24 V，分别供 f_1、f_2 信号用，电源断电时，DC110 V 具有 5 s 滞后时间断电。

ATP/TD 车载设备由 Mc2 侧乘务员室内安装的 ATP 信号楼接收装置和 Mc1 侧安装的 ATP/TD 装置及地板下安装的 ATP/TD 天线等构成，主要有 ATP/TD 天线、天线匹配变压器、ATP 接收公共单元、ATP 接收单元、TD 信号发送单元、ATP 放大单元、ATP 速度检测单元、ATP/TD 继电器单元等。

（四）工作原理

1. 列车位置检测

跨座式单轨交通轨道不能按传统的利用轨道电路来检测列车的情况，而是在 PC 梁或钢箱梁面上预埋轨道环线，利用轨道环线与车载设备共同作用完成列车占用检测任务。在列车没有进入该环线区段时，地面环线接收设备可以接收到 CH 信号而使轨道继电器吸起，表明该环线区段没有被列车占用。一旦列车占用该环线区段，列车车头和车尾不断发送的 TD 调制信号将会叠加到地面环线上，使得地面环线接收设备不能正常工作，轨道继电器落下，表明轨道区段被列车占用。通过地面和车载设备的配合使用，可以检测列车占用情况。

列车位置检测由列车两端的 TD 发送设备和地面的发送、接收设备共同完成。TD 地面设备发送校核信号(CH)，检查环线的完整性。CH 信号的载频为 14.25 kHz，调制信号为 97 Hz，采用梯形波调幅方式(PWD)。

车辆两端的 TD 发送设备分别向轨道梁上的环线发送 f_1、f_2 信号。其中，f_1 为 13.5 kHz，调制频率为 112 Hz；f_2 载频为 15.0 kHz，调制频率为 112 Hz，也采用梯形波调幅方式(PWD)。

2. 列车运行防护

ATP 地面设备根据位置、线路占用/出清等情况选择限制速度信号，并将其发送给轨道环线。ATP 车上设备通过列车的天线接收信号并解码，一方面使车载信号速度灯点亮，另一方面将列车速度限制的信息传给 ATP 控制装置。

地面 ATP 控制信号，分上、下行方向，上行载频频率为 21 kHz，下行为 20 kHz，在送电端叠加发码，与 TD 检查发送共用同一环线，利用环线向列车传递地面 ATP 信息，其工作原理与传统轮轨式轨道电路一样。

3. 运行模式

列车运行模式不同，机车信号、提示音响、速度校核单元的动作也不一样。运行模式有以下五种：

（1）ATP 监督下的人工驾驶模式，采用车载信号运行模式。

（2）调车模式，带机车信号显示。

（3）非 ATP 区段限制人工驾驶模式，用于车辆段，按调车信号机显示运行。

（4）ATP 区段的限制人工驾驶模式，用于 ATP/TD 接收系统故障、ATP 地面设备故障的情况下。该模式下系统监视列车速度，只检测 15 km/h 的限制速度。

（5）非限制人工驾驶模式，用于其他代用闭塞系统的运行模式，ATP 装置解除时，按规定的模式运行。

三、基于 CBTC 的跨座式单轨交通 ATC 系统

基于 CBTC 的跨座式单轨交通 ATC 系统，利用通信技术实现车-地通信并实时地传递列车定位信息，系统通过建立车-地之间连续、双向、高速的通信，使列车命令和状态可以在车辆和地面之间进行实时可靠地交换，并确定列车的准确位置及列车间的相对距离，保证

列车的安全间隔,并实现移动闭塞。

目前,国内新建城市轨道交通主干线路大多使用 CBTC 信号系统,跨座式单轨交通也一样,以重庆轨道交通 3 号线为例,其 CBTC 信号系统列车控制技术实现了运行的快速性和高密度;联锁子系统是在国内的高速度、高密度线路上大量安全可靠地运行的 EI32-JD 型计算机联锁子系统,保证了跨座式单轨交通的安全性和可靠性。

基于 CBTC 的跨座式单轨交通 ATC 系统由 ATS 子系统、ATP/ATO 子系统、CI 子系统、无线子系统、维修监视子系统五个子系统构成。

项目十　信号设备防雷

铁路信号设备易遭雷电袭击,造成设备的损坏或误动,影响铁路运输生产。因此,信号设备需要进行雷电防护。

任务一　雷电及其侵入设备途径

一、雷害

雷电是一种自然现象,由于它的能量极大,极易对设备和人身造成严重损伤。

雷电有直接雷和感应雷两种。直接雷是直接侵入设备或与设备相关联的传输线上的雷电,其雷电压可高达几十万V,但袭击信号设备的概率很小。

感应雷是由于电磁感应作用,在电气设备上感应出的雷电压,在设备中流过感应电流。感应雷又分为纵向感应雷和横向感应雷。纵向感应雷是感应到设备两侧(如钢轨)上的极性相同、大小相等的感应电压,如图10.1(a)所示。横向感应雷是感应到信号设备两侧的极性不同的感应电压,如图10.1(b)所示。

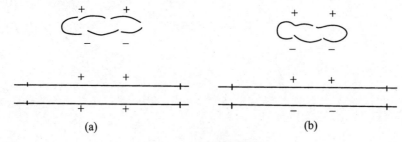

图10.1　感应雷示意图

感应雷的发生概率高,袭击信号的次数相当频繁。因为信号设备点多面广,设备本身属于低压电气设备或电子设备,绝缘耐压程度较低,易受雷击破坏。从技术经济角度出发,信号设备主要是对感应雷进行防护。

二、信号设备雷电侵入途径

根据雷电特性和实践证明,铁路信号设备的雷害,主要侵入途径大致有以下几种:

1. 由空间电磁感应侵入

铁路信号机房(信号楼或信号机械室)处或其附近的构筑物、地面突出物或大地遭雷击时，或雷云与雷云发生放电时，雷电电磁脉冲将在机房的信号设备中产生过电压和过电流，致使设备损坏。尤其在信号机房外屏蔽不良的情况下，危害更大。

2. 由电源馈线侵入

铁路信号设备供电的电源系统上遭受雷击产生的电磁脉冲，或电源馈线附近受雷击时感应在电源馈线上的雷电电磁脉冲，都会导致信号电源设备上产生过电压和过电流。

雷电侵入高压输电线，也会通过高压变压器间接侵入信号设备，有以下三种情况：

(1) 雷电侵入高压电线路传导到高压变压器，如高压变压器防雷装置失效，雷电流幅值又比较大时，就会把变压器初、次级线圈间的绝缘击穿。这样，雷电压直接侵入交流低压电源，危害由其供电的信号设备。

(2) 雷电侵入高压变压器，如幅值不高，不足以击穿变压器，还会通过初、次级线圈的分布电容以耦合方式，侵入信号交流电源低压回路，危害信号设备。

(3) 由于高压线路的冲击波电压不对称，或者两条线路上防雷装置放电电压或其残压值不同就会在高压线圈间产生电压差 $\Delta U_{高}$，在低压线圈中会产生较高的雷电压 $\Delta U_{低}$，从而危害信号设备。

3. 由信号传输线侵入

信号传输线(包括电缆)遭受直接雷击时产生电磁脉冲，或其附近遭受直接雷击时，感应在信号传输线上的电磁脉冲，都会经线路传导侵入信号设备产生过电压和过电流。例如，信号设备中的信号机点灯电路、轨道电路和道岔控制电路都是通过电缆把室内外的设备相连。雷电过电压从这些电缆侵入，并沿电缆传导进入室内设备。另外，当电缆附近大地遭受雷击时，电缆护套可能被击穿，雷电流直接侵入电缆芯线或沿电缆铠装护套流动，对电缆芯线产生较高的感应过电压、过电流。

4. 由轨道电路侵入

轨道电路除从轨道电缆传输线侵入外，暴露程度最大的是用作轨道电路的钢轨线路，它一般高出地面，铁路两侧且有高山、树木、桥梁等地面突出物，更易遭受雷电袭击。一旦雷电由轨道电路侵入，传导到轨道电路器材上，即会造成器材损坏。

5. 由高电位反击侵入

信号机房或信号设备附近建筑遭雷击时，雷电流沿接闪器(避雷针、避雷带或避雷网)引下线进入接地装置引起地电位升高，这时，在信号系统接地导体和其他导体间产生的反击雷过电压，这个过电压会造成信号设备产生闪络或击穿。

为防止高电位反击侵入，新建信号机房宜采用共用接地系统和等电位连接。并且信号楼应尽量远离附近高大建筑物和构筑物，如受地形地物限制时，应采取安全措施。

任务二 防雷元器件

目前使用的防雷元器件主要有金属陶瓷放电管(GDT)、金属氧化物压敏电阻器(MOV)、瞬变电压抑制器(TVS 二极管)和防雷变压器等。

一、金属陶瓷放电管

金属陶瓷放电管具有通流容量大、残压较低、雷击后使回路处于断路状态等优点,但响应时间慢,因此一般用于信号设备的防雷电路粗保护环节,主要起导线间和导线对大地间隔离作用。

金属陶瓷放电管按电极数量分为二极放电管和三极放电管。

1. 金属陶瓷二极放电管

金属陶瓷二极放电管是一种充气瓷管。以 R‑250TA 为例,其结构如图 10.2 所示,由管帽、陶瓷管、热屏、瓷座、钍钨丝、电极等组成。电极由纯铁制成,上面绕有钨丝,以提高电极的耐热性和导热性。陶瓷管内衬有一铁质圆管,叫热屏,用来将电极间产生的电弧热量均匀地散发出去。陶瓷管内充以一定压力的氖气。管的两端用铁镍合金与内部电极进行金属陶瓷封接。管表面涂有耐高温的优质绝缘漆,以提高瓷管表面绝缘电阻,防止放电管的点火电压受光照影响。金属陶瓷管能通过很大的电流而不损坏。

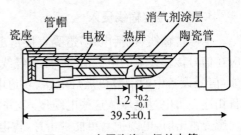

图 10.2 金属陶瓷二极放电管

2. 金属陶瓷三极放电管

金属陶瓷三极放电管的结构如图 10.3 所示。它有两个线路电极和一个接地电极。在三极放电管中,如果有一个电极放电,在管子中就产生并充满了离子和电子,从而诱发其他电极也放电,大大减小了各电极间的放电时间差,最大限度地抑制了两线间冲击电压的产生,提高了防护效果。三极放电管接法如图 10.4 所示。

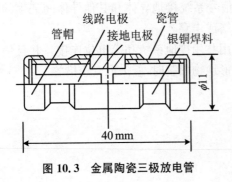

图 10.3 金属陶瓷三极放电管

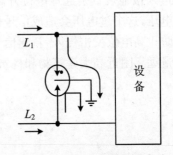

图 10.4 三极放电管防雷电路

三极放电管除对称性能好外,还具有冲击放电电压低、通流容量大、遮光性能好、极间电容小、绝缘电阻高等优点。

二、氧化锌压敏电阻器

氧化锌压敏电阻器包括一般的压敏电阻器和劣化指示压敏电阻器。

1. 氧化锌压敏电阻器

氧化锌压敏电阻器是以氧化锌为主,添加氧化铋、氧化钴、氧化锰和氧化锑等金属氧化物,经过充分混合后造粒成型,再经烧结而成的,其微观结构如图 10.5 所示。压敏电阻器具有通流容量大、非线性特性好、残压较低、响应时间快及抑制过电压能力强等特点,作为电子设备的防雷器件较为理想,也可作为电磁系统的防雷器件。其最大的缺点是可能出现短路故障,为解决这一问题,试制了劣化指示氧化锌压敏电阻器。

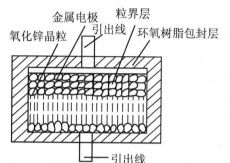

图 10.5 氧化锌压敏电阻器的结构

2. 劣化指示氧化锌压敏电阻器

劣化指示氧化锌压敏电阻器除具有压敏电阻器的性能外,它的通流容量更大,并具有热熔断器、大电流熔断器和报警装置,使其在失效时能自动脱离使用线路,给出明显指示,进行报警告示。而且它采用标准化模块结构设计,在使用过程中免予测试,使用安装维护更为方便。

劣化指示压敏电阻在正常工作电压下,始终处于高阻状态,其各项特性参数均未劣化,热熔断器及大电流熔断器均不会脱扣,机械装置不动作,保护模块窗口显示绿色,表示工作在正常状态,如图 10.6(a)所示。

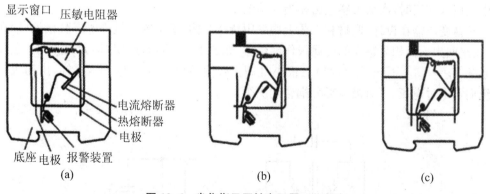

图 10.6 劣化指示压敏电阻器工作状态

劣化指示压敏电阻器在遭受过电压侵袭时,处于导通状态,限制过电压,保护所防护的设备。当它长期遭受过电压时,特性有所劣化,表现为漏电流增大。当漏电流继续增大时,压敏电阻器功耗不断增大,自身发热,当所发热量大于热熔断器熔化所需热量时,热熔断器因受热而脱开,使压敏电阻器脱离所使用线路,防止发生火灾。同时机械装置动作,防护模块显示窗口由绿色变为红色,表示发生故障,如图 10.6(b)所示。

劣化指示压敏电阻器在遭受超出其能承受的额定电流脉冲侵袭时,大电流熔断器断开,使压敏电阻器脱离所使用的线路。同时机械装置动作,防护模块显示窗口由绿色变为红色,表示出现故障,如图 10.6(c)所示。

三、瞬变电压抑制器

瞬变电压抑制器又称瞬态电压抑制器,TVS 管是瞬态电压抑制器的简称。它是一种齐纳二极管,与普通稳压管相比,瞬态功率更大,响应速度特别快(为 ns 级),漏电流低,无损坏极限,体积小,但通流容量小,耐浪涌冲击能力较放电管和压敏电阻差。它只能作为雷电细保护,适宜于电子设备的防雷。

TVS 管在线路板上与被保护线路并联,当工作电压低于瞬变电压抑制器的击穿电压时,呈现高阻,对跨接的电路没有影响。当雷电侵入出现过电压时,TVS 管便发生雪崩,能以 10^{-12} s 量级的速度,将其两极间的高阻抗变为低阻抗,给瞬时电流提供一个超低电阻通路,将过电压限制到一定水平,保护了被保护的设备。当瞬时脉冲结束以后,TVS 管自动恢复高阻状态,整个回路进入正常电压。许多器件在承受多次冲击后,其参数及性能会发生退化,而只要工作在限定范围内,TVS 管将不会发生损坏或退化。

瞬态电压抑制器在运用中不可避免地逐渐老化或性能下降,必须定期进行测试。凡达不到指标的元件应及时予以更换。

四、防雷变压器

普通变压器在初、次级绕组间存在级间电容。级间电容由三部分组成,即初级和铁芯间的电容 C_1,次级和铁芯间的电容 C_2,初级与次级间的电容 C_{12}。普通变压器的 C_{12} 为几十皮法,电压转换系数在 1/5 左右。因此,初级绕组的纵向电压可通过电容耦合到次级。当雷电波侵入初级时,次级可感应出相当高的电压。

防雷变压器在设计、取材和工艺上均采用特殊结构,最重要的是静电屏蔽接地,即在初级、次级间串入面积足够大的金属板作屏蔽体,如图 10.7 所示,这使 C_{12} 大大降低。电压转移系数 $T_K = C_{12}/(C_2 + C_{12})$,当 C_{12} 很小时,T_K 必然很小。$U_2 = T_K U_1$,这样,由初级侵入的纵向雷电过电压,只有极少部分耦合到次级。

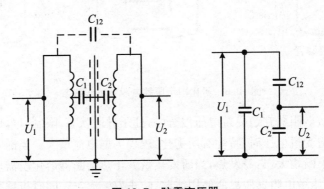

图 10.7 防雷变压器

五、浪涌保护器

信号设备浪涌保护器(SPD)用于电源引入处和室内外信号传输线,对信号设备进行雷电防护。

1. 电源浪涌保护器

外电网引入机房建筑物应采用多级雷电防护。第Ⅰ级电源防雷应有故障声光报警、雷电计数和状态显示(三相电源每一相线均应有状态显示)等功能。

(1)信号电源防雷箱

电源防雷应采用信号电源防雷箱方式,电源防雷箱一般固定在室内低压配电箱旁;信号防雷箱设置地点应符合防火要求。

信号设备机房的电源应采用TN-S系统。三相电源供电的机房,应采用L(相线)-L、L-PE(保护地线)和N(中性线)-PE全模防护的并联三相电源防雷箱;单相电源供电的机房,应采用L-N、L-PE和N-PE的单相电源防雷箱。

信号电源防雷箱一般由浪涌保护器、空气开关、雷电计数器、等电位接地端子、防雷地线引接线等组成。例如FDX-380(Q)电源防雷箱的电路原理,如图10.8所示。

图10.8中,K_1、K_1'为三路空气开关;K_2、K_2'为单路空气开关;$SPD_1 \sim SPD_4$、$SPD_1' \sim SPD_4'$为防雷保安器(德国DEHN防雷器件);雷电计数器,每次冲击电压≥1 kV时计数一次。

两路380 V交流电源输入配线采用凯文接线方式,即室内低压配电箱输出端接至防雷箱的分线器,再由该分线器端子引至用电设备的输入端。

浪涌保护器采用了全保护模式,即相线-相线(L-L)间,相线-保护地线(L-PE)间,和中性线-保护地线(N-PE)间的全模防护。

电源引入线与浪涌保护器之间串接断路器,防护长时间过电流损坏浪涌保护器。

具有雷击浪涌计数和防雷故障指示灯、供电状态指示灯。

(2)电源浪涌保护器

用于电源电路的浪涌保护器,应单独设置;必须具有阻断续流的性能;工作电压在110 V以上的,应有劣化指示。

室外交流电源浪涌保护器,冲击通流容量不小于20 kA,限制电压不大于1 000 V,三相不大于1 000 V。

2. 信号传输线浪涌保护器

信号传输线的浪涌保护器应实现即插即用。

(1)室内信号传输线浪涌保护器

室内信号传输线长度:传输线长度为50~100 m时,可在一端设备接口处设置浪涌保护器;大于100 m时,宜在两端设备接口处设置防雷保安器。按照分区、分级的原则,信号传输线的浪涌保护器应集中设置在分线盘处。

(2)室外信号传输线浪涌保护器

室外信号传输线宜在两端设置浪涌保护器。安装于室外的电子设备宜在电缆线入口处设置浪涌保护器或防雷变压器。与室外传输线相连的各种信号变压器应采用防雷型变压器。

浪涌保护器可安装在室外变压器箱内。

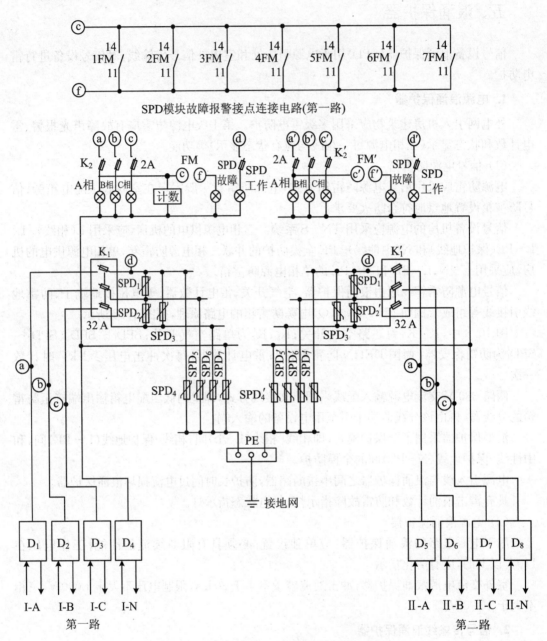

图 10.8　FDX-380(Q)电源防雷箱电路原理图

任务三　铁路信号现代防雷技术

现代防雷技术的理论基础在于：闪电是电流源，防雷的基本途径就是要提供一条雷电流(包括雷电电磁脉冲辐射)对地泄放的合理的阻抗路径，而不能让其随机地选择放电通道,简言之,就是要控制雷电能量的泄放与转换。因此应按照电子信息系统雷电防护原则,采用六大技术进行全面地相互配合、综合性防护。

一、直击雷防护技术

直击雷防护主要指对铁路信号楼的防护,即外部防雷。防护直击雷技术有接闪器(避雷针、避雷带、避雷网)、引下线、接地体和法拉第笼等。信息系统设备的外部防护首先是使用接闪器将主要雷电流引入大地;其次是通过信号楼四周的引下线与环形接地装置将雷电流分流、均压,避免造成过电压而危害设备;第三是利用建筑物中的金属构件按照防雷技术要求进行电气连接,组成不规则的法拉第笼(笼式避雷网),起到一定的屏蔽作用;第四是信号楼各点的电位应均衡,避免由于电位差而危害设备;第五是有良好的共用接地系统以降低雷击信号楼时节点电位和地电位反击以损坏设备。

(一) 接闪器

通常接闪器的形式有避雷针、避雷带、避雷网、避雷线等。接闪器利用其高出被保护的突出地位,把雷电引向自身,然后通过引下线和接地装置,把直击雷电流泄入大地,以保护信号机房建筑物免遭雷击。

1. 避雷针

避雷针是建筑物防直击雷结构最简单的防雷装置,它是美国科学家富兰克林于 1752 年发明的。其保护原理是依靠它的尖端,在雷云电场作用下不断积聚感应电荷,用它吸引雷电的下行先导达到防雷的目的。也就是说,避雷针是通过把雷电流引向自身来完成其保护区范围内的被保护对象免遭直接雷击的。但在避雷针引雷过程中会产生许多负面效应,其中最主要的是产生感应雷、增加雷击概率和地电位反击。

2. 避雷带

避雷带是指在房屋顶向四周的女儿墙或坡顶的屋脊、屋檐上装上金属带作为接闪器。避雷带采用圆钢或扁钢,一般圆钢采用 8 mm,扁钢采用截面 48 mm^2(12 mm×4 mm 扁钢)。避雷带一般高出屋面 0.15~0.2 m,如图 10.9 所示。

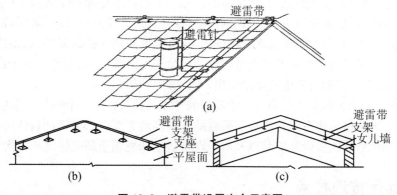

图 10.9 避雷带设置安全示意图

3. 避雷网

1958年,我国开始采用避雷网作接闪器,这是一种很好的防雷措施。避雷网相当于纵横交错叠加在一起的网格状的避雷带。它可以是单独制作的金属网,架设在被保护的信号设备机房的建筑物顶上,这种形式属明装避雷网。也可以利用建筑物本身屋顶上的混凝土楼板构件的钢筋网作为避雷网,这种形式属暗装避雷网。

有铁路信号机房的建筑物,一般采用明装避雷网(如暗装避雷网钢筋距屋面顶部厚度大于20 cm时应另设明装避雷网)。避雷网在屋顶的网格尺寸应不大于3 m×3 m,并与屋顶的避雷带多处焊接连通。屋顶如果存在有其他金属物(如卫星天线),都要用粗导体与避雷网(带)牢固焊在一起。避雷网一般采用圆钢或扁钢,其截面尺寸同避雷带。

(二)引下线

引下线上与接闪器连接,下与接地装置连接,它的作用是把接闪器截获的雷电流引至接地装置流入大地。常规的避雷引下线应具有一定截面面积的圆钢、扁钢或多股铜芯线等材料。雷电冲击电流流经避雷引下线时,在引下线周围会产生强大的电磁场,对信号楼内低压系统具有瞬态电磁脉冲冲击响应,因此,在有条件时避雷引下线可用单芯铜电缆加镀锌钢管护套的结构,以克服常规引下线瞬态响应的缺点。采用这种引下线装置,其特性阻抗和冲击阻抗优于常规引下线。这是由于电缆与镀锌钢管的内外导体之间的电容较大,降低了它的阻抗,使电缆截面上的电压降低到绝缘介质能够承受的水平。另外,雷电放电电流通过引下线的内导体入地时,接地的外屏蔽层对内导体起屏蔽作用,防止引下线与建筑物之间存在很高的电压以及引下线周围的强磁场对建筑物内低压系统的感应。因此,雷电流能够被安全地从接闪器上引导入地。

(三)接地装置

现代信号防雷的接地装置应采用共用接地系统(在后续内容中详细介绍),它的作用是使雷电流能顺利地流散到大地中去。

二、屏蔽技术

屏蔽对于电场和磁场能起到类似屏障的作用。屏蔽技术是通过金属板式(电子设备外壳:箱、柜)、网状式(建筑物的避雷网、地网网格)或金属纺织带式(电缆屏蔽层或屏蔽线)的金属体做成的一个全封闭壳体,来阻挡和减小电磁能量对被保护的器件、设备进行干扰的一种技术。屏蔽可以防止外来的雷电电磁脉冲能量进入屏蔽体内,避免其电子设备受到干扰;同时限制设备内部辐射的电磁能量漏出,干扰和影响周围环境。

在信号楼内,由于信息系统中各电子设备的性能不同,以及它们所处不同的电磁环境,对它们采取的屏蔽措施也有差别。目前采取的基本屏蔽方式有信号楼的自然屏蔽、信息系统的电源线和信号传输线电缆屏蔽以及电子设备机柜和机箱金属壳体屏蔽等措施。

三、共用接地技术

接地是防雷技术最重要的环节,不论直击雷、雷电感应过电压还是其他形式的电磁脉冲干扰,最终都是把电磁脉冲电流泄入大地。因此,良好的接地装置是可靠防雷的保证。

在铁路信号机房内有许多不同的电气设备,需要多个接地装置,如信号设备的防雷地线、安全地线、屏蔽地线、电力地线、通信地线和房屋建筑地线等。

独立接地系统是指上述各设备需要接地的系统分别独立地建立接地装置,共用接地系统是把需要接地的各系统地线统一接到一个地网上。

(一)接地装置作用

接地装置是分流、排泄直击雷和雷电电磁脉冲能量最有效的手段之一。通过接地装置能把雷电流通过低电阻的接地体向大地泄放,保护信号机房、信号设备和人员的安全,并能预防火灾、防止雷击、防止静电侵害,保证铁路信号设备正常运行。因此,对接地装置可靠性有很高的要求。另外应把各种接地接在同一接地装置上,成为共用接地系统。如果不是这样,一旦出现接地不良,不但不能起到上述作用,反而会成为引雷入室的祸害,把感性和容性的电磁场干扰带给设备。

(二)信号设备接地系统分类

信号设备的接地分为防雷地、安全地、屏蔽地以及系统工作地,如表 10.1 所示。

表 10.1 信号设备接地分类表

序号	接地分类	内容	作用
1	防雷地	电源馈线(强电)防雷地	保护设备
		信号传输线(弱电)防雷地	
2	安全地	室内信号设备机架(柜)、控制台、室外信号机梯子、机构、继电器箱、电缆箱盒等	保护人身
3	屏蔽地	信号电缆、屏蔽线、金属护套、电力电缆金属护套、金属管道	
4	系统工作地	1. 系统逻辑地(电源悬浮接地),即电子设备内部逻辑电平负端公共地,也是+5 V 输出地。 2. 信号回路接地,即变送器交流负端接地和开关量信号负端接地。 3. 安全栅接地。 4. 供电系统地(N 中性点接地)	保护电子系统与设备安全可靠运行

(三)信号设备机房共用接地方式

传统的铁路信号微机联锁设备要求单独设地,并与其他地严格分开,尤其与供电系统地、无线铁塔避雷针地、引下线地等,应分开且两地之间应保持 15 m 以上距离。但从工程角度讲,有些场合实现分地是困难的,应采用共用接地系统,即把防雷接地、安全接地、屏蔽接地、系统工作接地通过室内总等电位接地排连接后与接地装置相连接。

(四)等电位连接技术

为了消除雷电流引起的毁灭性电位差就特别需要实行等电位连接,因此说电位连接是雷电保护的基本安全措施。

等电位连接指信号楼内所有不带电金属物（混凝土内的钢筋及机房门窗、天花板框架、自来水管、煤气管及其他金属管道、机器基础金属物及其埋地金属物）、电缆金属屏蔽层、电力系统的中性线和设备柜、箱金属蔽屏体、电源线、静电活动地板金属支架、信号传输线、网络线的 SPD 接地等，全部用电气连接的方法通过等电位箱（排）与共用拉地系统连接起来（焊接或者可靠的导电连接），使整个信号楼成为一个良好的等电位体。

（五）分区、分级、分设备安装浪涌保护器技术

按照 TB/T3074—2003 规定，应对建筑物需要进行保护的空间划分为不同的雷区（LPZ），以确定各部分空间雷电电磁脉冲（LPMP）的严重程度和相应的防护对策。根据雷电电磁环境的特性，可以将建筑物需要保护的空间由表及里地划分为不同的防雷区（LPZ_0-LPZ_N），在各个防雷区交界面上应设界面防护，使电磁场强度由外及内逐渐衰减变弱。

据铁路信号电气设备在信号机械室内所处空间位置的不同，其雷电电磁强度有很大差异。LPZ 划分如图 10.10 所示。

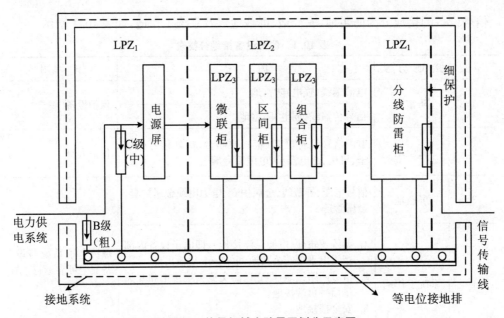

图 10.10　信号机械室防雷区划分示意图

（1）根据 GB-50057 建筑防雷设计规范（2000 年版）要求，在任何两个防雷区交界处，配置浪涌保护器 SPD，即按照防雷区 LPZ_{OB}-LPZ_1-LPZ_2 三个防雷区界面加上被保护对象内的 SPD 就有三级保护（电源防雷一般考虑粗、中、细三级保护），根据设备不同，信号传输线进入 LPZ_1 应在分线防雷柜作一级界面保护，其中，轨道电路根据需要可在设备终端再做一级细保护。这就是分区、分级、分设备防护理念。

（2）分级保护。为达到分级泄流实现分级保护效果，第一级 SPD 设在进入信号楼界面处（例如电力电缆引入口防雷箱 SPD 及信号传输线电缆引入室内分线防雷柜）。第一级 SPD 保护承受高电压、大电流并能快速泄流；第二级 SPD 用来降低残压。为了实现逐级防护效果，应使上一级 SPD 足够泄放雷电能量，避免在上一级 SPD 还没有动作时感应雷电波就到达下一级 SPD,提前动作出现泄流盲点,这样不仅不能有效保护设备,甚至导致自身烧毁。因此,两级 SPD 间应有足够长的间距进行配合(一般限压型 SPD 要求大于 10 m,当供电线路两级电源防雷 SPD 相距较近时,一般选用电感作退耦元件;若两 SPD 间距大于10 m时,就不需要安装退耦元件)。

(六)合理布线技术

合理布线技术是面向 EMC 电磁兼容,提高系统抵抗电磁干扰和防止电磁辐射能力的一项系统工程。综合布线系统的干扰源,一是来自室外引入的线缆、金属管路的端口干扰和强电、无线的电场、磁场空间干扰;二是内部布线诱发的干扰。它主要采用:界面防护(屏蔽、接地及 SPD 防护)、设备屏蔽系统(计算机设备、通信设备、电子设备等的产品外形结构应该采用金属材料制成的箱、盒、柜、架,使其成为法拉第笼的形式,然后加上接地端子,进行良好的接地)。屏蔽布线系统是在普通非屏蔽布线系统的外面加上金属屏蔽层,利用金属屏蔽层的反射、吸收及集肤效应,实现防止电磁干扰及电磁辐射的功能。屏蔽系统综合利用双绞线的平衡原理及屏蔽层的屏蔽作用,因而具有非常好的电磁兼容特性。

附 录

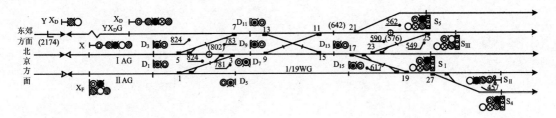

股道有效长度表

股道编号	线路别	长度/m		
		起	止	上行	下行
ⅠG	正线	S_I	警冲标	1094	
		X_I	警冲标		1094
ⅡG	正线	S_{II}	警冲标	1028	
		X_{III}	警冲标		1028
ⅢG	正线	S_{III}	警冲标	1060	
		X_{III}	S_{III}		1056
4G	站线	S_4	警冲标	1028	
		X_4	警冲标		1028
5G	站线	S_5	警冲标	1020	
		X_5	警冲标		1020

道岔类型表

类型	辙叉号	号 码	备注
50 kg/m	1/9	2、22	
60 kg/m	1/12	7、11、13、21、25、18、20	
60 kg/m 提速	1/12	9、15、4、6、8、10、12	固定辙叉
60 kg/m 提速	1/12	1、3、5、17、19、23、27、14、16	可动心轨

附图 车站信号设备

0	458	517	532 545	571 589	642	757	801	875	858
	D_{18} X_5	D_{16}	X_{III} X_1	X_{II} X_4 D_{14}	D_{12} D_{10}	D_8 D_6	D_4	S S_F	D_2
0		514	520	600	639 645	754 760		855	
信号楼	22	20	18	16 14	12 8	10 6	4		2

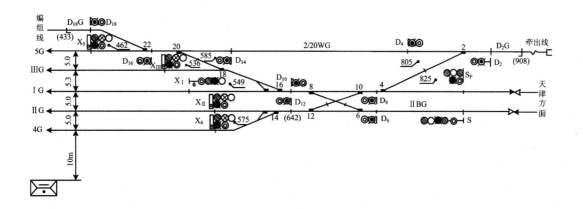

平面布置图

参 考 文 献

[1] 高嵘华,吴广荣.城市轨道交通信号基础设备维护[M].成都:西南交通大学出版社,2011.
[2] 林瑜筠.城市轨道交通信号设备[M].北京:中国铁道出版社,2006.
[3] 陈艳华,赵跟党.城市轨道交通信号基础设备[M].重庆:重庆大学出版社,2013.
[4] 常仁杰,吴广荣.信号基础设备维护[M].北京:化学工业出版社,2013.
[5] 徐金祥,冲蕾.城市轨道交通信号基础[M].北京:中国铁道出版社,2010.